丹波哲郎
見事な生涯

野村 進

KODANSHA

丹波哲郎　見事な生涯

装幀：國枝達也

プロローグ

2006年9月30日、青山葬儀所でおこなわれた葬儀
（産経新聞社提供）

魂は生きつづける

「お〜い、西田ぁ！　いるかぁ⁉」

野太い声が病院の廊下に響き渡り、俳優・西田敏行の個室に近づいてくる。

西田は変名で極秘入院していたのに、丹波哲郎にはなぜか見破られてしまった。

それから三年半余りが過ぎた二〇〇六年（平成十八年）九月三十日、丹波哲郎の告別式が、東京・乃木坂の青山葬儀所でおこなわれた。

黒柳徹子に続いて、映画界の後輩にあたる西田が、丹波の遺影に正対して弔辞を述べる。

「丹波さん……、先年、私が心筋梗塞で死のふちに立ったときに……まだ『面会謝絶』の札を下げて病室で養生しておりましたときに、廊下をずかずかと歩いてこられる足音がしました」

唐突に、西田が丹波のものまねを始める。

「ああ、大丈夫だ、大丈夫だ！　オレ、知ってるんだ、大丈夫なんだよ、平気なんだよ！」

本人そっくりの声色《こわいろ》に、笑い声が小波《さざなみ》のように会場全体に広がる。

病床にあった西田には、女性看護師の「困ります」「面会謝絶なんです」という当惑気味の声も聞こえていた。

「まあ、通しなさい！　顔を見るだけなんだから、まあ、通しなさい！」

まもなく個室のドアをあけ、丹波が顔をのぞかせる。西田は、心電図モニターなどに何本ものコードでつながれていた。西田と目が合うと、丹波はうれしそうに歩み寄ってきた。

「丹波さん……、あのとき、あなたは二十秒ほど私の顔をご覧になって、

『大丈夫だ、おまえは大丈夫だ。まだこの世での修行が足りないから、もう少し修行しなさい』

とおっしゃいましたね。私は死のふちに立っておりましたが、生きる活力が湧いてきたのをよく覚えております」

やがて丹波は、偶然にも同じ病院の、西田が入っていた個室に移り、八十四歳の生涯を終えた。

「あなたは、『死んでも隣町に行くようなものだ』とおっしゃっていたのですから、もう帰ってこられて、そこの棺のそばに立っておられるんじゃないですかねぇ。こうしてお経を聞きながら……。あなたには、自由で豊かな心を与えていただきました」

弔辞の最後に、西田は万感の思いをこめて呼びかけた。

「丹波さん……、お見事な生涯でございました！」

一九八四年（昭和五十九年）冬、吉永小百合主演の映画『天国の駅』のロケ地で、西田は初めて丹波に会った。

三十六歳の西田は、クランクインの直前、狭心症の発作に襲われていた。寒さと激しい運動は厳禁と医師から警告されていたのに、本番では雪山を転がり落ちるシーンがある。

丹波は、俳優やスタッフの中で到着が一番遅れ、夜九時過ぎに姿を見せた。

「はい、おはよう!」

長野県八ヶ岳近くの温泉旅館に現れた六十二歳の丹波は、堂々たる押し出しと悠揚迫らぬ物言いで、西田が〝映画少年〟だったころから憧れていた大スターのイメージと、いささかも違《たが》わない。

「すばらしい! ありがとうございます!」

と叫びたいほど、西田はうれしかった。

ところが、周りの俳優やスタッフたちが、ひとり、またひとりと席を立っていく。吉永小百合も笑顔で挨拶すると、静かに自室へ下がった。

気がつけば、田舎造りの大広間に、西田ひとりが取り残されていた。業界には「さわらぬ丹波に祟《たた》りなし」の警句がある。西田が腰を浮かせかけると、丹波に見とがめられた。

「おいおい、なぁ〜にやってんだ! おまえは帰っちゃダメだろう。おまえは残っていい! まあ、ここにすわんなさい」

それから定番の説法が始まった。

「死ぬってのはなぁ、隣町に引っ越していくようなことなんだ。死ぬことをいつも考えていないと、人間、ちゃんとした仕事はできないぞ。おまえも、いつでも死ぬ覚悟、死ぬ準備をしといたほうが、自分も楽だろう」

「人間、死ぬとなぁ、魂がぐぅーっと浮き上がっていくんだよ。それで、どんどんどんどん上昇していく。ところが、天井でぶつかって、一度反転するんだ。すると、ベッドの上には自分の骸《むくろ》がある」

「やがて、かなたに小さな光が見えてくる。その光に向かって、どんどんどんどん走っていく。いいいいい、どんどんどんどん走っていく。でも、息切れしないんだ。なぜか？……死んでるから」

西田が遠慮がちに問う。

「あのぉ〜、霊界のことをどうしてお調べになろうと思われたんでしょうか？」

よくぞ聞いてくれた。丹波の説法は、さらに勢いを増す。

……むかし新東宝時代の先輩に、豪放磊落な喜劇俳優がいた。ふだんは怖いもの知らずの彼が、末期ガンに冒されていることがわかった。

するると、まるで別人のように人柄が変わってしまった。トイレで便器にしがみついて、「死にたくない」と泣くのを見た。昭和三十年代、たしかにガンは不治の死病と思われていたが、それにしてもどうして人はそこまで死を恐れるのか。

死について考えはじめ、関連書を読みあさった。洋書にも手を伸ばした。数百冊を濫読《らんどく》した結果、はっきりとわかった。

死んだら、人は本当に〝無〟になるのか。いや、違う。日本では「あの世」と呼ばれてきた「霊界」に向かうのである。

死は決して〝終わり〟ではない。魂は永遠に生きつづける。この真実に目覚めれば、現世での生き方も、おのずと変わらざるをえない。私利私欲に走るのではなく、「人のために生きる」方向に転換していく。世の中全体も、争いのない世界へと変貌を遂げるだろう。

自分はそうしたことを、ひとりでも多くの人に伝えたくて、霊界研究の〝受け売り〟をしてきたにすぎないのだ……。

丹波はこの話を、たぶん数百回どころか、千回以上はしている。先輩俳優の例を引き合いに出すのも、おきまりのパターンだった。しかしそれは、無用な詮索を避けんがための方便だったかもしれない。

大スターの丹波がなぜ、嘲笑を浴びるのも承知のうえで、死と死後の世界にのめり込んでいったのか。どのような経緯で、「霊界の宣伝マン」を自称し、『大霊界』などの〝霊界映画〟を撮るようになったのか。

二人の名優

『天国の駅』での初対面から十八年後、西田は人気シリーズの『釣りバカ日誌』を牽引する主演俳優として、再び丹波と同じカメラの前に立った。かたわらには、長くコンビを組んできた名優・三國連太郎がいる。

西田には夢のような〝ツー・ショット〟だった。少年時代に観た最も衝撃的な映画こそ、壮年期の丹波と三國が白黒の画面で強烈な存在感を放った、小林正樹監督の『切腹』だったからだ。

映画は、武家社会の悲劇を描いていた。貧しさゆえ〝武士の魂〟たる刀を売り払い、竹光《たけみつ》を腰に差していた若侍が、度重なる不運のあげく、竹光での切腹に追い込まれる。介錯人の役が丹波、それを高座から見下ろす家老の役が三國である。

故郷・福島の映画館の客席で目を凝らしていた中学生の西田は、思わず震えあがった。

竹光を腹に突き刺したまま、真横に切れずに苦しみ抜く若侍に向かって、丹波が大声で、

「存分に引き回されい！」

と叱咤する。なんと血の凍るような言葉を吐く人か。若侍の無惨な最期を見届ける三國も、なんたる冷酷さだろう。

丹波と三國が情を押し殺す様には、武士としての胸に秘めた思いもうかがえる。ふたりの陰影の濃い演技が、西田には恐ろしくも忘れがたかった。

同い年の丹波と三國は、いまや七十九歳になり、『釣りバカ』撮影の昼休みに、仕出し弁当を仲良く割り箸でつついている。

「なあ、連ちゃん」

『釣りバカ日誌13』富山ロケに臨む（左から）丹波、西田、三國、鈴木京香（産経新聞社提供）

丹波はなにやら楽しそうだ。

「オレが愛犬協会の会長やってるの、知ってるだろ？」

「いやぁ、知らなかったねぇ」

「うちの犬が、こないだ死んじゃってさぁ」

「ああ、そう」

「尻尾を振ると孫が吹っ飛ぶくらい、子牛みたいにデッカい犬なんだ」

「ああ、そう」

「火葬に出そうとして、横に寝かして棺に入れようとしたんだけど、デカすぎて入らねぇんだよ。だからまっぷたつに切って、二回に分けて火葬したんだ」

「う〜ん」（と、のけぞって目をつぶる）

西田は、内心おかしくてしかたがなかった。

いぶし銀の大物俳優たちだけが醸《かも》し出せる、何とも不思議な空間が成立している。眼前で自分のためだけの映画が上映されているような気分になり、西田はふたりのやりとりに聞き入った。

撮影当日、噂どおり丹波はセリフを覚えてこなかった。

「じゃあ、書いちゃおう」

ぶつぶつ言いながら、台本のセリフを大きめの字で〝カンペ〟に書き写し、それを西田の胸にぺたぺたと貼り付けて、リハーサルも本番も難なく終えてしまった。西田は、目を見開かされる思いがした。

「なるほど、こうやって相手の役者の所作や受け答えを見ながら、相手の要素を引き出していくんだな。覚えてきたセリフを〝立て板に水〟に言い切っちゃうより、このほうが相手に働きかけられるし、会話が自然に流れる」

じきじきにアドバイスも受けた。

「セリフは言うもんじゃないんだ。食べ物と考えて、食べちゃえばいい。食べてゲップのように出せばいいんだよ」

この言葉を、西田は金言のごとく、西島秀俊ら後輩の俳優たちに伝えている。

「子どもの心」を持った人

丹波から直接、出演を依頼されたこともある。

「今度なぁ、『大霊界』っていう映画を撮ろうと思ってるんだよ。ついては、あんたに出てもらいたいんだ」

「はい、どういう役どころでしょうか？」

「地獄の入り口で待ちかまえている赤鬼の役なんだけどな。やってくれるかい？」

「あのぉ〜、扮装とかもするんでしょうか？」

「ああ、もちろんやってもらう。顔も真っ赤に塗って、完全に赤鬼になってもらう」

あいにく（さいわい？）別の仕事が入っていたので、丁重に辞退したが、丹波が霊界映画をどうしても作りたかったのは、その戦争体験ゆえではないかと西田は直感した。

西田の養父も〝復員兵〟だった。シベリアに抑留され、肩には銃弾の貫通した傷跡があった。

実父を五歳で亡くした西田は、実母が再婚したため、母の姉夫婦に養子として引き取られていた。養父母は、心優しい人たちだった。

西田の目に、養父の戦後の人生は余生同然に映った。西田を育てることで、戦争に加担した自分自身を慰めているようにも見えた。

丹波にも、自分だけが戦争で生き残ったという慚愧《ざんき》の念があったのではないか。戦死していった戦友たちに、

「死は決して終わりではなく、本当は始まりなんだ」

と、何としても伝えたかったのではなかろうか……。

先の大戦に出征した者のうち最多の戦死者を出したのは、一九二一年（大正十年）から二三年にかけて生まれた男子で、丹波はまさしくその世代に属する。

「私は大学在学中に、第一時《ママ》学徒出陣で学徒兵のひとりとして軍隊に入ったが、その成績があまりにも悪すぎ、本来進むべきはずだった前橋予備士官学校からはずされ、立川の航空隊へ移された。ところが、この前橋予備士官学校の同期生は、その後、フィリピンでほとんど全員（九〇パーセント）が戦死してしまったのである」

「この運命のいたずらは、立川の整備学校でも起きた。ここで再び使いものにならない一割の学生を除く全員が、前線に出動され、途中で又現地で戦死したのだ。もちろん、私は一割組で、二度も戦争で命びろいをしてしまったのである」（丹波哲郎著『守護霊問答』、読点の一部を追加）

　戦後は、多少の紆余曲折があったにせよ、とんとん拍子に俳優人生の階段を駆けあがった。丹波は、そこにも人知の及ばない、運命の不可思議さを実感していた。

　役者という稼業は、フィクションを演じながらも、自らの内実をさらけ出すように求められる。

　西田の見るところ、丹波は「子どもの心を劣化させず、最後の最後まで自分の中に宿している」人物だった。肉体は徐々に老いても、「子どもの心」は失われず、むしろ澄んだものになって、丹波の演技の表面にちらちらと現れた。

　丹波は亡くなる間際まで、飄々《ひょうひょう》と演じつづけた。きっと「やりきりたい」と思い定めていたからにちがいない。

西田自身、肉体は否応なく衰えていく。いずれ引き際を考えなければいけない時期が来る。だが丹波と同じく、その時に至っても、なお役者でありつづけ、役者を「やりきりたい」と願うはずだ。

丹波は西田の、かけがえのない先達《せんだつ》だった。


丹波の葬儀には、通夜と告別式を併せて二千名を超える人々が参列した。

生前の丹波のリクエストで、『月の沙漠』の寂しげなメロディーが、繰り返し流されている。

丹波の代名詞ともいえる黒のソフト帽が、棺に収められた。遺体は、強い香りを放つ、白い百合の花に覆われた。

斎場をあとにする霊柩車には、

「ボス、ありがとう！」

「お疲れさま！」

「丹波哲郎、ニッポンいち！」

の声が降りそそいだ。

奇妙なことに、美輪明宏や江原啓之《えはらひろゆき》をはじめとする何人もの霊能者が、別々の時刻に弔問したのに、まったく同一の光景を見たと証言している。

祭壇の中央に置かれた棺の上に、丹波が長い足を組んで腰掛け、さも満足げにほほえんでいたというのである。

丹波哲郎　見事な生涯●目次

エピローグ

第1章
坊や猿

新宿の自宅の庭で母・せんに抱かれる哲郎（丹波啓子氏提供）

ツツジ御殿の一族

幼少期を振り返るとき丹波が真っ先に思い出すのは、祖父母の家屋敷のありさまだった。祖父の丹波敬三は、都内の駒込・妙義坂に二千坪（約六千六百平米）を超える土地を所有していた。

その至るところにツツジを植えるのが、敬三の趣味だった。丹波が聞いた話では、色とりどりのツツジの花を堪能したいがために、それだけの土地を購入したのだという。〝ツツジ御殿〟は、丹波が生まれた翌年の関東大震災のおり、近隣の住民が大挙して邸内に避難してきたほど広大だった。そこには築山《つきやま》や林やイチゴ畑もあった。

敬三は、東京大学製薬学科（現・東京大学薬学部）の第一期生で、卒業後ドイツに留学した。行きの船便には、のちの〝文豪〟森鷗外も同乗していた。

「丹波何曾無豪氣。毎遭風濤卽消磨」（森鷗外『航西日記』、岩波書店版『鷗外全集』第三十五巻所収）

意訳すると「丹波はなぜあんなに肝っ玉が小さいのか。強い波風で船が揺れるたびにおじけづいている」という記述を、鷗外は日記に残している。

丹波家は平安時代から千百年以上も続く医家で、初代の丹波康頼《たんばのやすより》は「日本最古の医学書」とされる『医心方《いしんほう》』を著した。丹波家の系図には、漢方医や鍼灸師、薬剤師が代々名を連ねる。豊臣秀吉の侍医として疫病の治療に奔走した施薬院全宗《やくいんぜんそう》も、丹波家の一統だった。

日本の系図はたいがいニセモノと相場が決まっているが、丹波家のものは、江戸後期に『群《ぐん》書類従《しょるいじゅう》』をまとめた塙保己一《はなわほきいち》や、古代史研究で知られる上田正昭・京都大学名誉教授のお墨付きを得ていた。

ドイツから帰国した敬三は一躍、東京でも有数の資産家に成り上がる。

最大の理由は、明治期の日本人を悩ませていた梅毒の特効薬を開発したことだ。敬三は、輸入薬の「サルバルサン」の向こうを張って、「ネオ・タンバルサン」と命名した。ベビーパウダーの原型ともいえる「シッカロール」の実用化にもひと役買った。

そうした功績のおかげで、敬三は明治天皇の覚えがめでたく、勅使が白宅によく迎えに来た。勅使を歓迎するために、直径一メートルほどの木彫りの菊の紋章を門前に掲げていた。

初代の校長に就任した東京薬学専門学校（現・東京薬科大学）の構内には、面長で細い目と細長い鼻が特徴的な敬三の胸像がいまも飾られている。建立記念の式典に、三歳だった丹波も出席したが、記憶にはまったく残っていない。

駒込の敬三邸には使用人が多数おり、イギリス人の運転手もいた。当時はまだ珍しかったロールスロイスもあった。敬三の送迎だけが業務のイギリス人運転手は、幼い丹波を肩車して遊んでくれた。

「子どものころ、白人はみんな使用人と思っていた」

と丹波は述懐している。後年、ショーン・コネリーやウィリアム・ホールデンらの世界的スターを前にしても動じなかったのは、こうした生い立ちによるところが大きい。

父の二郎は、丹波に言わせると「まったくの変人」（『週刊現代』一九九八年十月三日号）だった。敬三に倣《なら》い、東大で医学を修めたあと陸軍の薬剤官になったが、何を思ったか、ある日突然、軍刀を自宅の池に投げ込んで退役し、日本画家に転身した。一日中むずかしい顔をして絵筆をとり、家族には目もくれない。

うっかり盆栽を折ってしまった丹波に癇癪《かんしゃく》を起こし、日本刀を抜いて追い回したこともある。絶えずやり場のない鬱屈《うっくつ》をかかえているかのような二郎に対して、丹波は、

「珍しいほど親しみのない親父だった」

と、にべもない言い方をしている。

一家は祖父母とは別に、新宿の大久保（現・新宿区百人町）にある敷地五百坪（約千六百五十平米）の屋敷で暮らしていた。

一九二二年（大正十一年）七月十七日に生まれた丹波は、近所でも評判の腕白坊主だった。猿のように敏捷《はしこ》くいたずらをしてまわるから、「坊や猿」を略して「ぼやザル」と呼ばれていた。洋服の袖口で鼻水をふくため、そこがいつもテカテカに光っており、「横なで坊ちゃん」のあだ名もあった。

尋常小学校に入る前、自宅の茶室風の離れで、破れた障子にマッチで火をつけて遊んでいる

うちにボヤを出し、離れを黒焦げにしてしまった。「ぼやザル」のあだ名は、そこにも由来するのかもしれない。このときは火元がわからず、おとがめなしで済んだが、「あの丹波家になんであんな子が」と後ろ指をさされていた。

丹波が五歳のときに病没した祖父・敬三のことは、ほとんど覚えていない。死の床にあった敬三が握手をしようと孫たちに弱々しく手を差し出すと、丹波だけがかたくなに拒んだ。

「私は一度として祖父に愛着を感じたことはなかった」（丹波哲郎著『破格の人生　僕は霊界の宣伝使』）

強い拒絶感の裏には、敬三の妻「貞《さだ》」の存在があった。大正天皇の結婚の儀に、平安絵巻から抜け出してきたかのごとき十二単《じゅうにひとえ》で参内《さんだい》した貞は、気ぐらいの塊のような女性だった。

小さな丹波が祖父母の屋敷に顔を出すと、まずは「女中頭」の案内で祖母の部屋に通される。そこで貞から、こづかいに五十銭銀貨二枚（合わせて現在の六百円程度）をもらうのだが、祖母はじかに手渡さず、決まって畳の上に放り投げてよこした。まるで猿回しの猿みたいだと丹波は思い、祖母にも「肉親の情、親しみを感じたことは一度もない」（丹波哲郎著『丹波哲郎の好きなヤツ嫌いなヤツ』）と言い切る。

「あまりにもよそよそしく愛情の欠けた丹波の一族」（『破格の人生　僕は霊界の宣伝使』）

というのが丹波の家族観であった。

東大以外は大学とみなさない家風の家で、丹波ひとりが劣等生だった。「丹波家の恥さらし」「丹波家のはぐれ者」「丹波家のはみ出し者」と、さんざんな言われようをしていた。唯一心を許せるのは、実母の「せん」だけであった。外遊びから帰ってきて母の姿が見えないと、丹波はあたりがすっかり暗くなっても、いつまでも母を探しつづけた。どんなことがあっても、母は丹波を庇《かば》ってくれた。

丹波には、兄ふたりと姉ひとり、そして妹がひとりいた。本名を「丹波正三郎《しょうざぶろう》」という。長兄のみが先妻の子で、下の四人は、せんが産んだ。

しかし、医家の〝名門〟にして、明治期に〝成金〟となった丹波家で、後添《のちぞ》いのうえに花柳界出身のせんは、肩身の狭い思いをしていた。夫の女癖の悪さにも苦しめられていた。

「子どもがいなかったら、すぐにでも別れたい」

と母が嘆くのを、丹波は物心ついたころから聞かされて育つ。

五人の子どもたちには、それぞれ専属の乳母と家政婦があてがわれていた。鷗外にちなめば、丹波の〝ヰタ・セクスアリス〟は、家政婦たちとのあいだで繰りひろげられている。初体験のさなかに十六歳の丹波があっけなく果ててしまうと、枕元に正座した相手から、

「坊ちゃん、だらしがないんですね」

と笑われた。「ミツ」という名のその若い「女中」は、結核で早逝した。

「今でもミツの顔は覚えている。目が細くて、近眼の眼鏡をかけてて、多少出っ歯気味なん

波哲郎』）

だ。だからいい女とはいえないね。色も黒かったしね」（丹波哲郎・ダーティ工藤共著『大俳優　丹

丹波が旧制・成城中学五年だった十七歳のとき、父が肺炎に罹り、五十九歳であっけなく死んだ。母は涙ひとつ見せなかった。うつむきかげんの姿勢がにわかにしゃんとなり、翳《かげ》りがちだった顔は明るさを取り戻した。

母の大きな瞳が、「さっ、これからは私の天下よ」と何よりも雄弁に物語っていた。丹波の輝くような瞳は、この母親ゆずりである。

盗み食いの代償

尋常小学校一年のときに、ある〝事件〟が起きる。

発端は丹波のいたずらだった。子どもの手が届かぬように、茶箪笥の上に家政婦がしまっておいた田舎まんじゅうを、七歳の丹波がこっそり盗み食いし、三歳の妹「継子《つぎこ》」も同じものを食べた。

その田舎まんじゅうが、運悪く傷んでいた。餡の詰まったまんじゅうを飲み込んだところで、丹波の記憶は途切れる。

意識が戻ったのは、現在の新宿区歌舞伎町にある東京府立大久保病院（現・東京都立大久保病院）のベッドの上であった。昭和初期に多くの子どもの命を奪った赤痢で、生死の境をさまよ

っていたのである。継子がどうなったのかは知らされなかった。

還暦を過ぎてから、しきりに「霊界の宣伝マン」と自称するようになった丹波は、

「腐った田舎まんじゅうを食って死にかけたとき、初めて〝幽体離脱〟をしたんだ」

と公言している。

「とにかく体がどんどん上昇していくんだ。顔は上を向いている。当然、天井が見えるはずなのに下が見えるんだ。ちょうど後頭部で、下にいる私自身を見ている感じだな。おまけに下だけじゃなく、見ようと思えば四方八方が見える。ちょっと、普通の人間の視覚の概念では説明がつかないだろう?」（丹波哲郎著『オーラの運命』）

このとき、意識不明の自分に向かって、

「正三郎、正三郎！」

と必死に叫んでいる母の姿を、上空からながめていたという。

丹波は〝霊感〟や〝霊能力〟の有無を問われるたびに、自分には「これっぽっちもない」と全否定してきた。幽体離脱体験も、この尋常小学校一年のときと、八十四歳で死去する前年の二度だけと語っている。

七歳時の体験には、講演でもインタビューでもたびたび触れた。

「腐った田舎まんじゅうを盗み食いしちゃってさぁ」

丹波が屈託のない調子で言うと、たいてい笑い声があがる。

しかし、八十一歳で出版した著書では、

「家に帰ると継子がいない。継子がいないいってことに気づくのに、一年くらいかかってんだ」

（『大俳優　丹波哲郎』）

と、記憶が飛んでいた事実を打ち明けている。

年の離れた末っ子の継子は、家族の寵愛を一身に集めていた。言葉を覚えたての、たどたどしい口調で、兄の丹波を、

「ボーヤ」

と呼ぶ。すると、家族や使用人たち、近所の人々の顔がほころぶ。続けて、

「ボーヤ、きらい！」

とかわいらしい声を張り上げる。あたりは、どっと笑声に包まれる。

丹波少年は身の細る思いがした。継子が大人たちの顔色を読み、無邪気な様子でわざと憎まれ口をきくのも恨めしかった。

自宅での食事中、継子をちょっとからかっただけなのに、父親からいきなり象牙製の箸でぴしりと手を打たれたこともある。

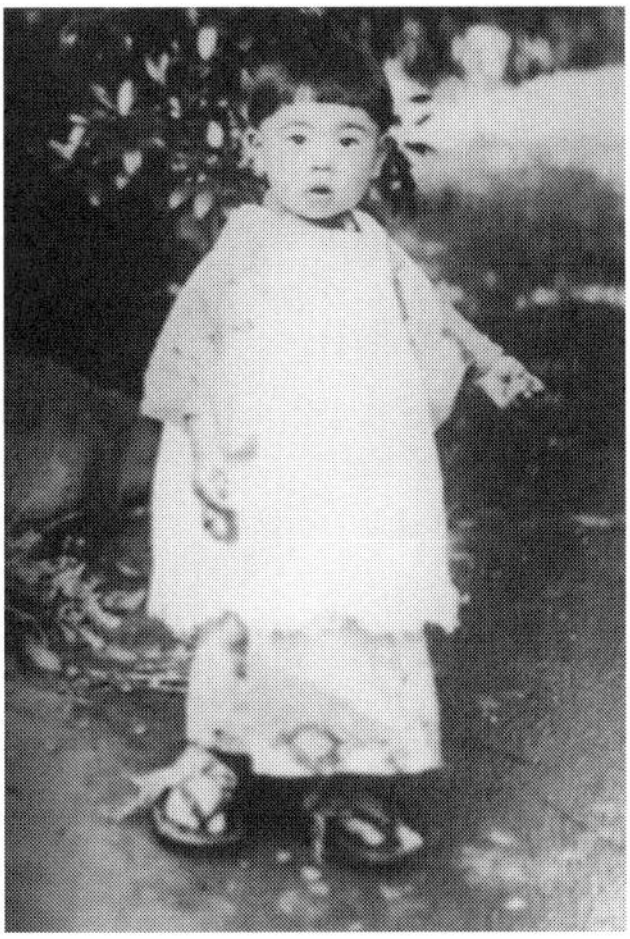
３歳で亡くなった妹・継子（丹波啓子氏提供）

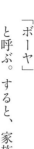

「そんなとき、継子が死んだ」

丹波は、七十二歳で刊行した自伝に記す。

「私と前後して大腸カタルにかかり、小さな命を落としたのである。家族の全員も近所の人々も、継子が死んで私が生き返ったことに無言の哀しみと怒りを必死で抑えていた。その黒い渦《うず》のようなものが私をとりかこんでいるのを、小さな心で感じていた。継子はそれほど可愛かったのだ。それとは、まさに比べようもない私である」（『破格の人生　僕は霊界の宣伝使』、振り仮名は原文のまま、傍点は筆者）

丹波が妹の死を詳述するのは、あとにも先にもこのときしかない。七十を過ぎ、近づく自分の死を意識しはじめてから、心の内を露《あら》わにした。

「そして、ぼんやり思った。（まさか、継子のほうが死ぬとは誰も思わなかったんだろうな。きっと、オレが死んで継子が助かることを全員が望んでいたのだろう）と。これは、事実だったに相違ない。それほど私は家族にも近所の人々にとっても、いてもいなくてもどうでもいい存在だったのだ。継子は私の身代わりになったのだ」

直接の関連は不明だが、丹波は、少年期から青年期にかけて重い吃音《きつおん》に悩まされている。だから、俳優になろうなどとは夢にも思わなかった。少年時代の丹波を知る人々は、誰ひとりとして将来の大スターの誕生を予期していない。

第2章
第三の男

撮影所で出番を待つ（1959年、共同通信社提供）

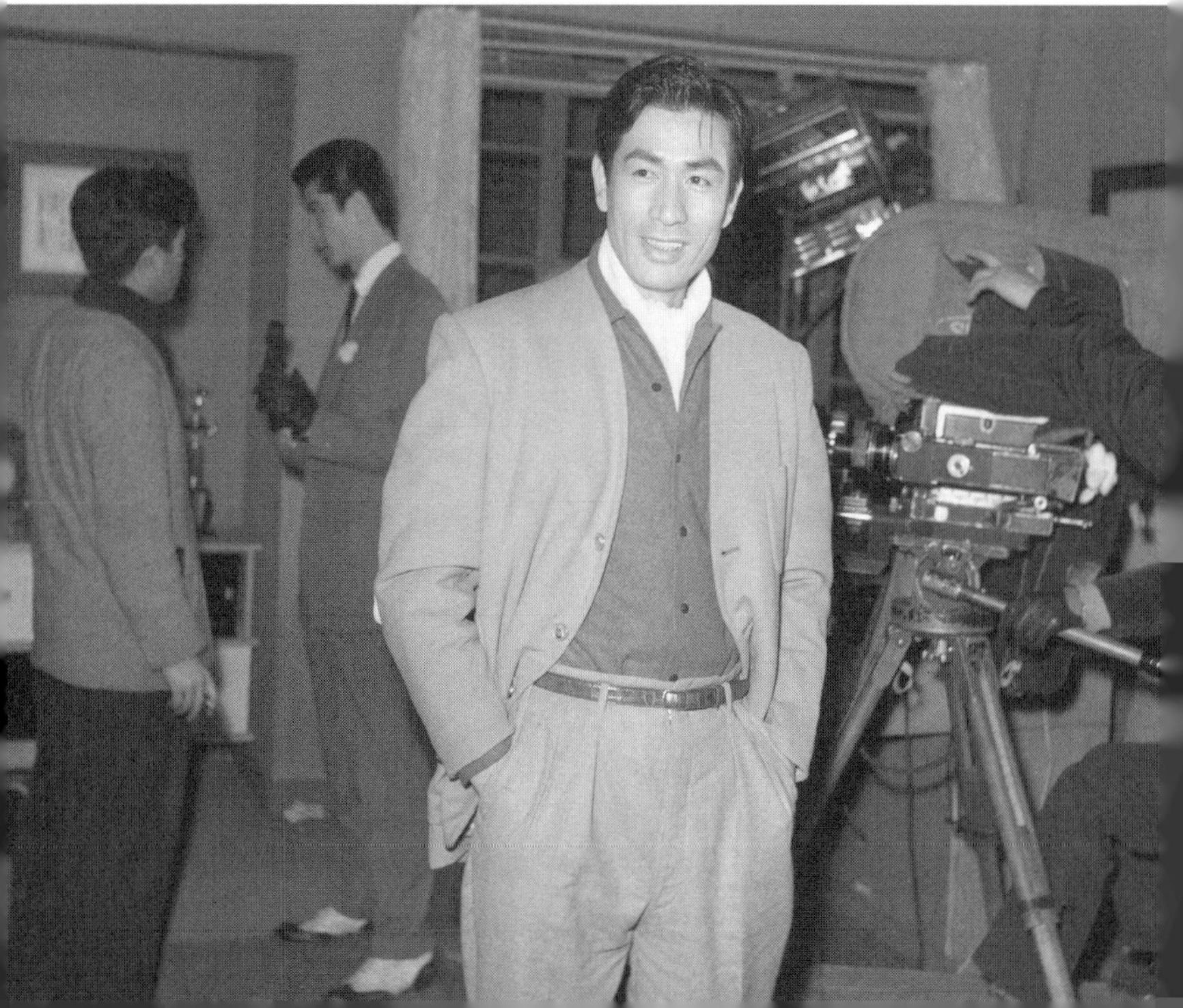

天の配慮

丹波の吃音は、かなりの重症だった。

自分の名前を言うときでさえ、「た、た、た……」とドモる。何かしゃべろうとしても、すぐには声が出てこない。片足をあげ足の裏を地面に叩きつけ、地団駄を踏むようにして初めて言葉になった。

吃音から回復できぬまま、丹波は中央大学在学中に学徒動員で兵隊にとられる。千葉県佐倉の歩兵部隊を経て、東京・立川の立川教導航空整備師団で終戦を迎えた。

佐倉時代の体験は、思い出したくもなかった。

「見かけで損しちゃうんだな。軍隊時代はとくにひどかったよ。（中略）ほかの奴は一日に三つか四つ殴られるところを、おれは四十くらい殴られた」（『週刊明星』一九六三年三月十七日号）

顔は腫れあがり、まぶたも塞がってよく見えない。口の中の裂傷で、痛くてメシも食えない。味噌汁を口に含むと、塩気がじゅくじゅくと傷口から頬の外側にまで染み出してくる気がした。丹波に対する上官の暴力は、当時の日本陸軍内としても異常なものだった。

このままでは殺されてしまう。丹波は一計を案じた。殴られるたびに、丸太ん棒が横転するように、わざと大げさに倒れ込んだ。身長百七十五センチの長身の部下が派手に吹っ飛ぶのを見て、上官たちはあざ笑った。

丹波は、兵舎の油とほこりで汚れた床に這《は》いつくばりながら、

「いまにみろ、猿め！」

と心の中で叫んだ。

立川時代の上官には、東京巨人軍（現・読売ジャイアンツ）のスター選手で、のちに九連覇を指揮する川上哲治《てつはる》がいた。川上が風呂に入ろうものなら、すでに入浴を終えた兵隊たちまでが、再び素っ裸になって背中を流そうと競い合うほど人気があった。

ところが、二十五歳だった川上は、典型的な下士官気質の持ち主で、部下たちに容赦なくビンタを張った。川上の入隊時には沸き返った兵隊たちも、すぐに「かわかみ」の「か」の字も言わなくなった。二十三歳の丹波も二度殴られた。

「あいつだけは今でも大嫌いだ」（『丹波哲郎の好きなヤツ嫌いなヤツ』）

丹波は、殴打された痛みを一生忘れなかった。同じ師団にいた作家の虫明亜呂無《むしあけあろむ》も、川上が総スカンを食った経緯を、いまいましげに綴っている。

丹波のように戦地での経験が皆無の兵隊は、同世代には珍しい。

同い年の有名人には、『ゲゲゲの鬼太郎』で知られる漫画家の水木しげるや、「ダイエー」を創業し、日本最大のスーパーマーケット・チェーンに育てあげた中内功《いさお》らがいる。水木は、ラバウル（現在のパプアニューギニア東部）で敵軍の爆撃を受けて片腕を失う瀕死の重傷を負った。中内も、フィリピン戦線の飢餓地獄から辛うじて生還している。終戦後二十九年間もフィ

リピンのジャングルに潜伏した小野田寛郎《ひろお》も、同じ一九二二年の生まれである。

丹波が最前線に送られなかったのは、皮肉にも吃音のおかげだった。こんな口ぶりでは軍令を発せられないし、昇官させても部隊を指揮するどころではない。軍の上層部に廃兵扱いされたと、丹波は七十の坂を越してからようやく明かす。

同僚だった学徒兵の大半は激戦地に送られ、多くが戦死している。丹波が沈黙を守ってきたのは、そのためだろう。

一九四五年（昭和二十年）八月十五日に戦争が終わると、信じられないことが起きた。吃音がウソのように消えてしまったのだ。丹波は、天の配慮以外の何ものでもないとみなした。

「つまり、霊界の宣伝マンとしての使命を全うするためには、途中で私が戦死しては困る。最前線に出ると死ぬ確率も高い。だが、吃音では部下に命令が下せないため、最前線に出すわけにはいかない。吃音は、私の生命を長らえさせるための手段だったに違いない。今はそう思っている」（『婦人公論』一九九七年七月号）

客観的に見れば、軍国時代の苛烈な抑圧から解放されたことが、丹波の心身に好影響をもたらしたにちがいなかった。

貞と貞子

終戦を境に、〝鬼畜米英〟の風潮も一変する。英語が使えるだけで持て囃《はや》される時代が始まった。

丹波は中大時代、「英語会話会」に入っていた。「別に英語に興味があったわけでも何でもない。ただ荷物置場がほしかっただけ」（『破格の人生　僕は霊界の宣伝使』）というのは照れ隠しで、本当は吃音を少しでも矯正したかったのだろう。外交官になる夢も持っていた。

敗戦直後の日本では稀少な、英語サークル出身の経歴が、外務省関係者の目にとまる。面接時に「どの程度、英語ができるのか？」と尋ねられ、「Ｊｕｓｔ　ａ　ｌｉｔｔｌｅ　ｂｉｔ」を「ジャスタ・リルビッ」と、さも流暢そうに答えたのも功を奏したらしい。

いくつかの偶然が重なって、丹波は、敗戦国・日本に君臨していたＧＨＱ（連合国最高司令官総司令部）の臨時通訳に採用される。実は、英語の読み書きならまだしも、英会話はまったくと言ってよいほどできなかった。通訳の声がかかるたびに、知人の日系二世に仕事を押しつけ、トイレや地下室に逃げ込んでいた。

皇居お堀端の第一生命館に本拠を構えたＧＨＱのエレベーターで、最高司令官のダグラス・マッカーサーと一緒になったことも二度ある。いずれも、マッカーサーが先に降りてエレベーターのドアが閉まるやいなや、同乗していた米兵たちが示し合わせたように口笛を吹き、いっせいに笑いころげた。

「上官を上官とも思わず口笛を吹くような、こんな軍隊になんで日本は負けたんだろう……」

丹波は、ただただ情けなかった。おりしも、米国大使公邸を訪問した天皇とマッカーサーが並んで映った写真が公開され、敗戦の現実を日本人に見せつけていた。

二年ほどでGHQを辞めたあと、丹波は職を転々とする。腹違いの長兄・鴻一郎《こういちろう》の経営する「商事会社」とは名ばかりの闇屋稼業も、アメリカ進駐軍の車輛修理会社での勤務も、人間関係でつまずき長続きしなかった。

そんなある日、鴻一郎にもらった服地の仕立てを注文しにいった洋裁店で、五十がらみの女性経営者から、

「私をダンス・パーティーに連れていってくれたら、仕立て代を半額にするから」

と持ちかけられる。敗戦直後の東京では、押し寄せてきたアメリカの大衆文化の影響で、ダンス・パーティーが一大ブームになっていた。

「半額」につられて足を運んだ銀座の会場で、丹波は、洋裁店主に伴われて来た若い女性と出会う。

「大蔵貞子《おおくらさだこ》です」

と自己紹介された。丹波は大人になるまで、祖母の「貞」の名を「貞子」と勘違いして覚えていたから、奇縁を感じた。

貞子は、まだ二十歳《はたち》前だった。中央線の西荻窪駅の近くで、友人と一室を間借りして小さな洋裁店を開いていた。三越百貨店の下請けをしながら、一般客の洋服の仕立てや直し、繕《つくろ》いものも引き受けていた。貞子はラジオのインタビューで、丹波との出会いを楽しげに語る。

「たいへん正直な人で、ダンスが踊れないんです、全然（笑）。それでも『踊ろう』っていうわけなんですよ。で、『これは何の曲ですか？』って言って、普通の方でずとなんとか体裁《ていさい》をつくりますけども、全然つくらないですね、体裁を」（丹波義隆氏所蔵テープより、出演日時とラジオ局は不明）

貞子の祖母の姉、つまり大伯母の長男は、戦前の日本を揺るがした大事件に連座して、銃殺刑に処されている。二・二六事件の「首魁」とも「黒幕」とも呼ばれた国家社会主義者の北一輝《きたいっき》である。北と同じく、貞子も新潟の佐渡島《さどがしま》から上京した。

兄は弁護士の大蔵敏彦で、戦後の〝四大死刑冤罪事件〟のひとつに数えられる「島田事件」の被告弁護人をつとめていた。

親戚のあいだで貞子と兄の敏彦の名をあげて、「どっちが頭いいかねぇ？」といった内輪話に花が咲くと、決まって「そりゃあサコ（貞子）ちゃんのほうだよね」と意見が一致した。「島田事件で有名な、僕が知っているかぎり、おそらく日本で最高の弁護士」と丹波が褒めちぎった大蔵よりも、貞子のほうが文句なしに聡明とみられていた。

貞子より四歳年上の丹波は、西荻窪駅の隣の荻窪駅から少し離れた「川南《かわみなみ》マーケット」という闇市の一角に三坪（約十平米）ほどの店を購入し、パチンコ台を七、八基ならべて営業していた。そのバラックが闇市界隈でも値段が一番安かったのは、真横が公衆便所で、すえた臭気がつねに漂ってきたからだ。

資産家に生まれ育った丹波が、どうしてこんな境遇に陥ったのか。

長兄の鴻一郎が「父の遺産を長男相続の特権を利用して独り占めにした」（『破格の人生　僕は霊界の宣伝使』）と丹波は述べるだけで、それ以上は言及していない。

銀座のパーティー会場で会った貞子の第一印象は、「笑顔のきれいな人」というものだった。笑うと、にわかに大輪の花が咲いたように見えた。

初対面の数日後、丹波の下宿先に貞子から電話が入る。次のダンス・パーティーへの誘いで、受話器から聞こえる声が震えているのに丹波は気づき、「可憐《かれん》だな」と微笑《ほほえ》ましかった。

丹波は七十代後半になって、あっけらかんと振り返る。

「まあ、銀座のダンスホールで会って、日がたつにつれていいただく、チャンスが訪れて。当時はラブホテルなんてないですから、真冬の善福寺公園でオーバーを敷いて。それが女房殿との大事な思い出のシーンになってますねッ」（『週刊女性』一九九九年一月一日号、傍点は原文のまま）

丹波は、貞子を「女房殿」と呼ぶようになっていた。

満たされぬ魂

丹波の自伝やインタビューをいくら読んでも、俳優を志したきっかけがわからない。

戦後しばらくして、秋葉原のガード下にあった俳優養成所に入ったのは確かなようだが、動機が判然としない。

「ただ単に退屈のあまり養成所に通いだした」（『破格の人生　僕は霊界の宣伝使』）
「俺は自分でもどうして俳優をやろうとしたかは分からない。きっと周りの連中が俳優に向いているとか言ったのだろう」（『丹波哲郎の好きなヤツ嫌いなヤツ』）
「『朝寝坊しても出来る仕事ないか』って（友だちに）尋ねたら『それは俳優しかないよ』ていうのが動機で学校（俳優養成所）に通い始めたんですよね」（『大俳優　丹波哲郎』、括弧内は筆者）
おそらく丹波本人が筆をとって俳優志願の日々を回顧したのは、四十一歳のとき、女性週刊誌からの依頼で執筆した手記だけだろう。要約すると、次のようになる。
丹波のGHQでの月給は八百円で、東京帝国大学を卒業した次兄・泰弘《やすひろ》の初任給百二十円の七倍近くにのぼった。食糧難の時代なのに、連日、デザートのアイスクリームまでついたフルコースが食べ放題である。恵まれすぎてこわいほどの、有頂天になってもおかしくない環境に置かれていた。
「しかし、そういう驕《おご》りに、どうしてもなじまぬ心があった。（これは、ほんとうの人生ではない）私は、そう思った」（『女性自身』一九六三年九月二十三日号、振り仮名は原文のまま、以下同じ）
「満たされぬ魂をいだいて、焼土の街を彷徨《ほうこう》した。やがて赤茶けた瓦礫《がれき》の地平に、私の進むべき新しい世界が、しだいにハッキリとうかび上がった。新劇――。屋根に爆弾の穴があいた有楽座では、敗戦のその年に、チェホフの『桜の園』が公演された。私は、舞台という一つの〝世界〟を回転する、俳優という職業の魅力にとりつかれた。おのが生命を、さまざまの人生に凝縮《ぎょうしゅく》し燃焼するその仕事に、ぐいぐいとひきこまれていった」

　丹波の背中を押したのは、母せんの言葉だった。

「一生をかけて悔《く》いのない、一つのことをさがしなさい。そして、おそれずにその道を行け。成功しようとは決して思うな。ただ真剣であれ」（傍点も原文のまま）

　こうして丹波は、俳優という「自分以外にたよるもののない職業」を選ぶ。

　一方の貞子は、

「俳優と結婚するつもりなんか全然なかったの。丹波が俳優になるんだったら、結婚なんかしなかった」

　と友人や知人にこぼしている。ふたりのあいだでは、こんなやりとりもあった。

「どうしても、やっぱり芸能界のほうに行きたいの？」

「うん、行きたい」

「じゃあ貧乏してもいいの？」

「いい」

「それじゃあ、そうしましょう。まあ、好きなことなら一生懸命やってくれるでしょうし」

　丹波は川南マーケットのパチンコ屋を閉じ、空き店舗を貞子に譲って、洋裁店に改装する。まもなく二階に八畳ほどの板の間を増築して、貞子と同棲しはじめた。

　朝が苦手な丹波は、昼ごろに起き出す。働き者の貞子は、すでに一階でミシンを踏んだり、愛想よく来客をもてなしたりしている。面倒見がよいので、マーケット内のさまざまな相談も持ち込まれていた。

丹波は、よく二階の屋根に寝転んで、ひなたぼっこをしながら本や雑誌を読んだ。発声の練習も兼ねて、文藝春秋新社（当時）発行の『オール讀物』の小説の中から気に入った箇所を朗々と読み上げ、そばで裁縫をする貞子に聞かせたりもした。

箱根旅行中の貞子（左から二人目）

「あのころは本当に楽しかったなぁ」

「そうねぇ、本当に楽しかったわねぇ」

丹波が『007』などの外国映画にも出演し、日本を代表するスターのひとりになってからも、ふたりは往時を懐しんでいる。

同棲が長引くにつれ、双方の肉親から幾度となく入籍を勧められた。だが、丹波と貞子には、結婚式や披露宴をあげる気持ちも余裕もなかった。

長兄・鴻一郎の経営する銀座の商事会社の応接間で、双方の家族が顔を合わせ、ビルの一階にあった喫茶店からケーキと紅茶を取り寄せて、ささやかな祝宴を開いた。

席上、丹波は家族から、ぴしゃりと言い渡される。

「俳優になるなんてとんでもないよ。観る方にまわりなさい」（『大俳優 丹波哲郎』）

貞子側も、当然といった顔つきで丹波を見ている。その場は笑ってごまかしたが、祝宴後、にわかに雲行きが怪しくなったと丹波は言う。

「貞子にはほんとうに悪いことをした。貞子としては、披露のあと、皆で銀ブラでもして食事でもして帰ろうという小さな夢を持っていたらしい」（『婦人公論』一九九七年七月号）

ところが、丹波は貞子を置いて、主宰するアマチュア劇団「創芸小劇場」の稽古場に直行してしまった。四十名ほどの団員を率いて、そのころ絶大な人気を誇ったフランス人劇作家マルセル・パニョルの『セザール』や『ファニー』といった作品の稽古に、連夜没頭していた。

「その日、帰ってみると、貞子はカンカン。こんなんじゃやってられない、ということで、仲人さんのところに行って、言い分を聞いてもらうことになった」

事態は思わぬ方向に発展する。

「途中、貞子に首根っこをつかまれたりしたものだから、ふり向きざまに貞子の手を払いのけてしまった。運悪く、この一部始終を見ていた人がいて、男が女に暴力を振るっている、と交番に通報されてしまったのである。険悪な雰囲気で歩く二人のところに、お巡りさんが駆けつけて来た。いくら夫婦だと言っても信じないので、とうとうマーケットの中の家まで連れて行き、やっと納得してもらった」

貞子には、ヤクザ者に高価な呉服地のニセモノをつかまされたあと、道端でそのヤクザ者の胸ぐらを掴み、「カネ返せ！」と詰め寄ったエピソードもある。丹波そこのけの度胸の持ち主だった。

オレも役者なんだよ

スタジオジブリ代表取締役議長の鈴木敏夫には、あらゆる映画の中でも「ナンバーワン」と言いたいくらい好きな作品がある。丹波が出演する、内田吐夢《とむ》監督の『たそがれ酒場』という一九五五年公開の群像劇である。

東京の場末の酒場を舞台に、種々雑多な人間が交錯する。スクリーン上の丹波は、子分らしい若い男をふたり従え、どう見ても堅気の世界の住人ではない。肺を病み、ふさぎこんだ表情でグラスを傾けている。彼の目当ては店の〝看板娘〟だが、彼女にはひそかに想いを寄せる船乗りの青年がいる。

青年役は、若き日の宇津井健である。丹波と宇津井はふだん仲がよかったが、劇中では無言のまま敵視しあい、最後に宇津井が丹波の手の甲にいきなりフォークを突き立てる。丹波は苦悶の形相で、座ったまま動けなくなってしまう。

プロデューサーとして『もののけ姫』や『千と千尋の神隠し』を大ヒットさせた鈴木の目に

は、丹波が登場しただけで、映画の世界が広がったように映った。苦界に生きる人間に、どうしたら「光」が射すのか。それを追いかけていくのがテーマの映画で、時代の転換期に翻弄される日本人の姿を、丹波は一身に体現しているように思えた。

鈴木によれば、宮崎駿は映画好きにかけては人後に落ちないのに、意外にもブルーレイやDVDをほとんど所持していない。その宮崎が唯一「欲しい」と言ったのが『たそがれ酒場』のDVDで、

「丹波哲郎の、あのヤクザ役がいいよね」

と惚れ込んでいた。

『たそがれ酒場』は、丹波が所属していた新東宝での二十一本目の出演作だった。すっかりベテラン俳優のようだが、デビュー後まだ三年しか経っていない。

映画が〝娯楽の王様〟の時代で、粗製濫造が当たり前とはいえ、一九五五年と五六年の二年間だけで丹波が三十六本もの作品に出ているのは、人気者の証拠だった。

丹波は、一九五二年夏に封切られたデビュー作の『殺人容疑者』で、いきなり主役を張っている。

もともとの主演候補は、『青い山脈』で人気スターになった池部良《いけべりょう》だった。池部が諾否をはっきりさせなかったため、次に演技派の山形勲《いさお》に話が持ち込まれたが、結核で肋骨を八本も切除された直後で、激しいアクション・シーンに耐えられないという。

山形は、山村聰《そう》とともに劇団「文化座」を担《にな》っていた。大黒柱に無理をさせるわけにもいかず、劇団側は出演辞退を決め、研究生のひとりに先方への断り役をさせた。正式には「劇団付き研究生」というその青年こそ、「丹波哲郎」と改名する前の丹波正三郎だった。

すでに二十九歳で大人びた物腰の丹波が、使者の役目を終えて帰ろうとすると、スタッフたちのひそひそ話が耳に入る。

「あいつが役者だったらなぁ」

振り返ると、スタッフのひとりが、

「あんたね。あんたに似た役者、知らねえか？」

と問うてくる。

「えっ？」

「いや、あんたのような一匹狼みたいな顔のさ。つまり殺人容疑者の顔さ」

「知ってるよ」

「なんていう役者だよ？」

丹波は久々にドモった。

「い、い、いや、いまは名前を思い出せないけれど、事務所へ帰ったらわかるさ」

「あんたからの電話があるまで、ひとりも帰らないから頼むよ」

丹波は、どうやら自分が劇団の事務員と勘違いされているらしいと気づき、思い切って言った。

「まちがいないよ。それはオレだからさ。オレも役者なんだよ」

とんとん拍子で主演デビューが決まった。映画のクレジット・タイトルには、三番目の候補者だった「丹波正三郎」の名が大きく映し出された。昭和二十年代から三十年代にかけての映画界には、こんな大抜擢が許容される、良い意味でのいい加減さがあった。

『殺人容疑者』の丹波には、姿を見せただけで画面の空気を一変させるスター性が、すでに備わっている。野性味と都会性、大胆不敵さと脆《もろ》さ、頽廃《たいはい》の気配と忸怩《じくじ》たる心情といった矛盾する要素が渾然一体となり、ひりひりするような魅力を放っていた。

脚本家の桂千穂は、「フィルム・ノワール」（暗黒映画）との共通点を指摘しつつ、

「白いリネンの背広で市街地の堀割《ほりわり》を迷走する丹波の颯爽たる雄姿は素晴らしく、50年たった今も眼底から消えない。まだ『第三の男』など影も形もない時代に、日本映画はこんな先駆的な試みを成功させていたのだ」（『シナリオ』二〇〇七年六月号、振り仮名は筆者）

と絶讃している。

『殺人容疑者』も『たそがれ酒場』も、画面全体から漂うのは、むしろ一九三〇年代から五〇年代の、フランス映画華やかなりしころの雰囲気に近い。逆に、丹波が同じギャングのキャラクターのまま、全盛期のフランス映画にそっくり移しかえられたとしても、違和感なく絵になるはずだ。

『Gメン'75』の初代メンバーに選ばれた岡本富士太は、撮影のあいまに丹波とフランス映画の話題でひとしきり盛り上がったことがある。

「丹波さん、フランス映画、お好きなんですか？」

と訊くと、丹波は大きくうなずいた。

岡本は、丹波がとりわけジャン・ギャバンを贔屓《ひいき》にし、演技やセリフ回しを「盗んでいる」ことに気づく。その押し出しのよさといい、茫洋《ぼうよう》とした野太い存在感といい、うねるような抑《よく》揚《よう》をつけたセリフ回しといい、「フランス映画界の至宝」と言われた大スターが乗り移ったかのようだ。

吃音を克服した丹波は、いつしか理想の俳優像を見出していた。

岡本の目の前で、トレードマークの黒いソフト帽を指差して、にやりと笑った。

「どうだ、ジャン・ギャバンより似合うだろう？」

第３章

救いの神

1960年、フジテレビで取材に応じた丹波（講談社写真部撮影）

テレビの時代

丹波の新東宝での出演回数は、一九五七年（昭和三十二年）を境に、一転して下り坂に向かう。ベテランの監督たちから「態度がデカい」と不興を買い、暗黙の了解で起用されなくなっていた。五七年の年間十六本が、五九年には八本に半減している。

丹波が七十代になってから、新東宝の同僚だった高島忠夫に、

「オレって、そんなに態度、デカかったか？」

と確かめると、

「ああ、デカかった、デカかった。昔から全然変わらないですよ」

と苦笑された。

丹波は、相手が監督であろうとエキストラであろうと、同じ態度をとった。長男の義隆《よしたか》が俳優の道を選んだとき、丹波はひとつだけ心がまえを伝授している。

「おまえはこれから撮影所で監督さんに会って、なんて言うんだ？『おはようございます』って言うなら、必ず守衛さんにもエキストラさんにも『おはようございます』って言え。守衛さんやエキストラさんに『おはよう！』なら、監督さんにも『おはよう！』だ。誰に対してもイーブンにしろ」

新東宝でホサれているあいだは、たとえ出演できても露骨な嫌がらせを受けた。丹波が画面

に映り込まないように撮影され、少しでも映っていると編集でフィルムをカットされた。

周囲では、天知茂と宇津井健が順調に出世していく。彼らより十歳近くも年上の丹波は、相変わらず冷酷非道なギャングや時代劇の色悪《いろあく》の浪人者といった敵役《かたきやく》ばかりで、エンディングまでに殺されて、あらかた画面から消えてしまう。

やむをえず空腹でもないのに「腹が減って動けません」とか「母が危篤でして」とか、その場しのぎの口実をこしらえて役をもらっていた。新東宝の重役のクルマが乗りつけるあたりで、上半身裸になり、これ見よがしに腕立て伏せや空手の稽古をした。

「売り込みなんか一度もしたことがない。歴代マネージャーに言ってることは、たったひとつしかないんだ。オレを売り込んだらクビだってな」

丹波は、有名になってからのインタビューでお決まりのように言ったものだが、新東宝時代に限れば事実ではない。逆に、

「あいつは自分を売り込む天才だよ」

と、ある監督など感心しきりだった。

『殺人容疑者』の刑事役で共に映画デビューを果たした土屋嘉男《よしお》は、ドブ川に頭まで浸かって逃走する容疑者役の丹波と、撮影後、一緒に風呂に入った。

「アイツ、あの頃から駄ボラをよく吹くんだ。大きなことばかりね。二人で湯船に浸かりながらも、駄ボラばかり言っていた。僕はそんな奴を好む方だから仲良しになったね」（DVD『殺

人容疑者』解説書の土屋嘉男インタビューより）

顔馴染みの小林昭二からは、

「あんな嫌な奴と口なんかきくなよ」（同前）

と忠告されている。土屋は黒澤明監督の『七人の侍』や『用心棒』の百姓役として、また小林はテレビの『ウルトラマン』の隊長役で知られる。

監督や俳優のみならず裏方の古株たちも、映画界での生き残りを懸けて、なりふりかまわぬ丹波の姿を見ていた。

丹波自身は、プロローグにも登場した西田敏行に、

「もし魔法が使えて、自由になんでも消したりできるとなったら、オレの新東宝時代の作品を全部消したいんだよ。すべてが恥ずかしい」

と意外な真情を吐露している。

丹波が、映画ではなくテレビで人気スターの座を不動のものにしたのは、一九六〇年から一年半、連続ドラマ『トップ屋』の主人公に扮してからだ。三十七歳の遅咲きであった。

トップ屋とは、おもに週刊誌の〝トップ記事〟、つまり巻頭記事の執筆を競い合うライターを指す。六〇年安保の騒然たる世相を背景に、力ずくでスクープをもぎとる敏腕記者を、丹波はエネルギッシュに演じて大評判を取った。

撮り直しのきかない、ぶっつけ本番の生放送が、緊迫感を高めた。特に体を張った格闘シーンが、視聴者の度肝を抜いた。丹波は、急に倒れてきた電柱を手で押さえながらセリフをしゃべったり、丸太で背中を打ちすえられ息ができなくなったりした。

時代も後押しした。『トップ屋』の放映が開始される前年、皇太子（現・明仁上皇）が正田美智子（現・美智子上皇后）と結婚し、〝ご成婚ブーム〟に国中が沸きかえった。結婚パレードの中継見たさに、テレビを購入する世帯が急増した。

従来、テレビ界の位置付けは不当に低かった。映画界では、テレビ界への転身を「都落ち」と見下し、テレビに出演する俳優たちを鼻で笑っていた。

丹波には、テレビへの進出を図らざるをえない事情もあった。新東宝社長・大蔵貢《みつぎ》（同姓の大蔵貞子との血縁関係はない）の経営姿勢に対する批判を旧知の新聞記者に漏らしたところ、それが紙面に載って大蔵を激怒させ、新東宝に居づらくなっていた。その新聞記者こそ、新東宝退社の翌年にスタートする『トップ屋』のモデルとされているのだから、どこか因縁めいている。

のちに振り返って丹波は、

「映画がこうなったときに」

と左手で下降線を描き、

「テレビがこうなってきたんだ」

と今度は右手を急上昇の形にカーブさせて、

「だから、オレはものすごく運がよかったんだよ」

と笑った。

丹波は映画界の出身ながら、テレビで大スターになっていった初めての俳優だった。マスコミのインタビューやテレビ出演の依頼が殺到した。『トップ屋』を担当したフジテレビのディレクターで、まもなく映画監督になる五社英雄は、丹波人気のすさまじさに仰天している。

「大阪へロケにいった時、丹波チャンと一緒にキタ（北新地）のバーへ行ったんですよ。ところが、酒をのんでいられないんだ。女の子がワーッと寄ってきて『わたしがのませる』『いや、わたしが……』で、たいへんな騒ぎ。ほうほうのていで逃げ出しました」（『週刊読売』一九六〇年六月二十六日号、括弧内は筆者）

丹波は「マダムキラー」の異名をとる。トップ屋役でスクープを追い回してきた自分が、逆に本職のトップ屋たちから追い回される現実が、われながらおかしかった。

ところが、時代の波に丹波が乗ろうとしていた矢先に、思いがけない出来事が起きていた。

ルーズベルトの病

一九五九年七月十六日の朝、貞子の呼ぶ声で、浅沼好三《あさぬまこうぞう》は目覚めた。

世田谷の工務店に勤務していた浅沼は、建築を手がけた関係で近所の丹波家に出入りするうちに、夫妻から気に入られ、一人息子の義隆の子守りまで任されるようになっていた。一家の海水浴やスキー旅行にも決まって誘われた。赤い屋根が目立つ一軒家の二階にある、丹波の書斎に寝泊まりする機会も増え、この日も三畳の書斎の床に布団を敷いて寝ていた。

貞子の声に、なにごとかと夫妻の寝室に行くと、ベッドの上の貞子が、

「足が動かないの」

と顔をしかめている。どうしても立ち上がれないので、淺沼が寝間着姿の貞子をおぶって一階に降ろした。丹波は前日から留守だった。

ちょうど三日前が義隆の四歳の誕生日で、貞子は兄・大蔵敏彦の自宅での誕生会に招かれた。丹波は仕事で来られなかったが、神奈川の江の島にあった「江の島マリンランド」への日帰り旅行には合流した。

丹波夫妻と義隆、母せんの四人で、水族館やイルカショーを観て帰宅したあと、貞子は熱を出した。ここしばらく頭痛も続いていた。疲れからだろうと気にもとめなかったが、発熱の翌朝、前例のない変調に見舞われてしまったのである。

淺沼は大急ぎでタクシーを呼んだ。救急車にしなかったのは、スターへの階段を駆けのぼりつつある丹波への飛び火を、貞子が危ぶんだためだ。

一階に横たえた貞子を淺沼は再び背負おうとしたが、上半身を起こすのがやっとで、しかたなく戸板に乗せ、タクシーの運転手とふたりがかりで車内に運び入れた。幼い義隆は膝の上に

乗せた。

しかし、近所の医院では原因も治療法もわからない。急を聞いて駆けつけた丹波の指示で、文京区の日本医科大学付属病院に転院した。

いったんは快方に向かい退院したものの、すぐに再発した。全身が突っ張ったまま、あおむけに寝たきりで、体の向きを右にも左にも変えられない。腰から下が、ひどく痺れていた。

新宿の国立東京第一病院（現・国立国際医療研究センター病院）に入院し、煩雑な検査の末、ようやく病名がわかった。

「脊髄《せきずい》性小児麻痺」――。一般には「ポリオ」と呼ばれる疾病である。ワクチンがすでに開発され、世界的に患者数は激減していたが、日本では再流行のきざしを見せていた。

「小児麻痺」の病名から、子どもしかかからないと思われがちだが、大人も罹患《りかん》する。元アメリカ大統領のフランクリン・ルーズベルトがそのひとりとされ、チャーチルやスターリンと第二次世界大戦の戦後処理を話し合ったヤルタ会談の写真が着席したものばかりなのは、下半身が麻痺していたせいだった。

貞子は、親しい歯科医の増田進致《のぶゆき》に打ち明けている。

「熱で倒れて朦朧《もうろう》としちゃって、気がついたら病院のベッドに寝かされていたのよ。それで、あるとき足の先が痒《かゆ》くなったのね。布団から足の先が出ていて、そこを蚊に刺されたらしいの。それでまた蚊が刺しにくるんだけれど、足が動かない。だから、上半身だけ起こして枕を投げつけたのよ。悔しくて悔しくてね。あんなにちっちゃな蚊にまでバカにされて、これからの人生を生きなくちゃいけないのかと思ったら、本当に情けなかった」

丹波は打てるだけの手を打った。入院先の病院で、貞子に最先端の治療を受けさせた。ソ連に「ガランタミン」という特効薬があると聞けば、高価なうえに入手困難なその薬を、義兄の大蔵のつてで百五十アンプルも買い込んだ。各種の身体矯正器具も導入した。

こうしてギャラのかなりの部分を費やしても、期待した効果はあがらなかった。

貞子は子どものころから体を動かすのが大好きで、テニス、卓球、水泳、スキーを達者にこなしたが、いまはどれもできなくなってしまった。

かつて銀座のダンス・パーティーで一緒に踊ったときの様子を、丹波はこう描写したものだ。

「生のバンドが耳をつんざくようにして、次々と人気のある曲を演奏した。私たちはカクテルを注文し、ホールのまん中で踊った。健康的でヒップの立派な彼女は、クルクルと鮮やかに踊る。私は何度も何度も手を取った」（『破格の人生　僕は霊界の宣伝使』）

そんな貞子の姿も、二度と見られないかもしれなかった。

だが、貞子は見舞客の前では明るくふるまい、

「（ポリオになったのが）主人じゃなくて、本当によかった」

と笑った。本心からそう言っていると見舞客の胸を打つ率直さが、貞子の笑顔にはあった。

彼女はまもなく三十三歳になろうとしていた。

動かぬ足

『トップ屋』で人気急上昇中のスターが、難病に苦しむ妻をかかえている。こんなネタにマスコミが飛びつかないはずがない。芸能週刊誌は「スクープ」と銘打って、特集記事を掲載した。

「彫りの深い日本人ばなれしたマスクでスクリーン、ブラウン管をあばれまわっている彼も、その私生活は、不自由なからだの奥さんと一粒種の坊やを、こよなく愛するよき夫でありパパだ」（『週刊平凡』一九六一年七月十二日号）

記事の中で、貞子が発病した直後の丹波の姿を、五社英雄はこう述べる。

「あのときの彼の顔は、いつもの彼とは別人のように弱々しかった。奥さんが入院したとき、リハーサルの間を縫《ママ》ってマメに見舞ってました。それでいて、グチをこぼしたりぜんぜんしないんです。心うたれましたね」

〝愛妻もの〟の取材依頼が相次いだ。サービス精神旺盛な丹波は、当初こそ取材に応じていたものの、そのうち、

「女房のことはもうやめましょう（笑）」（『主婦と生活』一九六五年十二月号）

と避けるようになる。「奥さん孝行」と言われるのを、極端に嫌がった。

「よく、みんなからそういわれるけど、全くの誤解ですよ。ただ映画をみにゆこうにも、女房は歩けない。だから僕が背負ってゆく。他の人ならテレることを、僕は平気なんです。それが他人からみると〝女房孝行〟になってしまう」（『主婦と生活』一九六八年一月号）

貞子は、丹波と義隆にも「動かない足を刺しにきた蚊」の話をしている。他人には絶対に言えないひとことを、義隆には漏らした。

「あのときは、もう死んでしまいたいと思っていたのよ」

見舞いに来た丹波の顔を見るなり号泣したこともある。貞子が泣きやむまで、丹波は黙っていた。大きな手で妻の涙をぬぐって語りかけた。

「なったものはしかたないじゃないか。でも、義隆《ギル》の前じゃ涙を見せるなよ。子どもは親を見て育つんだから」

丹波は義隆を音読みで「ギリュウ」と呼んでいたが、いつのまにか「ギル」になっていた。

「貞子、おまえには太陽であってほしい。オレとギルは、おまえのまわりをぐるぐる回る惑星にすぎないんだ。その中心がなくなったら、世界は真っ暗になって、オレたちはみんなばらばらになってしまうじゃないか。おまえの笑顔が、うちの原動力なんだよ」

貞子は童謡の『赤とんぼ』を口ずさむようになった。

夕やけ小やけの　赤とんぼ

負われて見たのは　いつの日か

退院後の貞子をおぶるのは、丹波と出入り業者の淺沼の役目になった。さらに、島倉千代子の『人生いろいろ』が貞子の愛唱歌に加わる。

死んでしまおうなんて
悩んだりしたわ
バラもコスモスたちも
枯れておしまいと
髪をみじかくしたり
つよく小指をかんだり
自分ばかりを責めて
泣いてすごしたわ

義隆には、小学生のころの忘れられない記憶がある。一時期、足の具合が少しよくなり、松葉杖で外出できるようになった母と、新宿のデパートへ買い物に行ったときのことだ。あいにくの雨で松葉杖がすべり、急に八の字の形に開いて、あっという間に母がひっくり返ってしまった。

しかし、義隆が衝撃を受けたのはそのことではなく、床に座り込んだ母を横目に通りすぎていく人たちの、無関心な視線だった。あの目つきを思い返すたびに、義隆は胸の底に冷たいものが走る。

徹マンの理由

貞子は、両手も麻痺していた。手のリハビリには麻雀がよいと知人に勧められ、丹波は自宅に人を招いて、貞子と共に雀卓《ジャンたく》を囲むようになる。

貞子は、めきめき腕を上げた。胸がすくほど思い切りがよく、勝っても負けてもサバサバしている。常連たちには、ひやかし気味に「勝負師」と呼ばれていた。

丹波のほうは〝へたの横好き〟だった。そのくせ一対一の勝負を挑みたがり、結局、相手に振り込むはめになって、

「お〜たす〜けぇ〜、もういっかぁ〜い（お助け、もう一回）」

と手を合わせるのだが、徹マンのトータルではたいてい赤字を計上した。常連の共同通信社の記者は、貞子に痛い目に遭った分を丹波から取り返していた。

貞子には、

「パパは、いざというとき迷うのよねぇ。負けだすと、さらに墓穴を掘ってしまうのよ」

妻の実家・佐渡島での丹波。右端は母せん、中央は淺沼好三と貞子

と見抜かれ、

「いつも負けては、悔しくて眠れない。たまに勝っては、うれしくて眠れない。どっちにしても眠れないのよ」

とからかわれた。丹波は、達観したような口ぶりで言った。

「なんか自分の振る牌《パイ》は、みんな通るんじゃないかっていう甘い考えがあるんだな。ようするに、オレは勝負に甘いんだよ」

麻雀は別の面でも〝救いの神〟になった。

丹波夫妻は、そろそろ広い土地に家を建てて引っ越そうかと話し合っていたが、先立つものが足りない。丹波の職業柄、収入が不安定なので、銀行から融資を受けられるかどうかも覚束なかった。そのことを耳にした麻雀仲間の三井銀行（現・三井住友銀行）の支店長が、住宅ローンを請け合ってくれたのである。

丹波一家は、世田谷区船橋から杉並区西荻北に住まいを移す。西荻窪駅近くの七百平米におよぶ敷地を、貞子の縁戚にあたる北一輝の実弟・昤吉《れいきち》から買い取った。非業の死をとげた兄・一輝とは対照的に、昤吉は帝国美術学校（現・武蔵野美術大学）や多摩帝国美術学校（現・多摩美術大学）を創設し、のちに衆議院議員にも当選して、自民党の政調会長にまでのぼりつめていた。

貞子は三井銀行の融資に恩義を感じ、丹波が売れっ子になってからもメインバンクを変えなかった。

貞子に比べ、丹波には優柔不断で気の小さいところがあった。当時人気を呼んでいたホームドラマの『肝っ玉かあさん』と、本名の「正三郎」をもじって、

「まったく『肝っ玉小《しょう》ちゃん』なんだから」

と貞子を呆れさせた。

貞子がポリオで入院しているさなかにも、ふたりの性格の違いが浮き彫りになった。幼稚園児の義隆が、友達の自転車を見て自分も欲しいと言い出したとき、丹波は「危ないからダメだ、ぜったいダメだ」の一点張りだったが、貞子は、

「買ってあげようよ。そうしないと、必ず友達のを借りて乗るようになるよ。そのほうがよっぽど危ないじゃないの」

と反論して譲らない。ふたりは病室にいるのも忘れ、声を張り上げてやりあったあげく、とうとう丹波が折れた。

やがて小学校に上がった義隆が朝、登校しようとすると、徹マン明けでまだ雀卓に張りついている丹波が、ねじり鉢巻きのまま、

「よぉし、頑張ってこいよぉ！」

と発破をかける。不自由な足をおして玄関まで見送りに出た貞子も、世間の常識とは懸け離れた励まし方をした。

「あんたにもそのうち麻雀教えてあげるからね。大学を卒業するまでには、立派な麻雀打ちにさせてあげるから」（『女性自身』一九八九年四月二十五日号）

義隆は大人になって、こう思った。「丹波哲郎」の名前から世間がいだく「豪快」や「大胆」といったイメージは、父よりも母に当てはまるのではないか。ひょっとすると、父は母を「演じていた」のかもしれない、と。

第4章
007

映画『007は二度死ぬ』鹿児島ロケでショーン・コネリーと並ぶ（1966年、朝日新聞社提供）

捕虜と軍刀

丹波に、またとない好機がやって来た。

一九六六年（昭和四十一年）初め、『007』の新作の舞台が日本に決定したと発表される。

その四年前に始まった『007』シリーズは、一本平均三百億円以上（当時）の興行収入をあげ、映画史上空前の人気を誇っていた。一九六四年の東京オリンピック開催から六六年のビートルズ来日へと続く一連の国際的な大イベントに、日本のマスコミは色めき立った。

ショーン・コネリー演ずるジェームズ・ボンドを日本側で支える諜報機関トップの「タイガー・タナカ」役には、四十三歳の丹波が選ばれた。

当初キャスティングされていた三船敏郎は、オファーを蹴った。その際の「国辱《こくじょく》映画への出演はお断り」という言葉がひとり歩きをして、あとあとまで尾を引くことになる。三船がそう決めつけたのは、イアン・フレミング原作の小説に描かれた日本や日本人の姿が、〝フジヤマ・ゲイシャ〟から一歩も出ていないと思えたからだ。

ただし、今回は原作とかなり異なるシナリオができあがり、丹波も、

「日本人の俳優やスタッフの意見を聞き入れるなら」

との条件付きで、出演を承諾した。

丹波は、すでに外国映画に二度招聘《しょうへい》されていた。

最初は一九六二年公開のアメリカ映画『太陽にかける橋』で、ジェームス・ディーンと『ジャイアンツ』にも出演したキャロル・ベイカーと共演したが、出番のロケ地は京都だけで、外国映画に出た実感は乏しかった。

二本目のアメリカ映画『第七の暁』が、本格的な海外進出の始まりとなる。

「レスラーのようにたくましい青年が、実に清潔な顔をして立っている」

脚本のト書きが気に入り、オファーを引き受けた。丹波は、戦争中のマラヤ（現在のマレーシア）で抗日ゲリラを指揮する現地のリーダー役を演じた。

日中四十度を超える猛暑のなか、コカ・コーラを一日に二十本もガブ飲みしながら、ジャングルでのロケに奮闘した。休憩中ふと見ると、自分が脱いだ革靴に巨大なニシキヘビが絡みついている。イギリス人スタッフたちが、汗まみれになって引き剝がした。マレーシアでの撮影は、合計三ヵ月以上に及んだ。

評論家の野末陳平が、東南アジア旅行の途次、飛び込みで丹波を訪ねている。野末を見たクアラルンプールの最高級ホテルのボーイが、「タンバ、タンバ」と連呼するのにまず驚かされた。

すっかり日焼けした丹波は、野末を気さくに迎え入れた。ちょうどイギリス人女性の英語教師から、セリフの発音を矯正されているところだった。

「日本からは誰も来てくれなくて退屈してたんだ。こんなところに三ヵ月もいたので飽きちゃったよ。なにか、おもしろい話ない？」

野末に質問の間《ま》を与えず、丹波はしゃべりつづけた。アメリカのロケがいかに大がかりか、出演者をどれほど大事にしているか。

「ここではオレは王様だよ」

豪快に笑った。

「金持ちの国はちがう、と書いてくれよ。オレのいる新東宝なんてのはチャチでシロウトの映画会社だ」

肝心の出演作については、

「パンフレット渡すから、適当にまとめてくれれば文句なしだ」（野末陳平著『プレイボーイ東南アジアを行く』および『あの世に持っていくにはもったいない　陳平　ここだけの話』、一部の読点を追加）

とあっさりしたものだった。

『第七の暁』での丹波は、イギリス軍将校役のウィリアム・ホールデンと協力して、共通の敵だった日本軍と戦う。そんな親友同士も、戦後のマラヤ独立運動では敵と味方に分かれて殺し合う。作品のスケールの大きさは、撮影監督を『アラビアのロレンス』や『ドクトル・ジバゴ』のフレディ・ヤングが担当したところからもうかがえた。

ホールデンは、一九五〇年代から六〇年代にかけて、アメリカを代表するスターのひとりだった。ビリー・ワイルダー監督の『サンセット大通り』で注目され、『麗《うるわ》しのサブリナ』では、最も光り輝いていたころのオードリー・ヘップバーンとスクリーンを飾っている。

イタリア映画『五人の軍隊』撮影で監督からの指示を聞く

丹波は、四歳年上のホールデンと互角に渡り合った。

ホールデンがNGを出すたびに、

「うまいぞ！」

と冷やかす。逆に丹波がセリフをとちると、ホールデンが、

「ウマイゾ！」

と、日本語の意味もわからず言い返す。

「なに言ってやんでぇ！」

と啖呵《たんか》を切れば、

「ナニイッテヤンデー！」

と反撃される。スタッフからは爆笑が巻き起こった。

ふたりは「ビル」「タンバ」と呼び合い、食事にも連れ立って出かける仲になったが、現場では幾度となく対立した。

丹波には、日本兵の描き方が気に入らなかった。日本兵役の華人の俳優たちは、ゲリラ部隊に投降する場面で、卑屈にペコペコしながら軍刀を差し出している。丹波が、

「日本刀は軍人の魂だから、堂々と手渡すように」

と助言すると、すかさずホールデンが大声で、

「シナリオのままでいい。頭を下げて渡すんだ！」

と命ずる。ゲリラ隊長役の丹波が、日本兵から差し出された軍刀を両手でうやうやしく受け取っても、ホールデンは、

「相手は捕虜だ。刀はわしづかみにしろ！」

と水を差した。

「いや、武人同士の礼儀というものがある！」

「そんなのは空論だ。ここはもっとリアルにいくべきだ！」（『週刊明星』一九六三年七月二十八日号、一部を会話調に改変）

ふたりは監督そっちのけで怒鳴りあった。戦後まだ十八年しか経っていない。丹波、ホールデンの双方とも兵役の経験者なので、譲れない一線があった。

監督は、イギリス人のルイス・ギルバートが務めた。自伝の『オール・マイ・フラッシュバックス』（邦訳未刊）で、ホールデンと同様、

「テツロー・タンバもすばらしかった」

と賞賛している。

「彼は非常によく働き、英語のセリフもすぐに覚えた。信頼するに足る演技をしてくれたので、数年後また私の映画に出演してもらうことにした」

その映画こそ、新作の『007は二度死ぬ』であった。

タイガー・タナカ

『007』での丹波のギャラは二十万ドルで、一ドル三百六十円の時代だから、七千二百万円にのぼる。いまなら約三億円に相当しよう。『第七の暁』の千三百万円の五倍以上である。デビュー作の『殺人容疑者』は、二万円にすぎなかった。

ギルバート監督と同じく、アソシエイト・プロデューサーのウィリアム・カートリッジも、丹波に信頼を寄せていた。

「タンバは、日本人俳優とイギリス制作陣との仲介役をしてくれた。彼が英語を話せて助かったよ。日本の映画界には〝階級〟があるんだ。タンバは大物俳優で、日本の映画業界では一目置かれていたし、信用されてもいたからね」(『007は二度死ぬ』ブルーレイ版収録のインタビュー、筆者訳)

丹波は、ショーン・コネリーとも奇妙な形で面識があった。

仕事でロサンゼルスのホテルに宿泊していた深夜、シャワーを浴びているさなかに、部屋のドアが何度もノックされた。急いで腰にタオルを巻いてドアを開けると、三十代ぐらいの大柄な白人男性が神妙な面持ちで立っている。

「すみませんが、電話を貸してください」

丹波の部屋の向かいに自分の友人が泊まっているのだが、いくらノックをしても応答がないので心配になったという。

部屋に招き入れると、大男はさっそく電話をかけていた。「コネリー」という名前が聞こえたが、丹波はまだ『007』を観ていない。コネリーの第一印象は、「愛想のいい男」だった。

九ヵ月後、ロンドンの映画会社で再会したおり、丹波がロサンゼルスでの一件を持ち出すと、

「ああ、覚えてます、覚えてます！」

とコネリーは全身で驚きを表現した。

丹波は、八歳年下のコネリーともたちまち打ち解けた。お得意の剣道や空手の手ほどきをし、コネリーが神社でおみくじを引くと、ご託宣の意味を英語に訳して伝えた。

真夏の漁村でのロケの合間、コネリーはカツラを取って海に飛び込み、クロールですいすい泳いでいる。撮影中やマスコミの前ではつねにカツラをつけていたが、ふだんは隠し立てしなかった。

日本語でよく、

「キニシナーイ！」

と言って日本人を笑わせていた。右の前腕には、「MAM AND DAD FOREVER SCOTLAND」という青っぽいタトゥーが入っていた。

丹波とコネリーには映画を離れても交流があった。『００７』のギャラで新築中の丹波邸に〝お忍び〟でやって来たコネリーと、出入り業者の淺沼好三が出くわしている。丹波とコネリーは、庭に植えられた立派な松の木の下で、しばらく談笑していた。

ふたりの交遊を、のちにテレビドラマ『バーディー大作戦』で丹波の部下役になる松岡きっこも間近で見た。丹波は、

「オレは英語、完璧だ」

と胸を張っていたが、よくよく聞けば、さほど完璧ではない英語をゆっくりとしゃべっている。自信満々でコネリーにしょっちゅう話しかけるのだが、通じていない場合もあるらしく、コネリーはときおり困惑した表情を浮かべる。丹波はおかまいなしに、コネリーの肩や背中をばんばん叩き、「ワッハッハ！」と高笑いした。

「これじゃあ、どっちが主役かわかんないわ」

松岡は、吹き出しそうになった。

丹波はコネリーを、「すごくいいヤツ」だが、ホールデンより一段も二段も劣る俳優とみなしていた。『００７』を退いたコネリーが、『アンタッチャブル』でアカデミー賞助演男優賞を

とり、スティーブン・スピルバーグ監督の『インディ・ジョーンズ　最後の聖戦』でハリソン・フォードの父親役を茶目っ気たっぷりに演じているのを観て、

「あいつがこんなにいい役者になるとは思わなかったよ」

と見直した。

ふたりに接した日本人俳優が、もうひとりいる。丹波とフランス映画談義をかわした岡本富士太である。

大学受験に失敗して浪人中の岡本は、知人の勧めで行ったアルバイト先が、たまたま『007』の撮影現場だった。クルマ好きの岡本は運転手の仕事も任され、ある朝、定刻になっても撮影現場に現れない丹波を呼びにやらされる。

宿泊先の東京・四谷のホテルニューオータニに着くと、コネリーらイギリス側の一行と鉢合わせになった。丹波に何度電話をかけても出ないので、直接、部屋を訪ねるところだった。コネリーは、興味津々でスタッフたちについてきたらしい。

一緒に上の階へ行き、部屋のチャイムを鳴らすと、白いガウン姿の丹波が出てきた。どんな言い訳をするかと思えば、

「おお、ご苦労！　ご苦労！」

と満面に笑みを浮かべて、殿様が家臣をねぎらうようなことを言う。コネリーたちにも、

「オーッ！　グッド・モーニング！」

と、まるで悪びれた様子がない。グループの中に顔なじみの日本人女性スタッフを見つけると、両手を広げてハグをした。

岡本は毒気を抜かれてしまった。

「なんなんだろう、この態度のデカさは……」

同時に感動もしていた。これほど押し出しのよい日本人を見たことがなかった。

続く丹波の行動にも、呆気にとられた。わざわざ自分を起こしに来てくれた日英スタッフの前で、悠然と歯を磨きはじめたのである。それがあまりにも堂に入っていて、ごく当たり前に見えてしまう。岡本が、

「あれはいくらなんでも変だろう」

と我に返るのは、歯磨きを終えた丹波が撮影現場に連れていかれたあとだった。

こうした空気は、『007は二度死ぬ』のシーンにも引き継がれたように見える。

コネリー演ずるジェームズ・ボンドは、東京の地下道で落とし穴に転落し、秘密めいた部屋にまで一気にすべり落ちてくる。狐につままれたような顔のボンドに、待ち受けていたダーク・スーツ姿の丹波が、笑顔で話しかける。

「ようこそ、フフフフッ、ハッハッハッハッハッ！　ようこそ日本へ、ミスター・ボンド。ようやく君に会えてうれしいよ。フフフフフッ、いままでのところ、わが国をお気に召してくれたかな？」（筆者訳、以下同じ）

タナカは、シナリオに「堂々たる風格、頑健で危険きわまりない人相」と書かれている。

「君はジェームズ・ボンドだろう？　お会いできて非常に光栄だ、ボンド・サン。本当に光栄なんだ。さて、自己紹介をさせていただこうかな。私の名前は『タナカ』だ。『タイガー』と呼んでくれ」

松竹の元・助監督で江戸川乱歩賞を受賞した作家の小林久三《きゅうぞう》は、

「丹波哲郎はなかなかの貫禄、ショーン君みたいな大男と相対してビクともしないフテブテしさがあって大いにこれもよろし」（『スクリーン』一九六七年九月号）

と好意的に論評している。

国辱映画

ところが、撮影現場の周辺には険悪な雰囲気が漂っていた。

ホテルで食事をすませたコネリーが、玄関のショーケースをのぞいていたら、いきなり日本人カメラマンが四、五人飛び出してきて、シャッターを切りはじめた。止めに入ったイギリス人宣伝部員が、

「ガッデム！」

思わず怒鳴ると、

「『ガッデム』とはなんだ、侮辱するな！」

と日本側も激昂した。コネリーがロケ現場のトイレに腰をおろしているところを撮影するカメラマンまで現れ、陽気なコネリーも色をなした。

取材攻勢をかける日本のマスコミと、プライバシーを重視するイギリス側とは、ことあるごとに衝突した。丹波も、スパイ映画とはいえ、過敏なくらい情報漏れを警戒するイギリス制作陣に、げんなりしていた。

「バカじゃないかと思うくらい、この映画は秘密主義《ひみつしゅぎ》だよ。もっとも、これは芸術なんていうものじゃなくて、ビックリ箱が、どんなしかけになってるかというような興味だけなんだからむりもないがね。関係者は内容をしゃべることは口止めされてるようだが、オレはなんでもしゃべっちゃうよ」（『週刊平凡』一九六六年八月十一日号、振り仮名は原文のまま）

丹波のマイペースぶりは、『００７』でも変わらなかった。

九州ロケの最中、山頂近くで豪雨に遭い、全員が滞在先のホテルに大急ぎで帰るときも、丹波だけは荷物運搬用の馬にまたがり、のんびりと山道を下っていく。結果的に、徒歩で山を降りた俳優・スタッフの一行より三十分も遅れて到着するはめになり、馬上でずぶ濡れの丹波を見て、イギリス人たちは、

「ドン・キホーテ、ドン・キホーテ！」

と大笑いした。

一方で、イギリス制作陣に対するマスコミの論調は、辛辣《しんらつ》の度を増していく。

ロケ先の熊野那智大社付近の名勝「那智の滝」で、猛暑のあまり半裸になっていたイギリス人スタッフが、「不謹慎」と非難された。丹波ひきいる忍者部隊の投げた手裏剣が、国宝・姫路城の重要文化財の土塀を傷つけたとか、エキストラの女子高生がビキニ姿を強要されて泣き出したといった話が、ことさら暴露された。「007は二度来るな」の文句が、新聞の見出しに躍った。

撮影が始まってもシナリオを公開しないのは、

「内容が国辱的だから発表できないのだ」

という何の根拠もない噂まで広まった。日本側プロデューサーの奥田喜久丸《きくまる》は、記者から面と向かって、

「国辱映画007に協力した貴殿の感想をうかがいたい」(『文藝春秋』一九六七年三月号)

と詰問され、一瞬、言葉に詰まっている。

日本側の助監督をつとめた川邊一外《かわべかずと》も、イギリス側を権威主義的で横柄とみていたが、映画制作の規模の破格さに驚嘆もしていた。

ちょっとした移動にも、二十五人乗りのヘリコプターを使う。メインの俳優たちには、ひとり一台のトレーラー・ハウスがあてがわれ、トイレ専用車まである。

日本の冷《さ》めた〝ロケ弁〟に慣れっこになっていた俳優やスタッフは、食事の豪華さにも目を見張った。ランチでさえ、白いコック帽姿のシェフが、その場でステーキを焼いてくれる。好

みの魚料理も選べる。午前十時と午後三時には〝ティー・タイム〟があり、紅茶やコーヒーとともに各種のケーキが饗《きょう》された。

丹波も、ロンドン郊外に設けられた『００７』のセットには驚愕した。

九州の火口湖の下に、世界制覇を狙う敵の秘密基地があるという設定で造られていたが、その大きさといったら、中をヘリコプターが飛び回れるほどだ。セットには、特注された、遊園地のミニチュア機関車のような乗り物で出入りする。丹波はセットの総工費が日本円で十億八百万円と聞き、荒唐無稽《こうとうむけい》なスパイ映画に巨額の費用を注ぎ込むイギリス映画界の底力に、なかば呆れ返り、なかば感心した。

三船敏郎の忠告

『００７は二度死ぬ』への突然の出演依頼に、二十二歳の浜美枝は当惑した。それまで『００７』を観たこともなかったし、「ボンドガール」の意味さえ知らなかった。

「英語ができませんから」

そう言って断ろうとしたら、日本側のプロデューサーに、

「とにかく三ヵ月もやれば、英語はできるようになるから」

と引き止められた。

「それならいい経験になるかな」

軽い気持ちで引き受けたが、そんななまやさしい仕事ではなかったと、すぐに気づかされる。朝から晩まで英語の猛特訓に追われる日々が始まった。

コネリーは毎朝、浜に会うたびに、深みのある穏やかな低音で、

「おはよう、ミア、大丈夫？　なにか心配ごとはない？　困ったことがあったら、いつでも言ってね」

と声をかけてくれる。なぜか「ミエ」ではなく「ミア」と呼んだ。そのまなざしには、包み込むようなやさしさがあった。

丹波とは、撮影時も〝別撮り〟が多く、演技面でアドバイスされたり、食事を一緒にしたりといった付き合いはなかった。

しかし、丹波は陰で、浜の窮地を救う大きな働きをしていた。

二〇一八年に九十七歳で死去した監督のルイス・ギルバートは、自伝におおむね次のような逸話を書き残している。

……ミエの英語がなかなか上達せず、私とのコミュニケーションもとれない。まもなく撮影開始なのに、われわれは大問題に直面してしまった。プロデューサーのサルツマンたちに、

「もう日本に帰ってもらいましょうか？」

と提案したところ、逆に、

「どうやって？」

と訊かれた。

そこで「テツロー・タンバ」に相談した。ほかに手立てがなかったのだ。タンバに、

「このままではミエのキャリアにとってもよくありませんから、なんとかうまく説得していただけないでしょうか」

丁重に頼むと、彼はディナーの席でミエに話してみるという。

「うまくいくかどうかはわからないけれど、とにかくやってみますよ」

そう約束してくれたが、

「困ったなあ。本当に困った」

と繰り返していた……。

この出来事は、丹波が日本に書き送った手紙からも裏付けられる。

「三日前からギルバートが、浜君は英語も出来ないし、パーソナリテー《ママ》が無いから日本に帰したいと言ひ出して、ひとさわぎがあった。僕に何か良い案はないかと相談されたが、こまったよ」（一九六六年七月十四日消印、句読点を一部補足、丹波の手紙の字は、新字、旧字、俗字、新旧のかなづかいが混在しているが原文のままとした、以下同じ）

ロンドンでの様子も綴《つづ》られている。

「二人の日本女優（浜美枝と若林映子《あきこ》）は朝から晩まで何処《どこ》かへ引張り出されて写眞を撮られたり招待されたりして、この一週間同じホテルで一度しか顔を見ない。誠に極めて女にあまい国

だからね。僕は完全に一人でほっぽりぱなしにされている。大変樂だ」（括弧内と振り仮名は筆者、以下同じ）

「妙にからだがだるいのと夜、ねむりが浅いので一日中ベッドで、うつらうつらしているよ。まるで病院生活の様だ。日本レストランド《ママ》は殆《ほとん》どつぶれて日本食に有りつくのは難しい。まだ何処も見物していない。ドクトルシバコ《ママ》を見ただけだ」（以上、一九六六年六月二十三日消印）

「明日は午後から大英博物館へ行ことう《ママ》思ふ。僕のすきな考古天文学が一ぱいある。大《ママ》陽から飛んできた流星など大小たくさんあるとのことだ」（一九六六年七月十四日消印）

『ドクトル・ジバゴ』を観にいったのは、撮影監督が『００７』と同じフレディ・ヤングなので、どう撮られるかを確認しておきたかったのだろう。丹波は、ホテルの自室でもクルマの中でも、ひまさえあれば英語のテープを聴いていた。

丹波がロンドンから投函した手紙には、驚くべき記述も見られる。

「三日前に三船敏郎に会った。彼は非常に神経質になって居る」（一九六六年七月三日消印）

三船も仕事でロンドンにいたのだ。ことさら神経を尖らせていたのは、いびつな日本および日本人像が、『００７』を通じて世界中に広まるのを危惧していたのか。

たとえば、イギリス人の小道具係が、和室の二部屋をまたいで布団を敷居の上に敷いたりする。助監督の川邊が、

「それはおかしいですよ」

といくら注意しても聞き入れない。そのとき丹波がやって来て、

「あっ、これダメっ！　こんなこと日本ではありえない！」

とイギリス人スタッフを一喝し、布団を畳の上に敷きなおさせた。

浜も、ロンドンで三船に遭遇している。女性英語教師に誘われ、イギリス人スタッフ十二、三人と夜のクラブで踊っていたら、三船がつかつかと歩み寄ってきた。東宝映画での共演歴もあり、ふたりは顔見知りだった。

三船は日本刀をさっと抜く仕草をして、

「日本人の女だろう！」

と浜を頭ごなしに叱りつけた。いささか酒に酔っていたらしい。浜は三船の胸中を、「あんまり外国人たちとワイワイするな。日本人の誇りを忘れるな」と言いたかったのではないかと察した。

国際スター誕生

ギルバート自伝の、丹波と浜に関する記述は続く。

……私はタンバにミエのことを相談した翌日、朝一《あさいち》で彼に会いに行った。

「どうでしたか？」

と尋ねると、

「単刀直入に言いましょう」

と話しはじめた。

「あなたが彼女を日本に帰すと言い張るなら、彼女は今晩、いま泊まっているホテルの窓から飛び降りて死にますよ」

私が、

「えぇっ！　冗談でしょう！」

と言うと、タンバは「ノー」と答えて続けた。

「日本人がメンツを重んじることをわかってもらわないといけませんな。これが一番肝心な点です。彼女は日本映画史上最大の作品に出演するためだけに、ここイギリスに呼ばれて来ているわけでしょう。日本人なら誰でも知っている話ですよ。これでもしあなたが日本に追い返したら、彼女は『使えない』という意味じゃないですか。面目まるつぶれで、もう自殺するしかありませんよ」

深刻な事態になってしまった。私の裁量では、もうどうにもならない。プロデューサーたちに経緯を話し、

「もしそんなことになってしまったら、イギリスでも大騒ぎになるし、日本ではもっと大騒ぎになるでしょうね」

と泣きついた。

「もしミエが言っているとおりのことを実行したら、この映画はおしまいです。日本での制作はもうこれ以上できないし、いや世界のどこででも無理でしょう」……

浜は、こんなやりとりがなされていた事実をまったく知らない。第一、丹波とディナーを共にしたこともないし、ましてやホテルの部屋から飛び降りるなどと口走るわけがなかった。

「嘘も方便」と言おうか、丹波のホラ話がこのときばかりは功を奏した。ギルバート監督がプロデューサーらと協議し、浜には予定どおり出演してもらい、彼女の英語が上達するのを期待しながら撮影を進めるか、もしくは英語のセリフは吹き替えで対応するか、後日あらためて決めることにした。

丹波は浜に、舞台裏をいっさい明かさなかった。浜がその後、映画界から遠ざかり、エッセイストやライフコーディネーターに転身したため、再び共演する機会もなかった。

ギルバート監督は、『007は二度死ぬ』のブルーレイ版に収録されたインタビューで、丹波について、

「典型的な日本人だけれど、少し変わっていましたね」

と回想している。

「女性と歩いていても、ドアの前に来ると、さっさと先に通ってしまう。『レディー・ファーストじゃないんですか？』と訊いたら、『そんなことはとても考えられないよ』と言われました」

『007は二度死ぬ』蔵前国技館ロケ中のショーン・コネリーと若林映子（共同通信社提供）

映画でも、タナカがボンドを自宅に招き、広々とした和式の風呂で、ビキニ姿の美女たちにふたりの体を洗わせている。タナカはボンドに、

「日本ではつねに男が最初、女はあとだ」

と解説し、ボンドが、

「日本に住もうかな」

とジョークで応える。

それから三十年余りのち、アニメ映画の『クレヨンしんちゃん　爆発!温泉わくわく大決戦』に「温泉の精・丹波」の役で声優をつとめた丹波は、

「俺はジェームズ・ボンドと一緒に風呂に入ったこともある。ムハハ、ハッハッハッハッ、ハッハッハッハッ!」

と自らをパロディーにして笑い飛ばした。

『007は二度死ぬ』は日本で大ヒットしたが、丹波はその出来栄えを、

「あれは全然ダメ」

と頭から否定している。あんなに苦労して英語のセリフを覚えたのに、タナカの声が吹き替

えられたのは明白な契約違反で、腹立たしいことこの上なかった。

岡本富士太は、イギリス側の理不尽さに対して丹波が言いたいことは山ほどあったにちがいないと推測する。ボンドが不自然に大相撲の支度部屋を訪ねて、ときの横綱・佐田の山と握手したり（その後方では〝大横綱〟大鵬が若い衆に綱を締めてもらっている）、忍者やセクシーな海女《あま》がこぞって登場したりするのは、〝フジヤマ・ゲイシャ〟の日本観そのものだった。

とはいえ、できあがった作品を観れば、高度経済成長期の日本と日本人をとらえた貴重な映像が多い。東京・銀座の街並みにも、蔵前国技館につどう観衆や、鹿児島の漁村でコネリーがすれ違う人々の表情と服装にも、牧歌的な明るさが溢れている。

『007は二度死ぬ』に押された「国辱映画」の烙印は、多くの日本人の心に影を落とした。もし丹波がいなければ、国内の反感をさらに買い、負の記憶をいつまでも引きずったはずだ。

『007は二度死ぬ』の興行収入は、全世界合計で四百億円を超え、一九六七年度の年間第二位にランクインした。丹波は三船に次ぐ〝国際スター〟にのし上がり、海外からの出演依頼も続々と舞い込む。そのいくつかには応じたが、あるときふと気づく。ハリウッドの超大作に招かれても、引き立て役にはなれるが、主役そのものには絶対になれない、自分が日本人であるかぎり、と。

十数年後、テレビドラマ『Gメン'75』の海外ロケで、スペインの、とある港町の中華料理店に監督やスタッフらと入ったとき、店の奥から現れた中国人の店主が、丹波の顔をまじまじと見つめた。

「もしかしたら、あんた、『007』に出ていたタイガーじゃないか？」

丹波がうなずくと、店主は驚喜し、それまでの無愛想きわまりなかった接客が一変した。注文していない料理まで、何品もサービスしてくれた。

海をはさんで対岸に、アフリカ大陸の影が見える。こんな辺鄙《へんぴ》な港町にまで『007』が知れ渡っていようとは。

「あのときくらい『007』に出てよかったと思ったことはないな」

丹波にとって『007は二度死ぬ』は、切っても切れない存在になっていた。

丹波が晩年、心身ともに極度の不調に陥った末に、からくも持ち直して仕事に復帰した直後も、そうだった。

げっそりとやつれたその姿を見て言葉を失った知人に、丹波はニヤリと笑いかけ、

「丹波哲郎は二度死ぬんだぜ」

と〝決めゼリフ〟を吐いたのだ。

第5章
智恵子抄

松竹大船撮影所で（1963年、朝日新聞社提供）

病身の妻

『007』の世界公開と同じ年に、自他ともに認める丹波の代表作が生まれる。高村光太郎の詩文集を映画化した『智恵子抄』である。光太郎役の丹波は、智恵子役の岩下志麻と、実在した芸術家夫妻を演じた。

丹波は岩下とは旧知の間柄で、彼女をずっと「志麻子」と呼んできた。本名も芸名も「志麻」なのに、丹波だけはなぜか「子」をつけて「志麻子」と言う。岩下を子どものときから知っていたためだろう。

岩下の父・野々村潔《きよし》も俳優で、丹波が人気スターの座に就いた『トップ屋』に、そろってレギュラー出演していた。丹波より八歳年上の野々村は、公私ともに気の置けない先輩だった。スタジオに少女時代の岩下を連れてくることもあり、丹波は目を細めて親子に冗談を飛ばしたりした。岩下が二十二歳になったばかりの週刊誌の対談でも、

「志麻ちゃんのおやじ（野々村潔）と友だちなんだから」（『週刊明星』一九六三年三月十七日号、括弧内は原文のまま）

と、くだけた様子で彼女をなごませている。

野々村が肺炎により八十八歳で急逝したあと、八十歳の丹波はすぐさま岩下に手紙を書いた。一枚半ほどの便箋に、

「志麻子、すごくつらいだろう」

といった言葉がちりばめられていた。岩下は、父の突然の死に動揺し、悲嘆に暮れていたさなかだったから、父と同じ八十代の丹波の気遣いが胸に沁《し》みた。

映画やテレビで丹波と共演した回数は数えきれない。なかでも、アメリカのアカデミー賞外国語映画賞（現・国際長編映画賞）にもノミネートされた中村登監督の『智恵子抄』は、岩下にとっても代表作のひとつになった。

智恵子は東京に空が無いといふ、
ほんとの空が見たいといふ。
私は驚いて空を見る。

人口に膾炙《かいしゃ》した詩の一節も、映画の中にそのまま使われている。

戦前、「精神分裂病」（現在の「統合失調症」）を発症した妻・智恵子の生と死を、限りない愛惜の念で描いた『智恵子抄』は、時代を超えて読み継がれていた。一九六七年（昭和四十二年）に丹波・岩下のコンビで映画化されるまでにも、映画やテレビ、ラジオ、舞台で何回も作品化されてきた。スクリーンで初めて智恵子を演じたのは、小津映画で知られる原節子である。

二十六歳の岩下は、智恵子役に没頭した。もとより十代のころ精神科医を志したくらい精神病には関心が深かっただけに、智恵子役が決まると関連書を読みふけり、みずから精神科病院に赴いて入院患者たちからじかに話を聞いた。『智恵子抄』で眉毛を剃った岩下の、不安と恐怖で張り詰めた表情や、面会に来た光太郎にぎこちなくおじぎを反復する姿は、患者本人の様子から学んだことだ。

丹波も、かねてより『智恵子抄』に興味を持っていた節がある。週刊誌に掲載された手記で、

「戦争がはじまった年は、高村光太郎の〝智恵子抄〟の初版が出た年でもあった。そして、私が大学に入ったその年である」（『女性自身』一九六三年九月二十三日号）

と、光太郎役に指名される四年近く前に、『智恵子抄』の書名をあげている。

岩下が智恵子になりきったように、丹波も、詩人にして画家、彫刻家でもあった光太郎になりきった。丹波と光太郎の顔自体は似ていないのだが、大きな体と瓜のように長い頭が特徴的な光太郎の姿かたちまでが、四十四歳の丹波にそっくり写しとられたかに見えた。

丹波には業界内でふたつの〝伝説〟があった。ひとつは「遅刻の常習犯」で、もうひとつはセリフを覚えずに現場入りするというものである。

岩下は、少なくとも後者については目にしたことがない。小林正樹監督の『切腹』でも、夫の篠田正浩がメガホンを取った『暗殺』や『沈黙　SILENCE』でも、丹波は台本を読み込んできた。遅刻も、主演作の『暗殺』の制作中には一度もなかった。岩下は、

「丹波さんは役作りをちゃんとするのだけれど、そういうところを人には見せないようにするタイプなんだ」

と思っていた。

テレビの『トップ屋』と『三匹の侍』で丹波をスターダムに押し上げた五社英雄は生前、長女の巴に、

「丹波が台本を読んでこないなんてありえない。絶対に読んできているはずだ」

と断言している。

丹波も、『智恵子抄』には期するものがあった。

「事実でなければとうてい信じられない愛情物語の中に身をおいて、二百本の映画歴のすべてをぶつけます」（『智恵子抄』映画パンフレット）

と、めったにない意気込みを見せている。

丹波が智恵子に、ポリオの後遺症で苦しむ妻・貞子の存在を重ね合わさなかったとしたら、そのほうが不自然であろう。

志麻子にかけた催眠術

丹波は、光太郎の留守中に睡眠薬を飲んで自殺をはかった智恵子のことを、友人役の平幹二《ひらみきじ》朗《ろう》に問いかける。

「女はなぜ自殺する。女はなぜ自殺をはかったんだ。どうしてなんだ」

そのとき、死にたいほどの辛さをかかえていた貞子の姿も、丹波の眼裏《まなうら》に浮かび上がったかもしれない。

「智恵子は俺を変えた。君たちと一緒だった俺のデタラメな青春を変えてくれた。いつも俺はそれを感謝してきた」

丹波と平は以前、『三匹の侍』で長門勇と共にトリオを組んだ仲でもあった。

「しかし、ある日突然、その智恵子が自殺をはかった。自殺しそこなった智恵子の寝顔を見て、はっと思ったんだ、今度は俺がその智恵子をすっかり変えてしまったのではないか、と。誰にもわけのわからない自殺をはかるような女に、俺が変えてしまったのではないか、と」

岩下が扮する智恵子は、狂気にとらわれていく自分に恐れおののき、

「あなたがかわいそう。わたしがキチガイになってしまったら、あなたがかわいそう」

「わたし、もうじきダメになる。ダメになる。わたし、ダメになる。もうじきダメになる。ダメになる。ダメになる」

と切迫した口調で訴える。丹波は岩下を抱擁し、絶望的な表情でむせび泣く。

別のシーンでも、

「わたし、きれいに死にたい。きれいに死にたい。あたし、死にたい」

と叫んで、思いがけぬほどの力で暴れる岩下を、丹波は涙ながらに抱きしめる。

「僕は、ものをつくる人間として、絶えず変化することを望んできた。しかし、智恵子との愛情は一番初めと違わないことを願ってきたし、いまでも変わらない自信がある。そうして智恵子に感謝でいっぱいなんです」

丹波は光太郎の口を借りて、自分の本心を伝えているようにも思えてくる。

だが、『智恵子抄』に関する丹波の発言を見るかぎり、貞子の名前はまったく出てこない。次のようなほぼ同一の内容が、おもしろおかしく語られているだけだ。

……オレと志麻子は夫婦役なのに、同じ蒲団に入る場面で、志麻子ときたら下になんと「ジーパン」を穿いてきた。

こんなおかしな話はない。篠田監督と結婚したばかりだから、警戒する気持ちもわからなくはないが、現場のスタッフたちも全員、志麻子の味方で、オレにあらぬ疑いの目を向けてくる。

そこでオレは夫の篠田に電話をした、「志麻子に、ジーパンを脱ぐように言ってくれ」と。篠田も「それは丹波さんのおっしゃるとおりです」と答えたが、志麻子はかたくなにジーパンを穿いたままで、無理やり脱がそうとしたら、めちゃくちゃに引っかかれ、手がミミズ腫れになってしまった……。

丹波の話を岩下と篠田の双方に確認したところ、岩下は、

「丹波さんはいたずらっ子だから、何をするかわからないので、ジーンズを穿いてお蒲団に入

ったんです」

と笑った。篠田も、

「丹波さんから電話がかかってきて、僕が、それは丹波さんの言うとおりだから、そうしてください と言ったのは事実ですよ」

と温顔をほころばせた。

岩下の目に映った素顔の丹波は、からっとした気性の持ち主だった。話が楽しいから、周りにはいつも人だかりができていた。

別のロケの休憩時間に、催眠術をかけられたこともある。丹波は、『催眠術の世界』なる単行本まで著すくらい、一時期、催眠術に凝っていた。

「志麻子、ためしに両手を『グー』の形に握ってごらん」

「はい、こうですか」

「じゃあ、いくぞ」

「ええ」

「ワン、ツー、スリー、はい！」（『パン！』と両手を叩く）

「あっ」

「ほらっ、どうやっても手が開かないだろう」

丹波は俳優仲間にも好んで催眠術を伝授し、

「一番弟子は高倉健だ」

と吹聴していた。『網走番外地』でも共演した〝健さん〟が、ロケで泊まった旅館の仲居に催眠術をかけ、着物を徐々に脱がせて下着一枚にしてしまった話も、おおっぴらに広めた。こういう暴露を毛嫌いしていたはずの高倉は周囲に、

「丹波さんはおもしれぇ人だよ。セリフ、覚えてこねぇんだよ」

と、例のごとく言葉少なに語っている。

岩下は、またあるとき、

「未来の旦那さんに会わせてやるよ」

と丹波に持ちかけられた。けれども、ふたりだけの部屋に入らなければいけないと言われ、用心して断った。「志麻子はだんだん服を脱いでいく」などと悪ふざけをされかねないからだ。丹波は、

「ああ、そうか」

とあっさり引き下がったが、その三、四年後に岩下は結婚したので、丹波の予言が当たったのかどうか、あのとき誘いに応じていれば確かめられたのに、と少しだけ悔やんだ。

『智恵子抄』撮影中の丹波は、ふだんとはまるで別人の観があった。冗談も言わなければ、ロケの合間に催眠術や空手を披露したりもしない。光太郎役にのめり込んでいるようで、丹波の顔がだんだん光太郎本人に見えてきた。

岩下自身、撮影が終わったあとも、智恵子が自分の中から容易に抜けなかった。一週間ほどして篠田に、

「やっと戻ってきたね」

と言われ、はっとしたものだ。

『智恵子抄』は、アメリカのアカデミー賞外国語映画賞にノミネートされ、岩下は「キネマ旬報賞」と「毎日映画コンクール」という二大映画コンクールで主演女優賞を受けた。内外で高く評価されたにもかかわらず、本作は現時点でＶＨＳにもＤＶＤやブルーレイにもなっていない。丹波には、全身全霊を傾けて演じたと思われる代表作が、一般にはきわめて視聴されにくくなっている例がほかにもある。

『Ｇメン'75』で部下役を務めた原田大二郎は、『智恵子抄』の丹波こそ「ベスト」とみなしている。原田の見るところ、丹波には「映画という〝絵〟の中に『丹波哲郎』として存在しなかったら、オレの存在にどんな意味があるのか」といった信念めいたものがあった。

ところが、『智恵子抄』以降、俳優・丹波哲郎のあらんかぎりの能力を引き出そうとする監督やプロデューサーは、ついにひとりも現れなかった。

丹波は長年、『智恵子抄』のような人間の本質を追求していく作品への出演を待ち望んでいたのに、来る役も来る役も、同工異曲の代わりばえのしないものばかり。次第に、俳優としての将来に自分の力のみではどうにもならない限界を感じ、新しい道を切り開いていく決意を固

めたのだろう。そこから映画『大霊界』の自主制作へと足を踏み出していったにちがいないと、原田は推断した。

岩下は数年前、長野県安曇野《あづみの》市の美術館で、光太郎自作の「手」と題するブロンズの彫刻に、しばし見入ったことがある。丹波の手の形と不思議なくらいよく似ていた。光太郎の「手」は、何かを希求するように、緊張感を漲《みなぎ》らせながら天に向かって指を伸ばしている。

その瞬間、岩下の脳裏にいきいきと蘇ってきたものがある。それは、『智恵子抄』で丹波が見せた、あたかも光太郎が頭のてっぺんから爪先まで入り込んだかのような姿だった。

『智恵子抄』から『貞子抄』へ

丹波はさまざまなインタビューで、光太郎にとっての智恵子にあたる貞子への思いを隠していない。

「ぼくにとって、家庭はたったひとつしかない。妻は病身である。だからといって、ぼくは妻を病身あつかいには絶対にしない。というより、彼女に病身だということを感じさせないように、ぼくの全力を注いでいる」

東京・杉並の豪邸の庭で取材に応じる丹波（産経新聞社提供）

貞子も言う。

「（ポリオで体が不自由になったあとも）台所のことも、なにもかも丹波はいつものとおり手伝いませんでした。なにもいわないで、あたくしにやらせるんです。男の自分が手伝ったら、あたくしがどんなにみじめで張り合いをなくすか、ちゃんとわかっていてくれるんです」（『週刊平凡』一九六一年七月十二日号、括弧内は筆者）

丹波は、杉並の「大豪邸」と呼んでさしつかえない自宅の一階に、貞子用の特別室を設けた。

十二畳ほどの部屋に最高級の絨毯《じゅうたん》を敷き詰め、春は桜の花、秋は紅葉と四季に応じて違う柄のものに入れ替えた。外出の機会が乏しい妻に、春夏秋冬の移り変わりを楽しんでもらいたい一心からだった。

貞子の膝に負担をかけずにすむ厚手の絨毯を毎回特注したが、つまずかないように毛足の短いものに限定した。

部屋には洗面所と化粧棚も据えつけた。外に出なくても所用が済ませられるように、黒電話やテレビ、ビデオを置き、当時としては珍しい電動リクライニング・ベッドも入れた。この部屋で丹波は、ときおり貞子の足を揉んだりさすったりした。貞子も、夫の好きな動物ドキュメンタリーや囲碁・将棋の番組を、こまめに録画した。

夫婦はともに大の愛犬家で、多いときには五、六匹の犬が飼われていた。犬たちが毎朝、庭から貞子に挨拶できるよう、庭側にはぐるりと大きなガラス窓が張りめぐらされていた。

「ぼくはせめても、彼女が心身ともに落ちつける、安らぎと憩《いこ》いを、日々の家庭生活で味わえるような環境を作ってやりたかったのだ」

という丹波の言葉に嘘はない。

「ぼくは、今後とも、ぼくのすべての努力の結晶《けっしょう》を、病身の妻への慰安と慰労にそそいでゆくつもりだ。それが、夫婦の愛情というものだ、と思っている。ぼくは、妻とはけっして別れない」（『女性自身』一九六七年十一月六日号、振り仮名は原文のまま）

ところが、貞子の発病後も、夫婦間の軋轢《あつれき》は絶えなかった。最大の原因は丹波の女性関係だが、このことは後述する。

貞子は不自由な足を引きずりながら、家出を試みたことも一、二度ある。

家族の一員と言ってもよい淺沼好三に、

「あなたの家の前に空き地があるでしょ。あそこに小さなうちを建ててもらって住もうかな。もうおカネの心配はないんだから」

と溜め息をついた。かたわらの丹波は、苦虫を嚙みつぶしたような表情でうつむいていた。

「あたしの足がこうならなかったら、とっくに別れてたわよ」

と貞子が言うのを、親交のあった人々はほぼ例外なく耳にしている。

丹波も、『智恵子抄』からおよそ二十年後のインタビューで、貞子の発言を婉曲《えんきょく》に認めた。

「もし彼女が健康であり続けたとしたら、俺たち夫婦はバラバラになってたかもしれないと思うこともあるよ。離婚だの何だのって危機もあったかも知れない。俺は、あれが病気になって以降、別れるなんてことは煙《けむ》ほども思わない。思ってみたこともない」（『ＳＯＰＨＩＡ』一九九〇年一月号、振り仮名は原文のまま）

珍しく夫婦の日常も明かした。

「うちの中じゃ俺はタテのものをヨコにもしやせんよ。そういうことは今も昔もしやしない。ただ、女房を車から車椅子に移したりするのは、今は息子がやってるけれど、あいつが小さかったときは俺がやる以外にないんだから、当然やってたよ。俺はデパートというのが大っ嫌いだけども、車椅子を押してデパートに行ったこともありますよ。でも、それは今は女房のほうが嫌がるからね。俺は女房を背負うことにテレなどないし、（車椅子を）押すことなんて全然平気だよ。そんなこと何とも思やあせん。ただ、俺が押すと人が見るからね、見せ物みたいに見られるから女房は嫌がる」（括弧内は原文のまま）

年を経て、貞子への見方も変わっていった。自費出版した小冊子に、こう綴る。

「考えてみれば、不思議な縁である。結婚するときが『恋愛』のピークだったわけではない。むしろ、淡々としたものだった。それが、結婚してから、こんないいところがあったのか、あんないいところがあったのか……。そうやって一つ一つ気づかせてくれた。新しい発見の連続だった」

丹波は七十五歳にしてようやく、
「私は今、貞子と結婚して、ほんとうによかったと思っている」
と明言するに至る。
丹波は貞子夫人に寄せた、この私家版の手記の表題を、
『貞子抄』
とした。

第6章
ボスとファミリー

『Gメン'75』の撮影現場は丹波を家長とする疑似家族のようだった（©東映）

伝説のテレビドラマ

毎週土曜日の夜九時にテレビをつけると、丹波哲郎が画面に出てくる。

一九六〇年代後半から八〇年代前半にかけての週末には、そんな光景が全国で見られた。

丹波をリーダーとする警察ドラマ『キイハンター』の放映開始から、『Gメン'75』とその続編『Gメン'82』の放映終了までが、テレビ界における丹波の全盛期である。十五年ものあいだ、丹波は「土曜夜九時の男」と呼ばれた。

『キイハンター』で丹波の部下役になった谷隼人は、回を追うごとにロケ見物の人だかりが膨れあがっていく様に圧倒されていた。

特に一九六八年の沖縄ロケは、のちのちまで語り草となる。本土復帰の四年前で、沖縄はまだアメリカの統治下にあった。

丹波は、

「沖縄に行ったら、子どもに気をつけてください」

と制作担当者から注意を受けていたが、べつだん気にもとめなかった。那覇に到着して、その意味がわかった。

人気スターたちの姿をひと目見ようと、子どもを中心に五千人もの人々が、丹波らの宿泊するホテルに押し寄せた。ホテルの中庭にまで女性ファンがなだれこみ、塀の上はおろか庭木の枝にも少年たちがよじのぼっている。のちの谷夫人で、沖縄編にゲスト出演した松岡きっこは、「鈴なり」の意味を初めて実感した。

ひしめき合う群衆の圧力で、ついにはホテルの塀が崩れ落ちてしまう。

「このままパニックになったらどうしよう」

松岡は本気で怖くなった。

谷は、沖縄での瞬間最高視聴率が九十五パーセントに達したと、地元のマスコミ関係者から聞かされ、我が耳を疑った。『キイハンター』のロケが、沖縄では本土復帰の〝前祝い〟のようにとらえられていた。子どもらがお祭り気分で舞い上がっているのも、無理はなかった。

どこへ行っても熱烈な歓迎を受けたが、ホテルの出入りすらままならない。丹波らの姿を目ざとく見つけると、子どもたちが体にしがみつき、腕や首にぶら下がる。ホテルからロケバスへの道もファンで埋め尽くされているため、消防車に放水してもらい、すき間ができたところをロケバスに駆け込んだ。

夜遅くなっても、ホテルを取り囲んだ人々は立ち去ろうとしない。子どもらも深夜まで居続けるので、丹波がお説教をして家に帰らせるひと幕もあった。

「これじゃまるでグループサウンズだよ。オレは、真底、みてくれるのがこどもだけでないことを祈るよ」（『週刊TVガイド』一九六八年十月十八日号）

と丹波も呆れていた。

制作局のTBSサイドは、突発的な事故を危惧した。急遽《きゅうきょ》、色紙用の白紙を五千枚ほど調達し、丹波や千葉真一、野際陽子らのレギュラー陣ひとりひとりにサインをさせた。これを配れば、ファンたちも満足して帰ってくれるだろう。そんな目論見からだが、丹波は途中で飽きてしまい、ほかの出演者やスタッフが代わりに「丹波哲郎」と書いていた。

『キイハンター』は、千葉を中心とした、体当たりのアクション・シーンが売り物だった。千葉は生傷が絶えなかったが、毎回のように、走ってくる列車めがけてトンネルの上から飛び降りたり、走行中のオープンカーからセスナに乗り移ったりした。スタントマンを使わない命がけのアクションは、のちのジャッキー・チェンやトム・クルーズに影響を与えたといわれる。

制作陣にも異色の顔ぶれがそろった。ドラマの原案の一部は、のちに日本推理作家協会賞を受賞する都筑《つづき》道夫らが執筆した。監督陣には『仁義なき戦い』シリーズで名を馳せる深作欣二《ふかさくきんじ》や、『鉄道員《ぽっぽや》』の降旗《ふるはた》康男、『新幹線大爆破』の佐藤純彌《じゅんや》らが名を連ねた。ゲスト俳優にも、『お葬式』や『マルサの女』の監督として一時代を築く伊丹十三や、世界的な演出家になる蜷《にな》川幸雄《がわゆきお》がいた。

時代感覚も鋭敏だった。一九七〇年前後の「ベトナム戦争」「三億円事件」「大学紛争」といった出来事を取り入れ、激動する時代のなまなましい空気をドラマに吹き込んだ。

陽子にはナイショだぞ

『キイハンター』の撮影中から、丹波はほとんどセリフを覚えてこなくなった。ときどき前回や前々回の台本を持って現れる。

「ボス！　これ、先月撮ったやつの台本ですよ！」

谷は驚いて叫んだ。最初に「ボス」と呼んだのは千葉だが、その呼び名がいつのまにか全員に浸透していた。

丹波は現場に遅刻してやって来ては、谷に、

「おい、きょうは誰が犯人だ？　おおよそどういうストーリーなんだ？」

と訊く。

「きょうはこの人が犯人で、これとこれとが共犯で……」

「おお、そうか、そうか」

「ボスはいいなあ、セリフ覚えてこなくてもいいんだから」

谷が羨ましがると、丹波は怒りもせず、

「谷、おまえなぁ」

と笑っていた。

休憩時間になると、空手の手刀《てがたな》での板割りや催眠術で周囲をなごませる。沖縄ロケでは、

松岡きっこと大川栄子が催眠術の実験台になった。

「ほぉ〜ら、おまえたちは、これから鳥になるんだ」

抑揚をつけた独特の口調で、丹波がふたりに暗示をかける。

「ほぉ〜ら、目の前にいい男が出てきたぞぉ。おまえたちは鳥になって、そのいい男のほうに飛んでいくんだ」

すると、谷の目の前で、松岡と大川が両手を鳥の羽のように広げ、ぱたぱたとはばたく格好をしはじめるではないか。

あとで谷が松岡に、

「あれって、本当に鳥になったような気がしたの？」

と尋ねたら、

「なってるわけないじゃないの」

1968〜1973年にかけて放映された『キイハンター』（© 東映）

と一笑に付された。
「じゃあ、なんでさ？」
「だって、催眠術がきかなかったら、丹波さんの顔がつぶれちゃうじゃないの。かわいそうでしょ。あんなすてきな人に言われたら、かかったふりするしかないわよ。丹波さんがそう言うなら、鳥になって空を飛んでもいいかなぁっていう感じよね」

レギュラー陣最年少で二十歳の大川は、まもなく丹波の膝の上が〝指定席〟となった。セットに入ると、向こうにすわっている丹波が、ニコニコしながら両手で膝のあたりを軽く叩き、

「栄子、ここにおいで」

と目配せする。促されるがままにちょこんと腰掛けると、それだけで丹波はご満悦だった。いやらしさも下心もまったく感じられない。中学一年生のとき父親と死別した大川には、丹波が芸能界での父とも後見人とも思えた。

『キイハンター』のレギュラー陣は擬似家族のようだった。千葉が運動神経抜群の〝兄〟で、そばには頼れる〝姉〟の野際がおり、ひとつ年上のやんちゃな〝次兄〟の谷が続き、総元締めの〝家長〟には丹波がでんと構えている。

野際は、よく気がまわる〝母親〟の役回りも兼ねた。〝アフレコ〟のとき、なかなかセリフの出だしがつかめない丹波を、うしろから指で突《つつ》いて合図を送るのは、彼女にしかできなかった。フランス留学の経験があり、英語も堪能な野際は、成城大学の学生だった大川の家庭教師もつとめた。

谷は先輩の千葉から、千葉自身も住んでいる新宿の高級賃貸マンションへの引っ越しを勧められたが、『キイハンター』のギャラだけでは前金が全然たりない。そこで賃貸契約の直前、丹波に敷金と礼金を借りに行った。頭をかいて恐縮する谷に、丹波は、

「かまわないよ。これからおまえは（スターとして）大きくなるんだから、そういうところに入れよ」

と、ふたつ返事で了承してくれた。だが、しばらく返金せずにいたら、ある日、言いにくそうに切り出した。

「あの貸したヤツなぁ、オレはかまわないんだけど、女房殿がうるさいんでなぁ」

谷はあわてて手持ちの金をまとめ、返しに行った。

〝長男〟の千葉は、もっと多額の借金を重ねていた。丹波から、

「いいか千葉ぁ。金を貸すと、得てしてそれが縁の切れ目になる。借りた金は絶対に返せよ」

（『週刊現代』二〇一二年十二月十五日号）

と釘を刺されたので、期日までには返却したというが、丹波に近い人々の話では、踏み倒してしまった分も多かった。丹波本人は、「たとえ飢え死にしても10円の金を借りるのがいやな人間」（『女性セブン』一九八二年一月二十八日号）なのだが、〝子ども〟たちから借金の申し込みがあれば、一も二もなく引き受けた。もちろん無利息・無担保である。

千葉は、丹波邸の敷居が高くなったらしく、出入りする機会も減り、丹波よりも高倉健を慕うようになる。高倉からもらった名入れの高級腕時計ロレックスを後生《ごしょう》大事にしていた。

だが、千葉と野際のスター同士のカップル誕生をあと押ししたのは、まぎれもなく丹波だった。谷と松岡の婚約時にも、また大川が結婚する際にも、芸能界では誰を差し置いても丹波の

元へと挨拶に出向いた。

谷と松岡を前に、丹波は、

「おまえたちには、前世からの〝くさり縁〟があるんだから」

と説いた。

「腐れ縁ですか？」

谷が聞き返すと、

「そうじゃない、鎖縁だ。前世からチェーンでつながっているような縁があるんだよ。おまえたちは、ずっとつながっているんだぞ」

と言いふくめた。

松岡は結婚が決まった直後、口さがない先輩女優に「どうせすぐ別れるわよ」とからかわれたが、谷と半世紀以上も一緒にいられるのは、丹波の言葉があったからこそと深く恩に着ている。

丹波は大川にも、

「君たちは前世から夫婦だったんだよ。延々と夫婦を続けてきて、もしかしたら来世でも結婚するかもしれないぞ」

と諭した。

「あの世はチャーハンみたいなもんさ」

奇抜な譬《たと》えも持ち出した。どうやら霊界では、チャーハンの具のように、いろいろな魂が混ざり合って調和を保っていると言いたかったらしい。

「栄子、世の中に俳優はごまんといるけれど、俳優だけでご飯を食べられるのは、ごくひと握りなんだよ。俳優で生活できているというだけで、すごくありがたいことなんだ」

女児のいない丹波には、大川が愛娘《まなむすめ》のように思えていたのかもしれない。イタリア映画の『五人の軍隊』に出て帰国したあと、一見ナッツ入りのホワイト・チョコレートのような大きな指輪を大川にプレゼントした。写真を見た専門家によると、おそらく十八金の指輪で、アメジストとエチオピア・オパールが繊細に加工されて組み込まれているという。

楽屋で丹波が、

「陽子〈野際陽子〉にはナイショだぞ」

と言って大川に指輪を手渡した途端、

「陽子はここにいるぞぉ〜！」

という笑いまじりの声があがった。野際はちょうど衣装の着替え中で、カーテンの向こう側におり、ふたりの会話を聞いていたのだ。

とっさに丹波は肩をすくめ、いたずらっ子が悪ふざけを見つけられたときのような顔をした。こんな一瞬の表情で丹波は人々の心を鷲づかみにしてきたのかと、大川はあらためて気づいた。

声を鍛えろ

『キイハンター』は、ときに三十パーセントを超える高視聴率を持続していた。そのうち、丹波の〝弟子〟が初めてレギュラーに起用される機会がやって来る。

二十二歳の宮内洋《ひろし》を撮影現場で全員に紹介する際、丹波は、

「おいおい、こんなのが入るんだから、もう『キイハンター』もおしまいだな」

と嘆くふりをした。宮内は直立不動で聞いていたが、「しめた！」と指を弾《はじ》きたくなった。

『先生』はわざとあんな言い方をして、『今度こいつがレギュラーに入るので、みんなよろしく』と伝えたんだ。オレ、本当にレギュラーになれるんだな」

腹の底からうれしさがこみあげてきた。ここに辿《たど》り着くまでに七年もかかった。

宮内は中学三年生のとき、父親の知人で、丹波家の「知恵袋」といわれた自称「元・陸軍中将」に付き添われて、世田谷の丹波邸を訪ねた。

しかし、約束の時間を過ぎても丹波は顔を見せない。ずいぶん待たされたあげく、パジャマを着たままの恰好で現れた。

「この子が役者になりたいと言ってるんだけどねぇ」

という〝知恵袋氏〟の言葉を聞くなり、大声で、

「や～め～と～けぇ～！」

と、一語一語にアクセントをつけて言いわたした。寝起きで機嫌が悪いらしい。緊張のあまり顔がこわばっていた宮内少年にも、丹波は容赦しなかった。

「おまえ、声が悪いな。まるで森進一が風邪でもひいたような声だ。オレは『声千両』なんだよ。よく『目千両が役者の命』とか言うが、オレにはそんなの関係ない。こっちは声千両なんだからな」

ずけずけとしゃべりつづけた。

「おまえ、中三だろう？　男たるもの、まだすべきことがあるだろう？　高校三年を終えてから、まだ気持ちが変わっていなかったら、そのときまた来い」

あまりの言いぐさに宮内は憮然《ぶぜん》としたが、その日から言われたとおりに地声の改善に努めた。空手や剣道の稽古で気合を発し、腹筋運動を日課とした。毎日の発声練習も欠かさなかった。ずいぶんあとになって、『仮面ライダーV3』に主演したとき、そうした鍛錬が活きた。

初訪問から三年後、杉並に移転していた丹波邸を再訪すると、丹波は宮内のことを覚えていた。

「もう高三か。でも、まだあるだろう、男としてすべきことが？　どうするつもりだ？」

宮内が大学で演劇を勉強すると答えると、

「あのなぁ、ホワイト・ボードにはなんでも絵が描けるだろう？（大学で）変な色が着くと、（プロの俳優になったあと）監督が自分の絵を描こうとするとき邪魔になるから、大学はまともな学校に行きなさい」

と、初対面のときよりは穏やかな口調で言い聞かせた。

宮内は日本大学商学部に進学する一方で、夏休みと春休みには丹波邸に通い、付き人の仕事を学びはじめる。ふだんは丹波を「先生」と呼び、丹波が亡くなるまで畏《おそ》れ多くてまともに目も合わせられなかった。

宮内が「先生の〝三種の神器〟」と称していたものがある。椅子、お茶の入ったポット、チョコレートである。チョコレートは「明治ミルクチョコレート」、通称「明治の板チョコ」と銘柄まで決まっていた。

どこへ行くにも、宮内は三種の神器だけは忘れないようにした。セットでもスタジオでも、椅子を手に丹波のあとをついて歩き、立ち止まったらすかさず椅子を置く。

丹波はどっかり腰をおろして足を組むと、無言の指示を出す。五本の指で湯飲みを持つ形をつくったら、それは「お茶」のリクエストだ。ポットからカップに注ぎ、さっと手渡す。指先で何かをつまむしぐさは、「明治の板チョコ」の合図である。右手でVサインの形を内側に向けて出したら、「タバコ」を持っていき、ライターで火をつける。

打てば響くように反応しないと、たちまちお小言を頂戴した。丹波より七歳年下の若山富三郎も、付き人たちに同じようなふるまいをしていたから、業界では珍しくない上下関係のありようだった。丹波は心臓に持病があり、じきに医師の勧めで禁煙するのだが、そのころはまだ愛煙家のポーズをとるのが好きで、とりわけキューバ産の葉巻を好んだ。

現場で宮内の姿が見えないと、

「み〜や〜う〜ちぃ〜！　み〜や〜う〜ちぃ〜！」

と、あたりかまわず呼び立てる。無名の弟子の名前を、監督、プロデューサーや共演俳優に周知させようとしていたのだと宮内が悟るのは、だいぶのちのことである。

面と向かって褒められた回数は、ほとんどない。だから、宮内が大学を卒業する間際に、さりげなく、

「おい、声、いいじゃんか」

と言われたときには、天にも昇る心地がした。

入門時から、

「オレは芝居を教える気は毛頭ないからな」

と再三、念を押された。

「芝居は〝盗む〟もんだ。ひと様の芝居を盗め。オレがおまえに教えられるのは催眠術だけだよ、アハハ」

宮内が丹波から学んだのは、撮影現場での雰囲気づくりである。現場をいかに楽しく盛り上げていくか。それでいて共演者やスタッフらをダラけさせず、適度な緊張感を保つにはどうしたらいいか。丹波独自の存在感は、そうした自問自答の末に生まれたものにちがいなかった。

同じ点に、千葉真一も気づいていた。

「丹波さんは現場をリラックスさせるようなところがあった。ただし、そこにいる人たち全員が丹波さんには一目置いている――そんな空気を作ってしまうのである」（『週刊大衆』二〇二一年四月十二日号）

千葉の言葉を借りれば、当時の丹波邸は「麻雀屋敷」以外の何物でもない。自宅一階のリビングには、雀卓が通常で四卓、多いときには六卓も置かれていた。

宮内の付き人時代の常連は、監督の深作欣二や五社英雄、『キイハンター』のプロデューサーとして番組を一手に仕切っていた近藤照男、東映の常務に出世するプロデューサーの坂上順《すなお》、そして俳優の里見浩太朗らであった。まだ小学生の義隆は、夏になるとパンツ一丁の姿で「ポンだ」「チーだ」とやっている大人たちが、まさか日本映画や人気テレビ番組の担い手とは思いもしなかった。

深作夫人で女優の中原早苗や江波杏子が姿を見せると、丹波は、

「なぁんだ、ババアばっかりか」

と憎まれ口をたたいた。

宮内は、雀卓を囲む面々にお茶を出したり、もうもうたる煙の中、吸い殻でいっぱいになった灰皿を差し替えたりする。まめまめしく働く宮内に気づき、常連らが、

「あの子、なんていうの？」

と丹波に問う。宮内の顔と名前は、自然に広まっていった。

貞子は麻雀にはあまり加わらなくなっていたが、たまに雑談をしにやって来ては、頃合いを見計らってプロデューサーの近藤に、

「そろそろ宮内、入れない？」

と持ちかける。

貞子の影響力は大きく、宮内が知らないところで、『キイハンター』や『Gメン'75』へのレギュラー出演に向けての地ならしがされていた。

原田大二郎も、石立鉄男主演のテレビドラマ『水もれ甲介』に出ているのを貞子が見つけ、

「あの子、かわいいわね。いいんじゃない？」

と、まず丹波に勧めた。それを聞いた丹波が、

「あの水道屋のドラマなぁ、うちの女房がすごく好きなんだよ。あれに出てる背の高いヤツ、あれ、いいよ」

と近藤に伝えた結果、レギュラーに抜擢された。

若林豪は、丹波とドラマで共演するたびに、

「『Gメン』に出させてくださいよ」

と懇願したのでレギュラー出演が決まったと信じていたが、本当は貞子が近藤に若林を強く推したためだった。それを知ってから、若林は、貞子の好物の大福や桜餅を、おりふし丹波邸

に届けていた。

麻雀屋敷は、俳優たちの将来を左右するキャスティング会議の場でもあった。近藤や丹波とともにその中心にいたのは、近藤から「陰のボス」と冷やかし半分に呼ばれていた貞子である。

〝勝ち逃げ〟の深作

『Gメン'75』の収録開始前、三十歳の原田大二郎は、丹波の部下の警部補役に選ばれ、有頂天になっていた。東京・羽田空港近くの、雑草が生い茂る空き地の一角で、番組のタイトル・バックの撮影をいまかいまかと待っていた。

丹波を中央に据えたGメン役の七人が、滑走路を横一列に並んで歩いてくる。菊池俊輔作曲の颯爽たるテーマ曲が響きわたる。のちに『Gメン'75』を象徴する、オープニング・シーンのロケーションが始まろうとしていた。

原田を含む、夏木陽介、藤木悠《ゆう》、倉田保昭、岡本富士太、藤田美保子（現・三保子）の六人は、もう勢ぞろいしている。上司役の丹波だけが来ていない。だが、ベテランの俳優陣や監督、プロデューサーらのスタッフは、怒るでも焦るでもなく、至極当然のように各々待ち時間を過ごしている。

丹波が、黒いスーツにベージュのトレンチコート、黒いソフト帽という、その後の定番とな

る出で立ちで、やっと現場に到着した。満面に笑みを浮かべ、右手を軽くあげながら、

「よぉ、よぉ、よぉ～っ！」

と誰彼なしに声をかけて、悠然とこちらに向かってくる。

原田には「オーラの山」が押し寄せてきたかのように見えた。圧倒的な主役登場であった。

『キイハンター』でも『Gメン'75』でも、番組を軌道に乗せる上で欠かせない働きをしたのは深作欣二である。手持ちカメラを大胆に駆使して、躍動感あふれるシーンを画面に叩きつけるように撮った。

丹波とは助監督時代からの仲で、丹波が、

「おい、サクっ」

と呼べば、八歳年下の深作が、

「なんだよ、オジさん」

と応じる。

丹波が撮影現場に入ると、深作はニヤニヤしながら話しかける。

「オジさん、ちゃんとセリフ、覚えてきたの？」

「ああ、大丈夫、大丈夫！」

「はい、言ってみて」

「……」（笑って答えない）

「まだ覚えてないの？　もう撮影始まるよ」

「あのなぁ、セリフなんてものはなぁ、すぐ覚えられるんだよ」

「今回は、たった三行でしょ？　三行ぐらい小学生でも覚えられるよ」

「そうかぁ。最近の小学生は大変だなぁ」

コントのようなやりとりは、撮影中も繰りひろげられる。

「おい、サクっ、キャメラはどこだ？」

「それはオレのいるところだよ」

丹波はセリフが頭に入っていない。撮影カメラに映り込まない箇所を見つけ、そこに台本を置いて、ちらちら目をやりながらセリフを言う。すると、深作がカメラの位置を、と別のところに移してしまう。それに合わせて丹波が台本の置き場を変えると、深作もまたカメラを移動させ、

「やぁ〜めた、こっちだ」

「やっぱり、こっちかな」

と意地悪くつぶやく。

「サクっ、ちゃんと決めろよ、てめぇ〜っ」

丹波が笑い出すと、深作も爆笑した。

「そりゃあ、オレの仕事でしょう。で、オジさんの仕事は、セリフをちゃんと覚えることよ。

〝兵隊〟たちはみんな動いてるのに、オジさんだけだよ、動いてないの。早くセリフ覚えてよ。オジさんが、ギャラ一番高いんだからさぁ」

あるとき、セリフを覚えてこない理由を訊かれた丹波のひとことに、さすがの深作も開いた口がふさがらなかった。

「オレは家庭に仕事を持ち込まない主義なんだ。文句あるか！」

見事に開き直ったものだが、義隆の知るかぎり、少なくとも『智恵子抄』『砂の器』『二百三高地』の三作品は、自宅でかなり稽古していた。以前は、丹波が家の風呂につかりながらセリフをしゃべると、貞子が浴槽の外にしゃがみ込み、相手役のセリフを読み上げていた。

ところが、『Gメン'75』の途中からは、自宅で台本を手に取ることさえしなくなった。ひどいときなど、〝徹マン〟明けのパジャマ姿で、髪の毛もぐじゃぐじゃなままスタジオ入りし、そこで初めてマネージャーから封筒を手渡され、封を切って台本を開くありさまだった。

それから自分のセリフがあるページを破り、そのセリフだけを暗記して、まんまと本番を乗り切ってしまう。セリフが多くて、どうしても覚えきれない場合は、〝カンペ〟の出番だ。セリフが書かれた紙をあちこちに置いたり、相手役の胸のあたりに貼り付けたりして、視聴者に気づかれないように目で追った。

あまりのいいかげんさに、悪役の蟹江敬三など憤慨して抗議文を手渡そうとしたことすらある。それでも、できあがった映像を観ると、一番〝絵〟になっているのは丹波で、

「この人は、まぎれもない天才だ」

と若林豪は舌を巻いた。

深作は、笑い話でもするような調子で言った。

「マーロン・ブランドと丹波哲郎は、世界的に有名なの、セリフを覚えてこないっていうことで」（テレビ東京『日曜ビッグスペシャル　松方&梅宮の辰ちゃん亭』二〇〇〇年四月九日放映）

ブランド主演のアメリカ映画に丹波が出演する話もあったが、映画の企画自体が頓挫している。

「マーロン・ブランドは、上のほうの照明の足場のところにダァーって書いてあるのを読む。上を見てしゃべるから、あいつは大きく見えるんだ。ところが、丹波哲郎は神経に似合わずセコいところがあるから、目の前のあっちこっちにカンペを置いて、あっちこっち見ながらしゃべるんだよ」

丹波は、

「カンペを見ながら芝居ができなきゃ、一流じゃないんだよ」

と強弁した。深作に向かって、

「こいつなんか、麻雀でイカサマばっかりしやがって。先ヅモして牌を返さないんだから、勝つに決まってるじゃないか。こんなインチキ男いないぞ」

と話を飛躍させる。実際に〝勝ち逃げ〟が得意な深作は、逆に他人の勝ち逃げは見のがさず、珍しく勝って引き上げようとする丹波を、ラグビーのタックルのように両手で抱え込んで放さなかった。

丹波は丹波で、深作が歩いていると、真後ろから O 脚気味の深作のまねをしてガニまたでのし歩く。それに気づいた深作が丹波を追いかけまわす。大の男ふたり、しかも業界の超有名人ふたりがじゃれあっている姿に、周囲は大笑いした。

最高の褒め言葉

『Gメン'75』が始まってからも、深作の仕事ぶりは、納得のゆく映像が撮れるまで何度でも撮り直す、職人気質《かたぎ》で貫かれていた。

通常ふたりか、もしくは三人の監督がそれぞれの作品を並行して撮影する態勢をとっている。ひとりの監督が一週間程度でドラマ一本を仕上げないと、作品のストックが溜まっていかない。だが、深作は平均して十日前後、長いときには二週間も撮影と編集に時間をかける。プロデューサーの近藤も凝りに凝るので、たちまちストックが干上がってしまい、結局レギュラー俳優たちに負担がのしかかってくる。

若手のレギュラー陣は、みな疲れ果てていた。

〝紅一点〟の藤田美保子は、二年で番組を降板したあと、「難病」に指定されている膠原病《こうげんびょう》によるループス腎炎に長らく苦しめられた。過酷な撮影スケジュールのせいと、藤田はいまも確信している。

出演中の二年間、休日はひと月に一度あるかないか。毎朝七時には、新宿駅西口のスバルビル前に集合しなければならない。ロケバスに乗り込み、長い一日が始まる。

近藤のロケのモットーは「暑い季節には一番暑い沖縄で、寒い季節には一番寒い北海道で」というものだから、猛暑や極寒の真っただ中での野外ロケとなる。炎天下の沖縄では朦朧としながら演技をしたし、北海道の凍結した湖面での撮影中、レギュラーの藤木悠の唇が凍えてセリフが出てこない様子を驚きの目で見ていた。

現場が東京近郊でも、すべてが終わるのはしばしば深夜二時から四時にかけてだった。「お疲れさまでした」の挨拶もそこそこにハイヤーで帰宅し、シャワーを浴び、濡れた髪をドライヤーで乾かす。風呂の中で寝入ってしまったことも数えきれない。ベッドに入るのはたいてい明け方で、目覚ましをかけて飛び起き、大急ぎで化粧をすませて七時の集合時間に駆け込む。

そんな毎日が、いつ果てるともなく続いた。

原田大二郎は、第一話のロケのあと、早くも足の付け根が腱鞘炎《けんしょうえん》になっている。その後も半年、満足な睡眠時間をとれぬまま、毎回走り回らされた。当初の「体が壊れるんじゃないか」という漠然たる不安は、だんだん「このままじゃ死ぬかもしれない」という切迫した恐怖に変わっていく。

藤田も、ハイヒールをスニーカーに履き替えて、走りに走った。三十歳前後の岡本富士太や倉田保昭も、短距離ランナーのような全力疾走を命じられた。

どうしてそこまで走らされたのか。

『Gメン'75』のDVD‐BOXの制作に協力したプロデューサーの岩佐陽一によれば、アメリカ映画の『ダーティハリー』をヒントにしていたためだという。なるほど刑事役のクリント・イーストウッドは、サンフランシスコの街じゅうをへとへとになるまで駆けずり回る。その姿が作品全体の熱量を高めていた。

しかし、毎週の連続テレビドラマでそれをやらされては、いくら若くて元気な俳優でも身が持たない。原田はある日、試写を一緒に観ていた近藤から、

「大二郎、おまえ、最近疲れてるなぁ」

とひとりごとのように言われ、堪忍袋の緒が切れた。

「あんたが疲れさせてんだろう。六ヵ月も走り回らされて」

その言葉が喉まで出かかったが呑み込み、『Gメン'75』を持ち回りで担当していた親しい監督に電話をかけた。

「わるいけど、オレ、降りるからさ。近藤さんに言っておいてくれない？」

すぐさま近藤から連絡が入った。深夜、吉祥寺のファミリーレストランで、原田のマネージャーをまじえ三人で話し合った。近藤は強く慰留したが、原田の決意が固いと知るや、

「そこまで（「やめたい」と）言うなら、もういいから。でも、このことはお互いに死ぬまで絶

対に口外するのはやめような」

と提案した。原田はうなずき、約束どおり何も言わずにいたところ、一、二週間もしないうちに、原田降板の噂がスタッフのあいだに広まっていた。おまけに、「近藤が藤田美保子をかわいがって、トップでの出番が自分よりずっと多いのを原田が気に入らないから」という、ありもしない話になっているではないか。

レギュラー陣から降板者が出るのは初めてだった。ライバル番組の『太陽にほえろ!』で常套手段になっていた、捜査中の「殉職」という形がとられた。やはり疲労の極にあった岡本も殉職で去り、藤田は「海外出向」で消えた。

『Gメン'75』撮影中の藤田美保子と丹波
(産経新聞社提供)

原田の降板を知った丹波は、

「そういう話は、最初にオレにしてからじゃないとダメだろう」

と不満げだったが、あとで原田の太ももをさすって、

「大変だったなぁ」

とねぎらった。

岡本は、頭から血を流して死んでいる場

面の収録中、丹波に低い声で、

「これからも頑張れよ。これで終わりじゃないんだから頑張れよ」

と声をかけられ、死体なのに涙がこぼれそうになった。

藤田は後年再会したとき、丹波から、

「あのころオレが美保子に手を出さなかった理由、知ってるか？」

と尋ねられた。

「色気がなかったからですか？」

冗談めかして言うと、丹波は、

「いや、そうじゃないよ」

と首を横に振る。

「美保子があまりにも（『Gメン'75』の仕事で）熱くなりすぎていて、オレも手が出せなかったんだよ」

藤田は、丹波らしい最高の褒め言葉を贈られたと思った。

「TBSの天皇」と呼ばれた男

『Gメン'75』の最高視聴率三十二・二パーセントには及ばないが、二十パーセント台を常時叩き出していた『キイハンター』が突如放映打ち切りになったのも、メイン・アクション担当の

千葉が満身創痍《そうい》で疲れ切っていたからだ。辞退を申し出る千葉に、丹波は、

「おまえがそこまで言うならしょうがないな。おまえがいない『キイハンター』は成り立たないから、『キイハンター』は一度終わりにしよう」

と答え、番組終了に至ったと千葉は回想している。

だが、ほかの出演者たちは、千葉自身も気づいていない別の大きな力が働いたと見ていた。千葉と野際の結婚を、近藤が心底不快に思っていたのだ。谷と松岡の結婚も近藤を怒らせ、谷がその後しばらく冷やメシを食わされる原因になったと谷はみなす。藤田も、『Gメン'75』に出演中、NHKのディレクターと結婚した一件が、「よりによってNHKとは！」と近藤を激怒させ、降板後おりおり仕事をホサれる結果につながったと推測する。

近藤は単なる一プロデューサーではなかった。『キイハンター』と『Gメン'75』の二大ヒット番組を事実上ひとりで差配し、別称を「鬼の近藤」とも「TBSの天皇」ともいう。一九九四年(平成六年)にTBSが赤坂の一等地に建築した新社屋を、

「オレが建てたようなもんだ」

と豪語していた。たしかに誰もが認めるやり手なのだが、いまなら「パワハラ」や「セクハラ」と糾弾されかねない行為も目立ち、「独裁者」の悪評がつきまとった。近藤によるハラスメントの証言は数多くある。

『Gメン'75』のレギュラー女優に起用された顔ぶれを見れば、一目瞭然だった。藤田美保子に

始まり、森マリア、夏木マリ、中島はるみ、范文雀《はんぶんじゃく》、江波杏子、セーラに至るまで、長身で彫りの深い、以前なら「日本人離れのした」と形容される姿形の美女ばかりである。近藤の好みが露骨に反映されたものだ。近藤は複数の女優に、ストーカー同然のつきまといを繰り返していた。

近藤は俳優を私物化し、いったん逆鱗《げきりん》に触れた者は、〝可愛さ余って憎さが百倍〟の仕打ちを受ける。近藤の影響力は、ＴＢＳや出身母体の東映のすみずみに及び、彼のもとを離れた俳優たちが新しい仕事をオファーされても、大半がいつのまにか立ち消えになってしまう。

「『鬼の近藤』じゃなくて『蛇《じゃ》の近藤』ですよ。けっこう執念深いですからね」

と声を落とした俳優もいる。

丹波に対してだけは、近藤の権勢も通じなかった。同じ旧制・成城中学の先輩・後輩の間柄ということもあって、丹波は近藤を平気で呼び捨てにした。近藤は「丹波ちゃん」と呼び、丹波が何を言おうが何をしようが、好き勝手にさせていた。独身主義者の近藤は、老いた母親とのふたり暮らしで、母親お手製のちらし寿司を丹波邸に持参したりしていた。

ただ一度だけ、揉め事があった。近藤が丹波の留守中に丹波邸を訪ね、貞子に苦情をまくし立てたのだ。室内では落ち着いて話せそうにない剣幕なので、義隆の運転するクルマの後部座席に並んで座り、近藤の言い分を聞くことになった。

「きょう丹波さんが本番の途中で帰っちゃったんですよ。ふだんから遅刻はするし、セリフも全然覚えてこないし、あまりにも無責任でしょう。どうにかしてもらえませんか」

積もり積もった不満をぶちまける。義隆は運転席で黙って聞いていたが、父親を悪しざまに言われ、

「それは違うと思いますよ」

と口を挟んだ。

「だって、オヤジはドラマの最初と最後にちょっと顔を出すくらいで、いつも似たようなセリフばっかりじゃないですか。オヤジは『Gメン』に出るのが、もうつまらなくなっているんです」

貞子もきっぱり、

「ギルの言うとおりだと思いますよ」

と同調したので、近藤は返す言葉がなくなってしまった。

丹波も近藤の良からぬ噂は耳にしていたが、

「オレが何を言っても、近藤は聞かないから、まあダメだな。それをわかってやんないと、あいつとは付き合えないな」

とあきらめていた。

近藤のような人物の評価はむずかしい。現在なら芸能界から追放されてもおかしくないが、プロデューサーとしての能力と実績は、パワハラやセクハラの被害にあった俳優やスタッフた

ちですら認めている。近藤抜きには、『キイハンター』と『Gメン'75』の大成功はありえなかった。

近藤は『Gメン'75』を、『キイハンター』とは色合いの違うシリーズに仕立てあげた。Gメンたちの飲食の場面は、いっさい描かない。畳の部屋は映さない。現場検証のシーンでは、白手袋の代わりに、アイロンがかかったハンカチを使う。番組の謳《うた》い文句の「ハードボイルド」を細部まで徹底しようとした。

タイトルの『'75』、すなわち一九七五年は、泥沼化していたベトナム戦争が終結した年である。それから『Gメン'82』の放映終了までに、田中角栄が逮捕され、ピンク・レディーが時代の寵児となり、山口百恵が引退した。「新宿西口バス放火事件」「金属バット両親殺害事件」「深川通り魔殺人事件」が起きた。

『Gメン'75』は、若林豪に言わせると「社会からちょっとはみ出した人たちが、世の中に反発して事件を起こす」内容が多かった。高度経済成長の時代は、もう返ってこない。〝一億総中流〟の反面、挫折したら敗者復活も望めず、悶々《もんもん》と生きるしかない。追い詰められて凶悪な犯罪に走り、善良な市民を殺したり誘拐したりしたあげく、丹波らのGメンに射殺されて、無惨な最期を遂げる。

DVD-BOXの制作に携わった岩佐は、一億総中流意識が『Gメン』の高視聴率を支えていたとみる。視聴者の多くは、犯人たちの絶望と破滅の人生にいくばくかの共感を覚えながらも、我が身を振り返り、心中で安堵《あんど》の吐息を漏らしていた。

天性のリーダー

丹波は『Gメン'75』でも、あまたの逸話を残した。

有名なのは、交通違反のエピソードである。丹波が一方通行の標識を見落として、クルマをUターンさせてしまい、パトカーに見つかって停車させられたとき、

「オレはGメンの黒木だ」

と、役名の「黒木哲也警視」を名乗ったというものだ。藤田は当日、丹波から直接その話を聞かされた。

「それで許してもらえたんですか？」

誰かが訊いたら、

「いや、許してもらえなかった」

と答え、失笑を買っていた。

フランスロケでの休日に、若林を誘ってパリのルーブル美術館に入った丹波が、次第に不機嫌になり、

「豪、行こう！　ここは絵ばっかりじゃないか！」

さっさと出て行った話も、うちわでは知らぬ者がいない。

岡本は、『Gメン'75』の前身の『バーディー大作戦』から丹波と共演しているが、その初顔合わせのおり、丹波の「即応性」と「適応力」に驚かされた。

『007は二度死ぬ』のロケにアルバイトで参加した岡本が、

「『007』で丹波さんをホテルにお迎えに行ったの、実は僕なんです」

と告げると、間髪いれず、

「ああ、知っているよ」

と言われた。絶対に知っているはずなどないのに、後輩を気遣う姿勢に岡本は感動した。

『Gメン'75』でも、丹波の即応性と適応力に何度も感じ入った。ロケのさなか、藤田のお気に入りの衣装を東映の衣装部がクリーニングに出してしまい、それが戻ってくるまで〝衣装待ち〟になったことがある。プライドが高い大スターなら、

「オレを待たせるなんて、いったいどういうつもりだ‼」

と怒鳴り散らすところだ。

丹波が、

「ちょっと行ってくる」

と言い残して藤田の控え室に向かったので、岡本もあとを追い、控え室の入り口で見ていると、丹波は落ち着いた口調で藤田に語りかけている。

「美保子、一番気に入っている衣装はクリーニングに出ちゃってて、もうしょうがないから、

二番目に気に入ってる衣装でどうかな？　美保子は顔がきれいだし、タッパ（背の高さ）もあるから、二番目だって大丈夫だろう？」

これなら藤田も衣装部の担当者もメンツがつぶれない。丹波の臨機応変ぶりに、岡本は目から鱗が落ちる思いがした。

振り返れば、戦中の〝鬼畜米英〟の時代に大学の英語会話会に所属したのも、敗戦後まもなくGHQに就職したのも、即応性と適応力のなせるわざだったろう。その最たるものこそ、テレビ出演は〝都落ち〟と思われていた一九五〇年代後半から、テレビの仕事に躊躇《ちゅうちょ》なく乗り出したことだ。

『007は二度死ぬ』が、大きな転機になった。従来の丹波は、ギャング映画でのボス役が多く、家族や親戚から、

「いつも最後には殺されてしまう役なんて、もう観たくない」

と嘆かれる始末だった。『キイハンター』や『Gメン'75』の悪役と、さして変わりはなかったのである。

それが、『007』で日本の諜報機関のトップ役に起用され、いわば〝陰画〟が〝陽画〟に反転した。さらに『キイハンター』と『Gメン'75』を通じて、〝悪〟を知り尽くしたリーダーが、個性豊かな部下たちを率いて世の中の悪と戦う役柄を確立させた。

丹波は芸能界での地位を、ますます揺るぎないものにしていく。

第7章
人間革命

映画『人間革命』で熱演する丹波（シナノ企画提供）

映画界の三大ホラ吹き

丹波の対人関係の基本は「来る者は拒まず、去る者は追わず」だった。

苦手な人物が近寄ってきても、自分では断らない。分け隔てせず誰でも受け入れてしまう丹波を、周囲はハラハラしながら見守っていた。

本当は人の好き嫌いが激しかった。そんな丹波が「役者としても人間としても大好き」と言って憚《はばか》らなかったのが仲代達矢である。ふたりは、なぜかうまが合った。

仲代には、十歳ほど上の世代に、目標とする三人の映画俳優がいた。三船敏郎と三國連太郎、そして丹波哲郎である。とりわけ丹波を「最高の先輩」「僕の中ではナンバーワンの人」と手放しで褒めたたえる。

役者は、ときに数百人ものスタッフと見物人が取り巻くロケ現場で、監督に「ダメだ！」と頭ごなしに怒鳴りつけられる職業だ。「根暗」を自認する仲代は、つい負の感情が顔に出てしまう場合もあった。

だが、丹波はどんなときでも変わらない。おおらかで明るく、平然としている。仲代は実際に共演するまで、丹波のような役者に出会ったことがなかったし、それ以降もあんな役者は見たことがない。

共演した映画は十七本にのぼる。仲代が自身にとっての「生涯の一本」と言い切る『切腹』

や、『不毛地帯』『二百三高地』『鬼龍院花子の生涯』などの作品で、丹波と同じスクリーンに躍動した。

一九六二年（昭和三十七年）公開の『切腹』の決闘シーンでは、皮膚をかすめただけでも血がにじむ真剣で渡り合った。

「リアリズムの極致」と評された小林正樹監督は、富士の裾野に広がる草原の上に、自分のイメージと合致する暗雲が垂れ込めるまで、実に十五日間も待った。空を見上げては「きょうもダメだ」と嘆息する〝天気待ち〟が、来る日も来る日も続く。

半月後、ようやくこぎつけた本番の撮影では、本物の刀に見せかけた竹光の使用は認めないと、監督みずからがふたりに言い渡した。

「おい、モヤ、気が狂ってないよなぁ？」

不安げな仲代に、やはり真剣をかまえる丹波が問う。仲代は、本名の「元久《もとひさ》」から「モヤ」と呼ばれていた。

「気なんか狂ってないですよ」

「オレも気が狂ってないから、頭なんかかすめないよ。本身《ほんみ》だって大丈夫だよ」

仲代は、丹波の度胸のよさにほとほと感心した。

丹波は剣道二段、自称「四段」だからぬかりはないだろう。仲代は足に震えがくるほど怖かったが、なんとか収録を終えた。

しかし、丹波にかかると、話はこうなる。

「オレはなぁ、仲代の首筋すれすれのところで、真剣をぴたりと止めてやったんだよ」

丹波は、映画界の「三大ホラ吹き」のひとりに数えられていた。あとのふたりは、三船敏郎と石原裕次郎である。

丹波のホラ話には、まるで罪がなかった。撮影の待ち時間や休憩のおり、丹波はいつも人の輪の中心にいた。

「霊界はある。きのうも行った」

などと真顔で言う。仲代は、大先輩に失礼は承知のうえで、

「丹波さん、ウソでしょ、それ？」

と尋ねたところ、子どもがびっくりしたような顔になった。

「モヤ、よぉくわかったなぁ。どうしてだ？」

仲代は思わず吹き出した。

来る者は拒まず

仲代の記憶に残る丹波の姿は、つねに型破りだ。

なによりも驚かされたのは、一九八一年に「丹波道場」という俳優養成所を東京・吉祥寺に開いたときのことである。

仲代の「無名塾」に刺激されたらしい。丹波から、くだけた調子で訊かれた。

「モヤんとこ、何名とるんだ？」

「五名です」

「何人のうちから、五名とるんだ？」

「千名近いところから、五名とるんです」

丹波が目を剝《む》いて叫んだ。

「そんな少ししかいないの⁉　おまえんとこって、才能あるやつ、それしか来ないの⁉」

驚愕の表情で言う。

「オレんとこなんか、百名来たら、みんな優秀だから、百名みぃんなとっちゃったよ。うちはぜぇんぶ才能ある、いい子ばっかりだからさぁ」

今度は仲代が驚愕する番だ。

無名塾では、選考に十日はかける。書類の段階では振り落とさず、約千名の応募者全員に会う。試験は一次、二次、三次とあり、三次の最終選考では、絞り込まれた十人前後を相手に三、四日間、朝から晩まで講習会を開く。昼は一緒に弁当を食べ、休み時間にはたわいないおしゃべりをかわす。目の前の若者が、何万人、いや何十万人にひとりしか成功できない、役者への適性があるのかどうかを見極めようとする。

毎年の選考が終わると、仲代は精も根も尽き果ててぐったりしてしまう。こうして選び抜かれた中から、役所広司や若村麻由美、最近では滝藤賢一といった俳優が巣立っていったが、大半は無名のままなのだ。それなのに丹波は、

「あっ、そう‼　モヤんとこ、五名しかとらないのぉ⁉　あっ、そう‼」

と、しきりに驚いている。仲代がいまも真っ先に思い出すのは、あのときの丹波の顔だ。

セリフでも丹波は型破りだった。

「モヤ、セリフはどうやって覚えるの？」

「僕なんか、なかなか覚えられませんから、何日も何日もかけて、ときには夜も眠らないで覚えますよ」

「ふ〜ん、そうかぁ。オレは現場で覚えていくんだよ。オレなんか一ページ三秒で覚える」

『切腹』の収録時に、丹波流の一端が露呈した。丹波がセリフをしゃべっているさなかに、突然「カット！」と小林監督が撮影を止めた。

「あれっ、どうしたんですか？」

仲代が声をあげると、監督が丹波に、

「丹波さん、違うよ、セリフが。二ページあとのセリフをしゃべってるよ」

と口をとがらす。

「いやぁ、ページを飛ばして覚えてきちゃってさぁ。二ページ同時にめくったのかなぁ」

と丹波が言ったので、一同大爆笑となった。厳格さでは定評のある小林監督まで、腹を抱え

て笑っていた。

遅刻癖も桁外れだった。定刻までに現場に入ったためしがない。遅れても晴れ晴れとした様子で、右手を軽く上げ、

「やぁ、やぁ、やぁ、みなさん、グッド・モーニング、グッド・モーニング！」

と愛想を振りまきながらやって来る。

「さぁ～、オレが来たから、もう大丈夫だぁ！」

それまでやきもきしていた監督やスタッフらも、どっと笑って撮影開始というのが定番になっていた。

丹波は幼少時から、朝が弱かった。同じ大正十一年生まれの水木しげるも一緒で、日がのぼってもなかなか起きようとしない。兵隊暮らしで上官にいくらビンタを張られても、丹波と水木は寝坊や遅刻をやめなかった。

中年期以降、霊魂の存在や死後の世界を世に広めようとしたり、他人の葬儀で大笑いしていて顰蹙《ひんしゅく》を買ったりした点でも、ふたりはよく似ている。死とは、つらい現世での修行を終えて安楽な〝あの世〟へと還っていくのだから、何も悲しむことではなく、むしろ喜ぶべきというのである。

もっとも、丹波の遅刻がいつも許されるわけではない。仲代と丹波が東宝映画の『激動の昭和史　沖縄決戦』で共演した際には、ひと騒動あった。

東宝の現場では〝世界のミフネ〟であろうが人気絶頂期の裕次郎であろうが、朝九時スタートなら、八時半までには着替えやメーキャップを済ませ、スタンバイの態勢をとる。丹波も耳にしていたはずなのだが、撮影の初日から十時半頃にスタジオ入りして、仲代らを啞然とさせた。


丹波の遅刻癖は東宝にも知れ渡っていたから、例によって、

「やぁ、やぁ、やぁ、おはよう、おはよう、おはよう！」

とニコニコしながら入ってきても、みなが笑って済ませていた。


だが、二日も三日も続くと、現場の空気が変わってくる。三日目の昼前、丹波の上官役の小林桂樹が、しかめっツラで丹波をスタジオのわきに連れていった。

「あんたねぇ、ほかではそれでよかったのかもしれないけれど、東宝じゃ違うんだよ。朝八時二十分にはみんな（現場に）入ってる。それで九時には（撮影が）始まるんだ。十時半とか十一時とかお昼ごろに入ってきて、いったいどういうつもりなの。東宝に来てるんだから、こっちのルールに合わせてもらわないと困るよ」


一歳年下の、ふだんは温厚な小林に諌《いさ》められ、丹波も、

「ああ、そうだったなぁ。あしたからちゃんと来るから、すまん、すまん」

と素直に詫びた。小林もすぐ温顔に戻り、

「いや、失礼なことを言って、すまなかったねぇ」

と応じたので、そばで聞いていた仲代も胸を撫でおろした。

ところが、丹波は翌朝もやはり十時半ごろ、何事もなかったかのような表情で現れる。もはや小林も力なく笑うしかない。

そんな雰囲気に気づいたらしく、丹波は、

「あっ、そうか！」

はたと閃いたかのような大声をあげた。

「オレ、きのう、九時開始に合わせて来るって言ったんだ。いやぁ、すまん、すまん、すまん！」

あたりはまた大爆笑に包まれた。

小林は、晩年のインタビューで丹波について、

「なんとも楽しい人です。僕もどちらかというと人を笑わせるのが好きな人間ですが、丹波流は嘘か本当か分からない話で笑わせます」（小林桂樹・草壁久四郎共著『演技者　小林桂樹の全仕事』）

と語っている。

日本で一番いい役者は

仲代は、丹波と共演した五社英雄監督の『御用金《ごようきん》』でも、命がけの演技を迫られた。

このときはひとりだけで、真冬の青森県下北半島の断崖絶壁を、命綱もつけずに這いのぼっ

た。寒風が吹きつける中、はるか眼下で砕け散る日本海の波濤《はとう》の音を耳にしつつ、凍え切った体で岩肌にしがみついた。

主演の仲代と並び立つ大役には、丹波と三船が起用された。仲代は三十六歳になったばかり、丹波と三船はそれぞれ四十六歳と四十八歳である。

三船も、荒縄でぐるぐる巻きに縛られたまま、吹きさらしに置き去りにされるシーンがあり、粘り強さが身上の五社は、幾度も撮り直しを命じた。三船は辛抱強く耐えていたが、胸中には鬱屈したものがあったようだ。

ある晩、三船と仲代が宿舎で酒を飲んでいると、三船がくどくどとカラみだした。

「モヤ、お前は映画人なのか、舞台人なのか、どっちだ?」

所属する『劇団俳優座』との掛け持ちで多忙な仲代に、しつこく難癖をつけてくる。

「こんな映画、本当は俺の出る映画じゃないんだ」

自分の主演映画までこきおろされ、降板まで持ち出されて、仲代も反論した。

「いい加減にしなさいよ。プロなんだから、一度受けた仕事は全うすべき」

「何だと?」

「じゃあ、降りろ!」

酒の勢いは恐ろしい。仲代が三船に台本を投げつけ、三船は憤然と席を蹴って外に出ていく。仲代も戸を蹴り倒してあとを追い、雪の上での取っ組み合いになった。

「殺してやる！　俺も死ぬ」

「モヤ！　テメエ」

激しい怒号が飛びかった（以上、仲代達矢著『未完。』と春日太一著『仲代達矢が語る　日本映画黄金時代』を参照）。

三船の酒癖の悪さは、公然の秘密だった。たとえば、先輩俳優の田崎潤と口論の末、東京・成城の自宅に取って返してピストルを手にし、田崎宅の前で発砲した。黒澤明監督の家の周辺で、「黒澤のバカ野郎！」と罵声を発しながら猛スピードで愛車を走らせた。自宅で抜き身の日本刀を振り回し、ピアノまでも破壊する三船に、妻はおびえきっていた。

もとより仲代と三船は、『用心棒』『椿三十郎』『天国と地獄』といった黒澤の大ヒット作を支え合ってきた仲である。丹波が周囲に語ったところでは、三船が黒澤に対する悪口雑言《あっこうぞうごん》をやめず、黒澤にひとかたならぬ恩義を感じている仲代は、当初こそ聞き流していたものの、どうにも我慢がならなくなったらしい。

喧嘩騒ぎの翌朝、仲代があやまりに行くと、もう三船の姿は部屋になかった。朝一番の列車で、東京に帰ってしまったという。じきに気を取り直して戻ってくるはずが、青森で仲代や丹波らが待ちぼうけを食わされているうちに、ひと月も経ってしまった。

むろん撮影は中断したままで、毎日、湯水のようにカネが出ていく。仲代は、ひとりで責任を負うはめになった。東京の自宅を売り払って賠償金に充てようかと、妻に相談するところまで追い詰められていた。

困り果てた仲代は、同い年で友人の、「萬屋錦之介」と改名する前の中村錦之助に電話をかけた。錦之助は事情を聞くなり、持ち前の〝べらんめえ調〟で威勢よく答えた。

「よぉし、オレが行ってやらぁ！」

まるで時代劇映画のひとコマのような、胸のすく啖呵だった。

丹波には、三船が姿を消してすぐ事情を説明しに行った。

「三船さん、帰っちゃったんです。すみません」

「なに、誰が？」

「三船さんが……」

意気消沈していた仲代は、意表を突かれた。てっきり怒られるとばかり思っていたら、丹波は破顔一笑してうなずき、拍手までしてくれたのである。

丹波の対応ぶりを、仲代は筆者の前で実演して見せてくれた。その目に往年の炯炯《けいけい》たる眼光はなく、白い髭に覆われた顔には柔和な微笑が広がっている。一瞬、時空が半世紀以上前の青森の宿に戻ったかのようだった。

丹波が拍手を送った真意はわからない。よくやったと言いたかったのか、それでこそ主役だと太鼓判を押したつもりなのか。ただ、十歳年下の後輩を元気づけようとしたことだけはまちがいない。仲代は、丹波の恩情が心に沁み入った。

丹波は、仲代に限らず誰の前でも、三船の陰口は言わなかった。三船の努力家ぶりや世界的な評価の高さに、賛辞を惜しまなかった。ふたりは互いを認め合っていたと言ってよい。現に、『００７は二度死ぬ』では三船が蹴った役を丹波が肩代わりしたが、アメリカの大作テレビドラマ『ＳＨŌＧＵＮ』では、逆に丹波が断った将軍役を三船が引き受けている。

代演の錦之助が到着してからというもの、『御用金』の撮影現場には時代劇らしい活気が戻ってきた。丹波も上機嫌で、仲代や錦之助と三人で宿の風呂につかっているとき、

「おい、日本で一番いい役者は誰だと思う？」

と言い出した。まともに取り合う話でもないから、錦之助が、

「そりゃあ、オレでしょう」

と気炎をあげれば、仲代も、

「もちろん僕ですよ」

と調子を合わせる。丹波は案の定、

「決まっているじゃないか、オレだよ。君たちは、オレに次いで二番目、三番目くらいにはなれるな」

とうそぶいたので、ふたりは声をあげて笑った。

口とは裏腹に丹波は、

「役者とは競争するものではない。助け合うものだ」

と考えていた。

「自分がスターになろうと思ったら共演者とうまくいかない。するとドラマはおもしろくない。チームワークをよくするには個人が前へ出てはいけないのだ」(『報知グラフ』別冊・映画「人間革命」特集)

丹波は、主演の俳優を「食おう」などとは思ってみたこともない。

「オレと一緒に出演した俳優は必ずスターになる」

というのも口癖だった。押しも押されもせぬ大スターなのに、共演者の引き立て役に終始してもかまわないと達観していた。

人間、死んだらどうなるか

仲代と丹波は、一九七三年に公開された『人間革命』と、その三年後の『続人間革命』でも共演している。言うまでもなく、両作は池田大作・創価学会第三代会長の小説『人間革命』を元にしたものだ。

二本とも主役は丹波で、「創価学会中興の祖」と呼ばれる第二代会長の戸田城聖《じょうせい》を演じた。仲代は宗祖・日蓮の役である。ふたりは鎌倉時代と昭和との七百年の歳月を超えて対座し、仲代が丹波を痛烈に面罵《めんば》するシーンもあった。

このときは丹波から、

「モヤ、絶対に出てくれるよな」

と、じきじきに出演を依頼された。

「はい、丹波さんがおっしゃるなら出ます」

思い切って頭を丸め、僧形《そうぎょう》になった。

創価学会会長役の丹波も、神妙な顔つきになり、日蓮正宗総本山・大石寺《たいせきじ》の本堂前で合掌し一礼した。そこまではよかったのだが、

「南無阿弥陀仏、南無阿弥陀仏！」

と大声で唱えはじめた。カメラマンが、

「違いますよ！　違いますよ！」

とあわてて飛んでくる。仲代も、

「ダメですよ、丹波さん、『南無妙法蓮華経』でしょう」

と小声で注意した。あまりのことに呆気にとられたのか、周囲の学会員たちからはどよめきすら起こらない。当の丹波は、

「同じ宗教だから、いいだろ」

と、まるで意に介さなかった。

映画化の企画が持ち上がったおり、創価学会側は、丹波の主演に難色を示していた。ギャング映画の悪役や『キイハンター』の「ボス」のイメージが強く、宗教家とは程遠く見えたため

らしい。

丹波に固執したのは、『赤いハンカチ』や『錆びたナイフ』などの〝裕次郎映画〟で知られる監督の舛田利雄《ますだとしお》である。舛田は新東宝の助監督時代から、ふだんの丹波のふるまいが、ほかのスターたちとは一線を画す点に気づいていた。

映画の撮影では待ち時間が非常に長い。その間、セットで待機する丹波の周りには、いつのまにか人だかりができている。丹波は大きな身振り手振りもまじえて、実に楽しそうに放談していた。舛田は、失礼ながら「子供のような可愛い目をしている」とほほえましかった。自分の話に陶酔するかのようにしゃべりつづける丹波の姿に、「何処か遠くを物想う、宗教的とまでいえる志向」(『人間革命』パンフレット)を感じた。

篠田正浩監督の『沈黙 SILENCE』を観て、舛田の印象は確信に変わった。丹波は、江戸初期に来日したポルトガル人宣教師に扮したが、この一見無謀なキャスティングが見事に成功していた。丹波の戸田城聖役に懐疑的な創価学会の幹部たちも、『沈黙 SILENCE』を見せられ、丹波の主演を認めざるをえなくなった。

舛田はチーフ・プロデューサーの田中友幸(のちの東宝映画会長)にも、

「丹波君は豪放磊落なところがあり、戸田城聖に性格が似ている。それに宗教アレルギーがなく、宗教については真剣に考える人だ」

と熱弁を振るい、了解を取りつけた。

意を強くした舛田は、杉並の自宅に丹波を口説きに行った。丹波はちょうど、一階のリビングで麻雀のいつものメンツと雀卓を囲もうとしているところだった。

書斎に通された舛田が、

「とりあえず脚本《ホン》を読んでもらえませんか」

と持ちかけると、

「いまここで、どんな話かしゃべってくれないかな」

と言う。舛田からあらすじを聞いた丹波は、

「う〜ん、それはおもしろい」

と唸《うな》った。

「舛田ね、実はオレも生命というものに関して興味を持っている。とくに『人間、死んだらどうなるか』という最大テーマに、オレは本当に興味を持っている。そういう素材であれば興味があるな」

舛田も、

「僕はいま四十五歳ですけど、いまだに〝死ぬ〟ということが怖いんですよ」

と本音をさらけだした。

「よく小学校の一、二年のころ、真夜中に物干しに出て、夜の空を眺めたりしますよね。いま僕の見ている星は、何万年前とか何億年前とかに出した光を放っている。そういうことを想像

すると、僕はどうなるのかなというプリミティブな恐怖心がわくんです。そして『おかあちゃん、こわいよ』と言って、物干しから飛び降りて母親に抱きついていった記憶がよみがえるんです。七つか八つの年に感じた怖さが、これまでいろいろな学問教養を身につけ、この世の塵《ちり》芥《あくた》にまみれたにもかかわらず、恐怖心ということに関しては、まったく生まれたままの育たないものが、いまだにあるんですよ」（『報知グラフ』別冊・映画「人間革命」特集、一部を補足）

舛田は、ずばり殺し文句を言った。

「（この役を演《や》るのは）丹波ちゃんしかいないよ。こっちはもう思いさだめてやって来たんだから」

「こんな役は役者が演じたって出来るものじゃない、なり切らなきゃ駄目だ、そのまま立っているだけで戸田会長になれる、そんな役者は丹波ちゃんしかいない」（『人間革命』パンフレット、一部のカタカナをひらがなに変更）

丹波からは、

「一日待ってくれないかな」

と返事を保留された。

舛田は手ごたえを感じて丹波邸をあとにしたが、後刻、丹波は脚本を一読して、

「あまりおもしろくないな」

と思った。動きが少なすぎるのも不満だった。

オレは演技に開眼した

池田の原作を脚本化したのは、シナリオ作家の橋本忍である。黒澤明の『羅生門』『生きる』『七人の侍』の脚本を共同執筆したメンバーのひとりで、『切腹』や『日本のいちばん長い日』も手掛け、五十代半ばにしてすでに大家《たいか》の呼び声が高かった。

その橋本を目の前にして、丹波は打ち合わせの席で、

「これはつまらんなぁ」

と言い放ち、舛田をあわてさせた。それでも雰囲気が険悪にならず、むしろなごやかになっていったのは、丹波の人柄ゆえだろう。

『人間革命』の脚本化を依頼されたとき、橋本は、

「もしこの仕事にとりかかったら、とんでもない時間を喰う、場合によってはおそらくこれまでやった仕事とは比較にならないほどの手間と時間がかかる」（橋本忍著『シナリオ 人間革命』）と直感した。はたして、『人間革命』の脱稿までには、『七人の侍』のときの二倍以上もの一年半を費やした。

原因は題材そのものにある。爆発的に信者を増やした新興宗教の歩みと、主人公の〝開眼〟までの苦闘を、商業映画として成り立たせるのは至難のわざだった。どう書いたところで、「創価学会のＰＲ映画」と切り捨てられるのも目に見えていた。

ことに、戦中の宗教弾圧で逮捕された戸田が、独房の中で仏法の解釈に苦しみ、不眠と絶食も重なって身も心もすり減らした末、悟達《ごたつ》に至るまでの描写は難渋をきわめた。そのクライマックスが、次の場面である。


ある日の明け方になっている。

戸田、苦悩の極限のような凄まじい顔つきで考えこんでいる。

だが――どうしても巨大な壁は破れない。

もうこれ以上は耐えられなくなり、長い溜息とともに布団の上へ倒れてしまう。だが、その瞬間「あっ！」と声を出し、ガバッと立ち上がる。

戸田の全身が電気にかかったように震え始める。なにか頭の中がガンガン鳴っている。体じゅうの血が頭と顔に上がり、顔が真っ赤になってくる。

戸田、思わず無我夢中で窓際へ進み、両手で鉄格子を握りしめる。

窓の向こうの空は折から昇りかけた太陽で真っ赤だ。

全身の歓喜と愉悦で戸田はもう体じゅうの感覚がない。

戸田「（吠えるように、唸るように）解《わか》ったぞ、や、やっと解った！　仏とは……仏とは、い、命だ‼　自分自身の命のことなんだっ‼」（同書、振り仮名は原文のまま）

元・日本女子大学教授の島田裕巳《ひろみ》は、宗教学者の立場から、興味深い見方を示している。

「その悟りが訪れたときの丹波哲郎の恍惚とした表情は、決定的な真理を把握するに至った人間の表情を実に巧みに表現している。現実の戸田も、きっとそうした表情を浮かべていたに違いない、映画を観た人間は、必ずやそのように考えたであろう」

すでに約七百五十万世帯に達していた創価学会員への影響力も絶大だったと、島田は指摘する。

「（映画公開の十五年前に死去した）戸田のことを直接には知らない会員たちは、映画を観たことで、戸田を丹波哲郎のような人物としてとらえるようになったのではないだろうか。それほど、丹波の演技は強烈である」（島田裕巳著『「人間革命」の読み方』、括弧内は筆者）

生前の戸田城聖を知る学会員たちが、「声といい、雰囲気といい、戸田先生が生き返ったかと思

1973年４月、『人間革命』のロケ現場を訪れた池田大作創価学会会長（当時、共同通信社提供）

ったくらいそっくり」と驚嘆するほど、丹波は戸田本人になりきっている。名優・芦田伸介演ずる恩師の牧口常三郎《まきぐちつねさぶろう》の獄死を知った丹波が、独房で涙に暮れる場面も、入魂の演技だった。丹波自身、

「戸田城聖が向こうからやってきて、俺をコントロールしているようなものだった」

「戸田城聖が俺の中に入っている」

と認めている（『丹波哲郎の好きなヤツ嫌いなヤツ』）。

これほど演技にのめり込んだのは、『智恵子抄』以来だった。『智恵子抄』の監督を務めた中村登も、新境地を開いた丹波に、つい問いただした。

「丹波ちゃん、あの笑い方は本当に笑っているね。本当におかしくないとああは笑えないし、芝居で作った笑いとは違う。あの笑いには何か秘訣があるの？　僕は演出者として気になるし、参考として聞きたい。泣く演技はだれでもできるけれど、笑うことは難しい。本当の笑いか作った笑いかはほとんど分かるけれど、あの笑いは僕には分からない。何が動機であああなるんだい」（同書）

丹波にはうまく説明できなかった。場面ごとに、そのつど心底おかしいから、感情にまかせて笑っていただけなのだ。

原作者の池田大作は、丹波の演技がよほど気に入ったにちがいない。剣道好きの丹波に、立派な木刀を二本贈呈した。その後も丹波邸を再三訪れ、世界各国から輸入されたフルーツに、

それぞれの国の国旗をあしらった詰め合わせなどを届けている。時間が許すかぎり、丹波邸の応接間で、日本茶を飲みながら丹波と歓談した。

『人間革命』正続両編の共演者で、『七人の侍』のひとりとして知られる、ベテラン俳優の稲葉義男からも、

「あの人（丹波）にとっては役者冥利につきる役でしたね。私が知る限り、丹波クンのこれまでの出演作の中でもピカ一だと思います」（『報知グラフ』別冊・映画「続人間革命」、括弧内は筆者）

と絶讃された。

丹波自身、

「『人間革命』でオレは演技に開眼した」

と、ことあるごとに強調している。

丹波にとって「役者革命」とも言える変化は、なぜ起きたのか。

降霊会の超常現象

話は、マレーシアでの『第七の暁』の撮影時にさかのぼる。

主演のウィリアム・ホールデンのスタントマンをつとめたキース・ピーコックというイギリス人俳優と、丹波は妙に気が合った。ピーコックは丹波の運転手役も買って出て、一緒にクアラルンプールをドライブしたり、『007は二度死ぬ』の日本ロケでもわざわざ来日して、丹

波邸に遊びに来たりする間柄になった。

そのピーコックが、一九六六年十一月、ロンドンの工場でのスタント中に事故死した。BBCの警察ドラマで、高さ四・五メートルもの長梯子《ながばしご》からうしろ向きに落ちるシーンを撮影しているとき、クッションではなくコンクリートの床にじかに叩きつけられたのである。運悪く頭も強打して、四週間後に息を引き取った。

ちょうど『007』の収録でロンドンにいた丹波は、旧知の悲報に号泣した。ピーコックの死に促されるように霊界研究を本格的に始めたのだと、義隆は父親から聞かされている。

ロンドンでは以前に、信じられないような体験もした。

ホテルで就寝中の深夜、左肩を手のひらで押されたような気がして、目覚めた。ふと見ると、ベッドの足元に、中国服を着たふたりの少女が立っている。姿かたちが瓜ふたつなので、双子のようだ。彼女らの真横には、見上げるほど大きな西洋人の男が突っ立っており、三人とも前のめりになって丹波を見つめている。

丹波によれば、それは断じて夢ではなく、生々しい現実感を伴った。不思議と恐怖は感じず、好奇心ばかりが募った。「絶対に瞬きするもんか」と決意して見返していると、三人はこちらに近づいてくる。なおも目をそらさずにいたら、消え入るようにいなくなったという。丹波の生涯において「最初で最後」（『大俳優　丹波哲郎』）の〝幽霊体験〟だった。丹波は、こう解釈した。「これから霊界研究をするにあたって、何か心が揺らいだときには、この体験を思い出せ」というメッセージなのだ、と。

ロンドンでの丹波は、いわゆる〝降霊会〟にも参加している。

十九世紀の中ごろから、イギリスでは〝スピリチュアリズム〟が社会現象と呼べるほどのブームになり、高名な科学者を中心とする知識人グループでも、霊媒師を通じて死者の霊魂と交流する降霊会がさかんに開かれた。

十九世紀から二十世紀にかけてのイギリスで、スピリチュアリズムに最も心酔した知識人が、〝名探偵シャーロック・ホームズ〟の生みの親のコナン・ドイルだった。

ドイルの長男は、第一次世界大戦のフランス戦線で負傷し、肺炎にかかって二十五歳の若さで亡くなった。悲嘆に暮れていたドイルは、降霊術のおかげで我が子の霊魂との対話がかなったと主張した。スピリチュアリズムを「人類史上における最大の発見」（コナン・ドイル著『コナン・ドイルの心霊学』）と評価し、最晩年にこう語っている。

「よく『スピリチュアリズムから何を得られるのか』と訊かれるが、それはまず死の恐怖がすっかりなくなることだ。次に、たとえ愛する人たちを失っても、彼らとの架け橋ができることである。これまでにも経験してきたとおり、条件さえ整えれば、彼らを呼び戻せるし、そのことを怖がる必要もない」（一九三〇年五月十四日に録音されたスピーチより、筆者訳）

丹波は、ロンドンの降霊会の模様を、詳細に描写している。

降霊会を紹介してくれたのは、『007』シリーズを担当したアメリカの大物プロデューサー＝アルバート・ブロッコリである。丹波は珍しく、開始の時間に遅れないようにホテルを出、定刻より三十分も早く会場の民家に着いた。参加者は丹波を含め九人で、うち四人は女性だった。

降霊会が行われる書斎は、天井が高く、中央に楕円形の机がどっしりと置かれている。前もって机が天井まで浮き上がると聞かされていたので、ためしに押してみたが、丹波ひとりの力ではびくともしない。

霊媒師は五十歳前後で、某裁判長の夫人だという。丹波らとは黒いカーテンで仕切られた向こう側におり、日本の銭湯で見かけるような大きな秤《はかり》にすえられた椅子に、なぜか両手両足を縛りつけられた格好で座っている。照明は暗く、腕時計の文字盤がうっすらと見える程度だ。

号令とともに降霊会が始まった。丹波らは言われたとおり、そろって机に手をかざしていたが、三十分ほど経っても何も起きない。このまま終わるのかとあきらめかけたとき、いきなり机の片端が持ち上がった。次いで別の片端も浮き上がる。それから思いがけない速さで急上昇していった。

丹波は机の脚がよけきれず、まともに口に当たり、前歯の一部を欠いてしまった。机は天井にまで達すると、一転して音もなく降りてきた。

突然、いびきの音がする。霊媒師が昏睡状態に陥っているらしい。彼女の鼻の穴からは、綿菓子に牛乳をまぶしたような、黄色っぽい白色の物体がだらだらと流れ出ている。

「これがエクトプラズムか！」

丹波は興奮した。フランス人のノーベル生理学・医学賞受賞者＝シャルル・ロベール・リシェが命名した正体不明の物質である。それは際限なく放出されるかのようで、霊媒師が腰掛けている秤を見ると、目盛りがまたたくまに下降していく。百五十ポンド（約六十八キロ）近くから五十一ポンド（約二十三キロ）まで、一気に落ち込んだ。

霊媒師の鼻から出て床に広がった物質を見ていると、丹波の見ている前で、なんと人間の形になりはじめた。まず両足が生じ、その上に腰ができ、下半身だけのマネキン人形のような形になった。次第に上半身が形成され、ついには全身像が現れた。さほど大柄ではない黒髪の白人女性で、歳は二十代後半に見えた。

すると、彼女が参加者全員に握手を求めてくる。丹波が握り返した手は、意外にも温かく柔らかかった。一見幽霊なのに手は冷たくないのだと、丹波はささやかな発見に感動した。

彼女が握手を終え、直立不動の姿勢に戻った途端、がくっと首を折った。見る見るうちに、まるで人体の形をしたアイスクリームが、高熱で溶けていくように崩れ落ちる。元の黄白色の物体になると、すんなり霊媒師の体に吸い込まれていった。同時に秤の目盛りもぐんぐん戻り、百五十ポンド弱のところでぴたりと止まった。

丹波は、夢でも見たのか、あるいは手品にだまされたのかと思った。ほかの参加者たちに確かめると、彼らも丹波と同じ光景を目撃していた。それなら〝集団催眠〟にかけられたのか。

「この期《ご》におよんでも、まだ私は自分が体験した超常現象を、そのまま素直に信じることができなかった」（丹波哲郎著『死よ、こんにちは。』、振り仮名は原文のまま）

と丹波は振り返る。

六十七歳のときに出版した『大霊界の深奥』では、

「俳優稼業《かぎょう》の一方、私は催眠術、ついで心霊科学への興味を抱き始めた」（振り仮名は原文のまま、以下同じ）

と記す。「スピリチュアリズム」という単語は、まだ世に浸透しておらず、訳語の「心霊科学」をそのまま使っていた。

「きっかけは、身内に起こったちょっとしたアクシデントであったが、なぜそのようなアクシデントが起きるのか、人間の内面を深く知りたいと思ったからだ」

文中の「身内」とは、いったい誰を指すのか。

スタント中の事故で死んだピーコックではなかろう。ましてや、プロローグに登場した、ガンで逝《い》った先輩の喜劇俳優でも、食中毒のために三歳で亡くなった妹の継子でもあるまい。丹波は、人の死を「ちょっとしたアクシデント」などと表現する人物ではなかった。

消去法で浮かび上がってくるのは、妻の貞子である。

貞子が苦しめられた小児麻痺と、それに起因する歩行不全などの障がいも、「ちょっとしたアクシデント」とは言いがたいが、丹波には自分や家族を卑下するところがあった。複数のインタビューで、霊界への関心は「三十代後半から」と述べており、貞子の発病時期と重なる。ただし、義隆や姪の啓子は、貞子の病が丹波の霊界研究に直結したわけではないと言う。

丹波は療養中の貞子に、一度こんな言葉をかけた。

「これは前世のカルマ（業）だよ。おまえが前世で誰かの足を傷つけたことがあるから、それがカルマになっておまえに返ってきたんだ」

あまりにも無神経な夫の言葉に、貞子は深く傷つき、悲痛な叫びをあげた。

「どうして、そんな傷口に塩を塗るようなことを言うの？　どうしてそんなことが言えるの？」

この時期、丹波は霊界関連書を夢中になって読みあさっていた。そこで「前世」や「カルマ」といった仏教の〝因果応報〟と同様の概念を知り、貞子と自分を苦しめてきたものの正体を突き止めた気がして、一刻も早く貞子に伝えたかったのではないか。

「だから、いまのおまえのせいじゃない。自分を責める必要は全然ないんだ」

と慰めたかったのだろう。啓子によれば、それがかえって貞子の肺腑《はいふ》をえぐってしまったことに丹波は愕然とし、ずっと自責の念に駆られていたようだという。

以来、丹波がいくら霊界の話をしても、またどんなに死後の世界のすばらしさを説いても、貞子は耳を貸さなくなった。霊界研究とその広報活動に熱中していく夫の邪魔立てこそしなかったが、共鳴どころか共感の意さえ示さなかった。

知人から丹波の「霊界狂い」を心配されると、貞子は笑って、

「あれは趣味、趣味。本気で信じてるわけないじゃないの」

とか、

「役者は脚光を浴びなくなると、なにかと話題を作らないといけなくなるのよ」

と、はぐらかしていた。

義隆も、貞子の側についた。

丹波は妻と長男を、苦笑まじりに「一卵性母子」と呼び、ふたりの前では霊界の話をほとんどしなくなった。

『人間革命』から学んだこと

『人間革命』の撮影でスタジオ入りする丹波は、ふだんと変わらなかった。

裏方が数人たむろしているのを見つけると、気軽に、

「オッス！」

と呼びかける。裏方たちも、気難しいスターではない丹波には、対等な口をきく。

「オッ、丹波さん。きょうの背広はいかしてるね」

「ナニッ！　これは衣装だよ。衣装だとほめやがって、自前の背広はほめねえな」（『報知グラフ』別冊・映画「人間革命」特集）

深作欣二とも、クランクイン前にこんな会話をかわした。

「今度な『人間革命』という映画で戸田城聖の役をやるんだ」

「ヘエ、それじゃさぞセリフが多いだろう」

「多いも何も、初めから終わりまでしゃべりっぱなし」

「大丈夫かね？」

「エヘへ、あの監督（舛田利雄）とは初めてのツキアイだからな、オレのこと知らねえンだ。あいつには言うなよ」（山藤章二著『軟派にっぽんの100人』、括弧内は原文のまま）

ところが、『人間革命』完成後のインタビューでは、それまでとは明らかに違う、一歩も二歩も踏み込んだ発言をしている。

「生命という問題を延長していくと、とうぜん死後の世界にも関心がおよぶわけだが、ぼくはなぜか〝人間はなんべんも生まれ変わるものだ〟と信じているんです。確証は握っていないが、確信は持っている」

単なる演技者を超越して、戸田の役に、みずからの存在を懸けようとしている姿勢さえ見せた。

「もしかしたら、戸田城聖の役をからだにたたき込むことで、このぼくにも何かがわかるのではないだろうか。生とは何か、死とは何か。悟るというのはおこがましいが、演技の過程で、せめてもその手がかりをつかむことができたら……」（『婦人と暮し』一九七三年夏号）

森次晃嗣《もりつぐこうじ》は、『ウルトラセブン』の「モロボシ・ダン」役で有名だが、『人間革命』と『続人間革命』では戸田を師と仰ぐ一途な学会員の役を好演している。丹波の、遅刻が日常茶飯事で、セリフもまったく覚えてこないという噂を森次も耳にしていたが、実際に接してみて、

「なぁんだ、あれはみんな冗談だったんだ」

と見方を変えた。森次の知るかぎり、丹波はただの一度も遅れてこなかったし、セリフは相当読み込んで頭にきっちり入っているのがわかった。ふだんも霊界の話はせず、演技に意識を集中させていた。

『続人間革命』で池田大作の役を演じたあおい輝彦も、寡黙な丹波の姿しか覚えていない。休憩時に雑談もせず、静かに出番を待っていた。

森次は、丹波の胸中をこう察する。よほど戸田の役に惚れ込んでいて、演りたくて演りたくてしかたがなかったのではないか。この役だけは絶対にものにしてやると、固く決意していたのではないか、と。

監督の舛田も、丹波の気持ちを推し測った。

「例の獄中の悟達だけは、役者としては絶対やらなきゃいかん。（中略）役者としてのオレの真価を問う……と。きっとみせきれる自信があったんでしょうね」（『報知グラフ』別冊・映画「人間革命」特集）

丹波は、スタッフから翌日撮るシーンの中身を聞くと、戸田のセリフを自宅の食堂で何度も

そらんじ、自分のものにしようとした。

「ああ、オレは乗ってるな、乗ってるな」

ふっとわれに返り実感した。いままでこれほど役に打ち込んだことはなかった。

深夜になっても、気持ちが高ぶって眠れない。ふだんはアルコールをほとんど口にしないのに、ウィスキーの力を借りて眠りにつく日が増えた。高揚した気分のまま食卓でセリフを暗誦《あんしょう》しつづけているうちに、夜が白々と明けていたこともある。

スタッフのあいだには、奇妙な噂が広まった。

撮影が進むにつれ、丹波の台本が日に日に薄くなっていく。あれは、むかしの学生が英和辞典の単語を一ページ分覚えるたびに、そのページをむしゃむしゃ食べて血肉にしようとしたのと同じやり方ではないかというのである。

実際には、撮影が済んだ分の台本を破り捨てていただけなのだが、

「あんな迫力ある芝居は、台本を食べているからにちがいない」

とスタッフたちを誤解させるほど、丹波の演技は鬼気迫った。

丹波は、戸田城聖という人物に魅せられていた。戸田は「さびしい人、人恋しい人、男も女もひっくるめて人間が大好きな人」で、「清も濁も、善も悪も、正も邪も合わせてぜんぶ飲んじゃう。形式にとらわれない飄々たる味わいの野人」でもあった。宗教家とは思えぬくらい人間臭く、「完璧な人間ではなかった」からこそ、丹波は戸田の人生が他人事とは思えなかっ

た。誤解を恐れずに言えば、丹波は戸田に自分自身を発見したのである。

反面、相違点も見出した。

「なんでもいい、ひとつの真理におのれの生命までも賭けるという決意」

これが、いまの自分にはない。

「その決意の持てる人生というのはうらやましい」

丹波は、さらに告白する。

「ぼくはこの映画で戸田城聖の役を演じながら、その過程で生命という問題を自分なりに考えようとした。撮《と》り終わったいま、しかしやっぱり、ぼくは何もつかむことができなかった」

（『婦人と暮し』一九七三年夏号、振り仮名は原文のまま）

「が、しかし、映画『人間革命』の中で一つだけ偉大なることを学んだ。自分の道は、自らの力で自らを改革し得たとき、開けていくものだということを――」

映画『人間革命』は、約五百万人の観客を動員し、一九七三年に公開された邦画のうち、『日本沈没』に次ぐ第二位の配給収入をあげた。「毎日映画コンクール」で丹波は男優演技賞（現在の男優主演賞）に選ばれた。

『続人間革命』は、前作を一・三倍以上も上回る配給収入を記録し、七六年度の邦画部門第一位となった。

「私にとって、俳優・丹波哲郎にとって、二度とこれだけの仕事は出来ないだろう」（『人間革

命』パンフレット、読点の一部は筆者)

という発言は、丹波の偽らざる実感だった。

『人間革命』の制作発表記者会見では、小さなハプニングもあった。

丹波が、本題から脱線して、

「今度は『人間、死んだらどうなるか』という映画を撮ります。人間だれしも考えることだし、これは絶対ヒットするよ」

とぶちあげたのだ。

記者たちは「また〝ホラ丹〟のホラ話が始まった」と気にもとめなかったが、その十六年後、「ホラ話」は『丹波哲郎の大霊界　死んだらどうなる』で現実のものとなる。

第8章
留めのスター

『砂の器』（1974）で容疑者の父を演じる加藤嘉と向き合う名シーン
監督／野村芳太郎　写真提供／松竹

運命の出会い

「丹波哲郎は、どうやら創価学会員らしい」

『人間革命』の正続両編が大ヒット作になると、お定まりの風聞がマスコミには流れた。この噂が丹波の周囲にあっさり否定されると、今度は、

「〝隠れ学会員〟じゃないか」

と取り沙汰されるようになる。

どちらも根も葉もない話で、丹波はむしろ日本の仏教界全体を疎《うと》んじるようになっていた。元はと言えば、いままで出会った僧侶たちに「魂の存在」「死後の世界」「生きる意味」などを問うても、納得のゆく答えがさっぱり返ってこず、失望させられた経験の積み重ねがある。いずれも難問であるがゆえに回答しづらかったわけではなく、ほとんどの僧侶は、そうした問いを立てて真剣に考え抜いた経験すらないらしいと、丹波は気づく。

それで宗教家と言えるのか。何も好きこのんで僧侶のままでいる必要などないではないか。いま現に苦しむ、多くの日本人の心を救済しようとする覚悟が本当にあるのか――。失望は、怒りや軽蔑に変わっていった。

俳優という人気商売なので、表立って仏教界を批判はしなかったが、内輪では、

「坊主とお経は大嫌いだ」

と唾棄《だき》していた。法事にやって来た仏僧によく議論を吹っかけ、相手が返答に窮すると、あとで、

「ざまあみろ。オレのほうがよっぽど勉強してるんだ」

と溜飲を下げた。

仏教界ほどではないにせよ、他の宗教団体とも距離を置き、

「オレの霊界研究は、宗教とはいっさい無関係の、無色透明なもの」

と割り切っていた。


『人間革命』の制作時には、ある人物との運命的な出会いもあった。

スタジオ入りしたときのこと――。丹波は、広い空き部屋にぽつんとひとりでいる制服姿の少女が、妙に気になった。いったん通りすぎ、十メートルほど歩いてから引き返して声をかけた。

「どこの娘《こ》？」

「エキストラで来てます」

「なんで待ってるの？」

「『ここで待ってろ』って言われましたから」

「ああ、じゃあ、気が向いたら電話しなさい」（『大俳優　丹波哲郎』、一部を会話調に改変）

こんなやりとりのあと、事務所の電話番号を書いたメモを手渡した。初対面のエキストラに話しかけるなど思いもよらなかったので、われながら怪訝《けげん》な気持ちになった。

数日後、東京・四谷の「丹波プロダクション」に行くと、あの少女がやはり制服姿で座っている。丹波を見るなり立ち上がり、

「東島邦子《ひがしじまくにこ》です」

と自己紹介した。思いのほか背が高い。まだ十六歳の高校一年生だという。髪の長い、地味で無垢な雰囲気の少女だった。

だいぶあとに振り返って、丹波は、自分の前世の母親と再会したのだと解釈するが、そのときはどうして彼女に惹《ひ》かれるのかわからなかった。よく言う〝ひと目惚れ〟の類《たぐい》ではない。もっと深いところから湧き上がってくる感情に突き動かされていた。

丹波はまもなく、週末や高校の夏休みに邦子を杉並の自宅に招くようになる。高校卒業後は、丹波プロダクションで付き人やマネージャーの代わりをさせた。

邦子は、丹波の出演するテレビドラマや、高倉健主演の映画『新幹線大爆破』などにも顔を出すようになる。もちろん丹波の口添えがあったからだ。こんなふうに有名俳優のとりなしで、役者志望の弟子や付き人らに端役《はやく》が割り振られるのを、業界では「抱き合わせ」という。丹波は、邦子に限らず、よく抱き合わせをリクエストした。

原田大二郎は、邦子には霊能力があると聞かされていた。〝Gメン〟仲間のひとりで、香港を舞台にしたアクション・シリーズには欠かせなかった倉田保昭から、

「大ちゃん、ポーは未来が見えるんだよ」

と言われ、すんなり真に受けた。丹波が、「邦子」の「邦」を音読みにして「ポー」と呼んだので、いつのまにか「ポー」が通り名になっていた。邦子が「ぽうっと」していたからだという珍説もあるが、案外当たっているのかもしれない。天真爛漫《らんまん》なうえ若いのに気配りができるので、監督やスタッフたちにも好かれていた。

原田が近藤照男プロデューサーとの確執で、『Gメン'75』からの降板を決意した直後、

「ポー、オレの人生、見てよ。オレ、『Gメン』降りることになったんだけどさ」

と相談すると、邦子は原田の顔をまっすぐに見つめて言った。

「うん、大丈夫。二、三年はちょっと苦しいかもしれないけれど、大丈夫よ」

それから短い溜め息をついて、表情をやや曇らせた。原田は後年あのときの邦子の予言が当たっていたことに気づき、

「ポーは本当に見えてたなぁ」

しみじみと感じた。邦子自身はのちに、自分は霊能者ではないと公言するようになるが、原田は、

「丹波さんが霊界に夢中になったのも、あの子の導き」

と信じて疑わなかった。

邦子と同様に、丹波も、みずからの霊能力の有無を訊かれると、決まって同じような答えを返した。

「オレには残念ながら、そういう能力は毛の先っぽほどもないんだな。幽霊を見たのも、ロンドンで双子の女の子と大男の幽霊を見たときの一回こっきりなんだから」

原田の見方は異なる。丹波自身にも霊能力があるのに、それはおくびにも出さず、霊能者としての邦子をいわば〝立てる〟ために、あえて普通人を装っていたのではないか。

実際、丹波にも霊能力があったとみなす知人は少なくない。岩下志麻もそのひとりである。

「丹波さんには、霊的なことを感じる能力がおありになったんじゃないですか。ご本人が霊的なものをすごく感じていて、それを映画になさった、ということなんじゃないでしょうか。ただ、あの時代には早すぎたのよね。いまなら、そんなにおかしく思われないのでしょうけれど」

岩下にも、なまなましい記憶がある。デビュー後にひときわ目をかけられた巨匠・小津安二郎監督が夢枕に現れ、「志麻ちゃん、すごく楽になったよ」と語りかけた当日、小津の訃報を耳にしたのだ。

「丹波さんは、よく『志麻子は霊感があるから』とおっしゃっていたんですけれど、霊界の話は一切されませんでしたね。私も霊的なことを信じていますから、逆にそういうお話をされなかったのかもしれません。むしろ私のほうから丹波さんにお訊きしたかったのですけれどね。『私が死んだらどうなるの』ということを……」

　邦子と出会ってから、丹波はますます霊界へと傾斜していく。

　十六歳の邦子と会ったとき、丹波はすでに五十一歳になっていた。年齢差を考えると、ふたりの関係は不可解にも思えるが、ある著名な霊能者に、

「ポーさんは卑弥呼の生まれ変わり」

と言われて、丹波は無邪気に喜んでいた。若さへの希求も潜んでいたのかもしれない。

『Gメン'75』の海外ロケ先のホテルで、ある女優は邦子との相部屋を告げられた。丹波が、

「オレと一緒じゃマズいのかなぁ」

とつぶやいたのを聞いて、ふたりがどんな関係にあるのか、おおよその察しがついた。丹波は取材で邦子のことを訊かれ、

「え？　心の恋人かって？　肉体的にも恋人だ。オレ、そういうの一切隠すことしないもん」

（『ＦＯＣＵＳ』一九九九年三月二十四日号）

と答えている。二十歳を過ぎると、邦子は現場でのマネージャーの仕事もよく任されるようになった。

　おりしも、丹波は俳優として全盛期を迎えようとしていた。

　丹波が五十代で出演した主な作品は、一九七三年（昭和四十八年）の『人間革命』に始まり、

同じ年の『日本沈没』、七四年の『ノストラダムスの大予言』と『砂の器』、七五年の『Gメン'75』と『新幹線大爆破』、七六年の『続人間革命』と『不毛地帯』、七七年の『八甲田山』、七八年のNHK大河ドラマ『黄金の日日』と映画『事件』、八〇年の『二百三高地』、八一年の『連合艦隊』に至る。まさしく日本映画史・テレビ史に残る大作や人気作品が目白押しである。

日本映画の観客動員数の年間第一位になった出演作は、『続人間革命』に加え、『日本沈没』『八甲田山』『連合艦隊』を合わせて四本にのぼる。

年間第三位になった『二百三高地』では、満州軍総参謀長・児玉源太郎の役を力演して、日本アカデミー賞最優秀助演男優賞とブルーリボン賞助演男優賞に輝いた。

晩年の丹波が自身の代表作をあげるとき、『智恵子抄』や『人間革命』と並んで必ず口にした映画が『砂の器』である。

『智恵子抄』と同様、『人間革命』正続両編もDVD化はされたものの、一般には入手困難な状況が続いている。丹波が「代表作」と自負する映画で、いまも難なく視聴できるのは『砂の器』一作だけなのだ。筆者には、丹波が悲運の俳優に見えてしかたがないときがある。

丹波は、家族や周囲には、

「オレの代表作は『砂の器』だな」

とつねづね言っていた。

森田健作の確信

『砂の器』の主人公の丹波は、ベテラン警部補の役を務め、新米刑事役の森田健作と組んで、東京の国鉄（現・JR）蒲田《かまた》操車場における殺人事件の捜査に乗り出す。

森田は父が元刑事で、しかも映画の舞台と同じ蒲田の警察署に勤務した経験があった。

当時二十四歳の森田が、

「今度、刑事を演るんだ」

と父親に告げたところ、

「刑事ってどういうものか、実際に見てこい。特に、刑事たちの顔や靴をよく見ろ。テレビとか映画でやってるような、かっこいいもんじゃないんだぞ」

と諭され、古巣の蒲田署を紹介された。そこに一週間ほど通い詰め、森田は痛感した。同時期に大ヒットしていたテレビの『太陽にほえろ！』に出てくるような刑事は、ひとりもいない。本職の刑事はあまり目立たず、だが、周囲にいつもアンテナを張り巡らしている。絶えず緊張感を漂わせる彼らの姿を参考にさせてもらい、役作りに励んだ。

丹波も、「出世には無縁の泥臭い刑事」という役柄に本腰を入れた。森田によれば、遅刻もセリフの怠りもまったくなかった。それどころか、森田のほうがセリフをうろ覚えで、〝アフレコ〟の際、画面の口の動きと台本のセリフとがなかなか合致しない。

「森田君、もうちょっとセリフを覚えたほうがいいよ」

と丹波に注意され、

「はい、気をつけます」

とあやまった。丹波からそんな説教を食らった俳優など、森田くらいだろう。

脚本を担当したのは、『人間革命』の橋本忍と、すでに『男はつらいよ』シリーズで名をあげていた山田洋次のコンビだった。執筆に一年半もかかった『人間革命』とは打って変わって、わずか三週間で仕上げた。松本清張の原作には数行の記述しかない、ハンセン病患者の父とその子の道行きを、脚本では大きな山場に改変した。

橋本は撮影現場にもよく顔を出した。監督は『張込み』『ゼロの焦点』『わるいやつら』などの〝清張もの〟を得意とする野村芳太郎、撮影は大島渚監督の『青春残酷物語』と『日本の夜と霧』で注目された川又昂《たかし》である。三人の名手が勢ぞろいした現場は、いやがうえにも熱気が高まり、森田は出演者でありながら、

「これはヒットするんじゃないか」

と胸が高鳴った。

俳優もスタッフも、ワンシーンごとに全員が神経を集中させている。その度合いが過ぎたのか、丹波が「被害者の三木謙一は」と言うべきところを、

「被害者の三木のり平は」

と口走っても、相手役の森田だけでなく、監督はじめスタッフの誰も気づかない。森田の話では、問題の発言は夜の居酒屋の場面で、監督の指示に従いビールをぐいぐいあおっていたせいで、丹波もつい酔っぱらってしまったのではないかという。

映画は、殺人事件の容疑者として、新進気鋭の作曲家が浮かびあがり、過去と現在とが錯綜しながら終幕へと向かう。

加藤剛が、過去をひた隠しに隠す作曲家を好演している。彼はなぜ、命の恩人であるはずの、緒形拳扮する元・巡査「三木謙一」を殺害せざるをえなかったのか。

謎解きをする捜査会議での丹波の独白と、加藤がオーケストラをバックに新曲『宿命』をピアノで演奏する姿と、さらに少年時代の加藤が、父親とふたり、白装束の〝お遍路さん〟姿で故郷の北国の寒村を離れ、行く先々で物乞いをしつつ旅する場面とが交差する。

父親を演ずるのは、老人役を十八番《おはこ》にしていた加藤嘉《よし》である。

かつては「不治の病」と恐れられたハンセン病に冒され、幼い我が子ともども、石もて追わるるがごとき放浪を続けた末、島根県・奥出雲の山村に辿り着き、人情家の三木巡査に助けられる。父子の過酷な旅路が、日本の四季折々の美しくも厳しい自然を背景に描かれる。ふたりは、ときに満開の白梅の花に囲まれ、ときに一面の深い雪に行く手を閉ざされる。

六十一歳の加藤嘉は、全身全霊を傾けてハンセン病患者になりきろうとした。

自宅でも、顔の皮膚の生命感を消そうと、頭からストッキングをすっぽりとかぶりつづけた。両足の踵《かかと》だけで歩いて、病者の歩行の困難さを骨身に沁み込ませようとした。いつものことではあるけれど、家族で街に出かけても、無意識のうちに老人にばかり目をやっていた。娘の加藤千代は、家庭では子煩悩で、よくはにかんだ笑顔を見せる父が、スタジオに入るや口数が少なくなるのをしばしば目にしていた。彼女が周りの人とおしゃべりをしているだけで、急に怒鳴られたこともある。

いざ楽屋で顔にドーランを伸ばしはじめると、父は怖いほど鋭い目つきになる。広い額に青筋が立つ。とりわけ『砂の器』の「あのシーン」の直前には、いっそう無口になり、神経を張り詰めていたにちがいない。父は「私生活をいっさい断ち切りたい」と言って、撮影現場の中には付き人もマネージャーも近寄ることさえ許さなかった。

「あのシーン」とは、丹波が、すっかり年老いて療養所で暮らす、容疑者の父親「千代吉」役の加藤嘉をついに捜しあて、膝を突き合わせて対面する場面である。

丹波は千代吉に、いまや将来を嘱望《しょくぼう》される作曲家となった美青年・加藤剛の写真を手渡す。車椅子に座り、首に包帯をぐるぐる巻きにした病衣姿の千代吉は、病でこわばった指先に写真をはさみ、かろうじて開いている片目を見ひらいて凝視する。それは、生き別れになった愛しい我が子が成長した姿にほかならないのだが、刑事の意図を敏感に気取った老人は、知らぬ存ぜぬで押し通す。

「こんな顔の人は知らない？」

「は、は、はい」（唇を震わせる）

「じゃあ、見たこともないんですか？」

「は、は、はい」（きつく目をつぶって、ふりしぼるように言う）

「それじゃあ、この人によく似たような人は？　たとえばあなたがよくごぞんじで、六つか七つの子どもをこの青年にしてみたとしたら、それでも心当たりはありませんか？」

　橋本忍と山田洋次のシナリオは、こう続く。

〈千代吉「ウーウーウーッ‼」

　手を机の上に置く。だが、耐えきれない。ガバッと写真の上に身を投げ出す。千代吉、泣く。

　悲痛に泣く。五体を震わせ、波立たせ、激しく慟哭《どうこく》する。そして、声を振り絞って叫ぶ〉

（『日本名作シナリオ選　下巻』、振り仮名は筆者）

「うっ、うっ、うっ、あ〜っ‼　そ、そ、そんな人、知らねぇ〜‼　あっ、あ〜っ‼」

（歯の欠けた口を開けて号泣する）

　森田健作は、自腹を切って『砂の器』を映画館で五回は観た。観るたびに、この場面で落涙した。暗い館内で目を潤ませながら、

「この刑事の役ができるのは、丹波さんしかいない」

と確信した。スクリーン上の丹波には、赦《ゆる》しと哀惜の情が満ちている。

「あの捜査会議で、涙をハンカチでぬぐうところも、丹波さんじゃないとダメなんだ。丹波さんが存在したのは、ああいう演技ができるからこそなんだ」

と声を大にして言いたかった。

「自分のセリフに感動しちゃって」

森田ら刑事たちの視線を一身に集めながら、丹波は捜査会議でひとり起立する。千代吉が、殺害された三木・元巡査とだけは長年ひっそりと文通を続けていた事実を、おもむろに明かす。

丹波は続けて、手紙に記されていた、

「(我が子に)死ぬまでに会いたい」

「ひと目だけでもいいから会いたい」

という老父の痛切な願いを、刑事たちに伝える。緊迫感あふれる室内に、丹波の朗々たる声が響く。

「千代吉はただただそれだけを書き綴り、三木は『あなたの息子は見所のある、頭のいい子だから、きっとどこかで立派に成長しているだろう』」

胸にこみあげてくるものを抑えきれず、丹波の表情がゆがむ。

「『そして、そのうちに必ず、必ず、きっと会いにくるに相違ない』、繰り返し、繰り返し、

「繰り返し、繰り返し……、このように慰めています」

「繰り返し、繰り返し」と語調にめりはりをつけて訴えかけ、丹波はハンカチで目頭を押さえる。

同僚の刑事役の丹古母鬼馬二《たんこぼきばじ》は、すぐ隣の席から丹波を見上げていた。

「ふつう刑事があんなに感情を込めてしゃべることはないし、泣いたりもしないだろう」

と思ったが、熱い胸の内を隠しきれない丹波の人柄に好感を持った。

野村芳太郎監督は終始、柔らかな物腰を崩さず、

「丹波さん、それ（いま撮影した演技）いただきます。キープしときますから、もう少しドライでお願いします」

と言葉をかける。撮りなおしは合計六、七回に及び、そのたびに十分から十五分の休憩時間が入る。丹波が涙目になって、元に戻るまでに時間がかかったためだ。

丹古母は真横から見ていて、

「丹波さん、頑張ってちょうだいよ。どうか泣かないで、泣かないで」

と祈るような気持ちになった。それなのに毎回まったく同じところで、まったく同じように丹波は涙を流す。結局、完成作品では、最後の撮影場面が使われた。

丹波自身は、それから三十年近く経ったのちのインタビューで、

「自分のセリフに感動して、声が詰まって出なくなるんだよ。最初は監督が難しい顔してる。

セリフ忘れたんだと思ってるんだね。でも大事な場面だからそんなことはない。最後まで演じるためには、感情を抑えないといけない。俳優は気持ちの動くままではなく、芝居も加わんないといけないと、妙なことを発見した映画だね」

と苦笑した（『毎日新聞』二〇〇二年九月十七日付夕刊）。

丹波は丹古母が気に入ったらしく、十数年後テレビドラマのロケで長崎県の五島列島を訪ねたおり、撮影の休日にふたりだけで釣りに出かけている。

前夜、島の公民館で「大霊界」をテーマに講演会を開いた丹波は、それこそ全島民が集結したかのような盛況と、奥田瑛二や原田美枝子ら共演者の飛び入りにも気をよくして、朝からすこぶる機嫌がよかった。実のところ、丹波の顔をつぶしてはいけないと、マネージャーがテレビのスタッフたちに頼み込み、動員をかけてもらった成果なのだが、本人には知らされていなかった。

空は秋日和《あきびより》で、海も穏やかに凪《な》いでいる。このとき六十四歳の丹波は、小型漁船の舳先《へさき》に立ち、

「おお、自然はいい！　人間として生まれてよかった！」

と歓声をあげている。少しよろめいたので、丹古母が思わず、

「ああっ、落ちる、落ちる！」

とあわてても、

構えている。


「大丈夫、大丈夫！」

と気にもとめない。釣り場に着いても、準備は丹古母に任せきりで、目を細めたまま悠長に
「おとうさん、したく、したく、早くやってよ！」

丹古母は丹波を「おとうさん」と呼ぶようになっている。

「丹古母、おまえがやれぇ〜！」

「おとうさん、見ててよ。エサはこうやって胴付きにつけるの」

複数の針が仕掛けについているのが「胴付き」である。

「なにぃ、どうつき⁉　胴を（刀で）突くのかぁ、斬るのかぁ⁉」

丹波は、おおげさに刀を振るうまねをする。

「おとうさん、時代劇じゃないんだからさぁ。これが胴付き、覚えといてよ」

その後も、丹波は船べりの一ヵ所に陣取ったまま動かないから、まるで〝引き〟がない。対照的に〝入れ食い〟状態の丹古母に、

「おーい、丹古母、あんまり殺生《せっしょう》すんなぁ！」

と悔しがる。半日経っても丹波は釣れず、

「きょうは引きませんでしたねぇ」

と丹古母が慰めると、

「いやぁ、殺生はするもんじゃない」

と再び負け惜しみを言った。

悪役が多かった丹古母は、丹波から、

「そんな悪い顔におまえを生んでくださったご両親に、おまえは感謝しなくちゃいけないぞ」

と、けなしているのか励ましているのかわからないようなことを言われたが、心外には思わなかった。

丹古母は、丹波と同じく、三船敏郎にもいい思い出しかない。

三船主演のテレビ時代劇に出演したとき、丹古母は百姓一揆を起こす百姓の役で、真冬の曇天下、他の百姓役の面々と、素足に粗末なわらじの格好でがたがた震えていた。それを見た素浪人姿の三船は、衣装部の担当者を呼び出し、

「足元は映らないんだから、みなさんに足袋《たび》を用意しなさい」

と指示して、百姓役全員に時代劇用の足袋を履かせてくれた。大部屋出身の百姓役たちはみな恐縮し、感激した。

三船プロダクションから来る仕事は、毎回至れり尽くせりでありがたかった。ギャラは即座に払ってくれるし、端役に配られる仕出し弁当も当たりはずれがなくウマかった。

ある日、東京・世田谷の三船プロを訪ねると、事務所の外で、ホウキとチリトリを手に黙々と掃除をしている中肉中背の男性がいる。丹古母が、芸能界のしきたりどおり、

「おはようございます！」

と元気よく挨拶したら、

「ご苦労！」

と言われ、聞き覚えがある声に顔を見ると、三船敏郎その人でぶったまげた。

「やっぱり頭《かしら》になる人は違う」

丹古母は、丹波にも共通する〝大物〟の人柄の良さに触れた気がした。

『砂の器』の公開から十四年後、加藤嘉は、脳内出血により七十五歳で急逝した。

葬儀には森田健作も参列し、白いカーネーションを霊前に捧げた。丹波はワイドショーなどの報道陣につかまったが、サービス精神旺盛なところを見せて、

「僕は役作りに非常に不熱心なんだが、加藤さんの場合は、ほぉーんとに熱心だったね。もうこんな人、出ないよ」

とコメントした。マネージャーには、

「あの映画じゃ、オレは嘉さんが一番いいと思うんだ」

と加藤の演技を称《たた》えた。

葬儀が行われた寺の境内には、『砂の器』の主題曲『宿命』が、何度も何度も流されていた。加藤はこの曲を、自分を勇気づけてくれる応援歌のように思い、自宅でもサウンドトラッ

クのレコードを繰り返し聴いていた。

加藤の墓所を調べていた筆者は、偶然の一致に驚かされた。加藤の遺骨は、丹波の遺骨と同じく、東京・府中市の多磨霊園に埋葬されている。おまけに、加藤家と丹波家の墓の隔たりたるや、筆者の歩幅でちょうど百歩ほど。広大な霊園の中で、文字通り目と鼻の先に位置しているではないか。泉下でもふたりは、膝を突き合わせるかのようにして眠っていた。

そのおよそ百歩の道すがら、大きなカラスが黒土《くろつち》の上で前のめりに死んでいるのを見た。不吉さや不気味さは微塵《みじん》も感じられない。まるまる太って、羽の色艶《いろつや》も悪くなかった。

死とは存外こんなものなのかもしれない。カラスの死に様は、〝生〟の即物的な帰結を、あっけらかんと見せつけているかのようだった。

芝居は顔じゃないんだよ

『砂の器』を頂点とする全盛期の丹波に、一番近くで最も長く接した人物が、付き人の原田君《くん》事《じ》である。

「留《と》めのスター」

丹波には、そんな異名があった。

映画のクレジットで出演者名が次々に映し出され、最後の、業界用語で言う〝留め〟に「丹波哲郎」の名前が現れる。にわかに画面が引き締まり、映画に箔《はく》がつく。「スケール感が増す」ともいわれ、特に「超大作」と銘打たれた映画には欠かせない存在となっていた。

原田は、全盛期の丹波が出演した映画のほぼすべてに、端役で顔をのぞかせている。クレジットに名前が出ることもあったが、ノン・クレジットのほうがはるかに多い。

勝新太郎の『座頭市』シリーズで知られた京都出身の三隅《みすみ》研次監督に、

「おっさん、どこの役者や？」

と訊かれ、丹波の名を告げたら、

「なぁんや、『タンテツ』のとこかいな」

一瞬で表情がなごんだのは、三隅の作品にも丹波は何度か出演してきたからだ。

「監督、だから抱き合わせでキャスティングされたんやないですか」

「おまえ、『抱き合わせ』って自分で言うのか。おもろい男やなぁ」

こんなふうに丹波の名前が、役者渡世の〝通行手形〟になった。

生まれも育ちも神戸の原田は、若い頃かなりの〝ヤンチャ〟で、山口組組長の「妾腹《しょうふく》」を自称する男とつるんでいた。高校ボクシングの経験もあり、腕っぷしには自信があった。石原裕次郎に憧れて役者になったが、いつまで経っても鳴かず飛ばずで、大部屋にたむろしたり、池部良や中丸忠雄の付き人をしたりしていた。

〝ポン友〟の佐藤蛾次郎が『男はつらいよ』の寺男役で売れたあと、入れ代わる形でスナックの従業員をしていたとき、丹波のマネージャーから電話が入る。丹波が『人間革命』のロケで日蓮正宗総本山の大石寺に出向かなければならないのだが、マネージャーが急用で行けなくなった。代わりに静岡の富士宮まで同行してもらえないかというのである。

あいにく原田はクルマの運転ができない。スナックの深夜勤を終え、仮眠をとる間もなく杉並の丹波邸に駆けつけて、まずそのことを詫びた。すると丹波は、

「原田なぁ、おまえが寝ないで来てんのはわかってる。横で寝てていいよ」

さりげなく愛車の助手席に座るよう促した。

原田は、たちまち魅了されてしまった。付き人をしている友人や知人は何人もいるが、こんなに思いやりのあるスターは見たことも聞いたこともない。たいていのスターは付き人など眼中になく、いつでも交換可能な部品のひとつのように扱うのが当たり前なのだ。

京都の旅館で演技のアドバイスをされたのも、原田には新鮮な驚きだった。

「おまえの芝居を見てると、まったく冷や汗が出てくるよ。あのなぁ、芝居は顔じゃないんだよ。おまえの芝居は、カメラが来ると、自分の顔を意識して、（歌舞伎の花道の）七三で見得を切るみたいに構えるだろう？　そういう意識を、まず忘れなくちゃいけないよ」

業界入りしてスターに初めてまともに相手をしてもらえたと感じた。だから、『人間革命』の撮影が終わる間際に、

「おまえ、丹波プロに来いよ」

と直接さそわれたとき、一も二もなく飛びついた。

『人間革命』でセリフのない創価学会員の役をあてがわれた原田は、以来、丹波が映画やテレビの撮影におもむく際には、付き人兼俳優としてお供するようになる。

記録的な大ヒットになった『日本沈没』では、総理大臣役の丹波が、祖国の危機に瀕して涙する場面に、撮影カメラのすぐ近くから見入った。

1973年8月、映画『日本沈没』の製作発表会見（共同通信社提供）

監督の森谷《もりたに》司郎が、割れ鐘のような声で、

「静かにぃ‼」

と怒鳴る。たちどころにスタジオは静まりかえり、全員の視線が丹波に注がれる。原田は息が詰まり、時間がやたらに長く感じられる。そのうち視線の先にいる丹波の表情が不意にゆがんで、涙があふれ出す。涙はとめどなく流れ落ち、鼻水まで垂れはじめる。「カット‼」の声が響きわたったとき、原田は全身に鳥肌を立てていた。

完成した『日本沈没』を観ると、丹波の目に涙が一杯になる程度で、原田が目撃した号泣の演技は採用されていない。やはりオーバーアクションと受け取られたのか。だが、映画評論家の樋口尚文《なおふみ》は、日本列島がすさまじい地割れと津波に見舞われ、轟然と海に沈んでいく場面ではなく、「丹波哲郎が目を真っ赤にして涙をためている」姿こそが、「少なくとも富士山噴火の特撮よりも強烈なインパクトで『日本を沈めきった』」と評した（樋口尚文著『「砂の器」と「日本沈没」70年代日本の超大作映画』）。

『砂の器』と同じ野村芳太郎監督の『事件』では、裁判長役の佐分利信《さぶりしん》と検事役の芦田伸介を相手に、また新たな境地を開いた。飄逸《ひょういつ》な人間臭さを醸し出しつつ、硬軟とりまぜた論法で食い下がる百戦錬磨の弁護士役を、巧みに演じきった。

傍聴人役のひとりの原田は、丹波が自分より年長の佐分利と芦田に、カメラが回っていないところでも別々の対応をしているのを見て、最初のうちはその意図がわからなかった。貫禄十分の佐分利には、スタジオ入りしてすぐ、

「先輩、ご無沙汰してます」

と挨拶しに行ったのに、渋い演技派の芦田には遠くから会釈しただけで、撮影の合間、息抜きに入った喫茶店でも、

「芦田には負けない」

と対抗心をあらわにする。

このとき芦田は六十歳、丹波は五十五歳である。五年前の『人間革命』ではうるわしい師弟の役を演じたふたりが、今回は検事と弁護士の役に分かれて、撮影前から虚々実々の駆け引き

をくりひろげている。リハーサルでも、わざとNGを出したり、茶々を入れたりして足を引っ張りあう。ベテランの名優同士が、おどけたふりをして周りを笑わせながら、胸の奥の役者魂をぶつけ合っている様は、実に見応えがあった。

鶴田浩二とのやりあいも、業界ではもはや〝伝説〟になっている。

昭和二十年代後半の鶴田は、あらゆる男優の中で最高の人気を誇り、ブロマイドの売り上げでも他を寄せつけなかった。年は丹波より二歳下だが、映画スターとしての〝格〟では相当な差をつけていた。

あるとき何かの拍子に、それまで丹波を「丹波やん」「丹波ちゃん」と呼んできた鶴田が、「丹波」と呼び捨てにした。途端に、丹波も「鶴やん」を「鶴田」に切り換えて応酬する。撮影所では「大スターの鶴田に丹波が歯向かった」との噂で持ちきりになった。二十代にして芸能界のトップに駆け上がり、肩で風を切る鶴田を快く思わない裏方連中はみな快哉《かいさい》を叫んだ。ここで一歩引いたら、永遠に鶴田の風下にいるはめになると咄嗟に判断した丹波が、思い切って勝負に出たのだと原田はみている。

鶴田は、

「なんでオレが丹波に『鶴田、鶴田』って呼ばれなきゃいけないんだ」

とぼやいたが、鶴田の長女は父の素顔をこう記す。

「私の知っている父は、傷付きやすく、女性的な匂いすら感じさせるほど、もろい神経の持ち主だった。何もかもさらけだして、もう何も恐いものはないと腹をくくって勝負に出られる人では決してなかった」（カーロン愛弓著『父・鶴田浩二』）

本当は丹波にも似たところがあったのだが、『007は二度死ぬ』で脚光を浴びたあとも、

「オレは鶴田に、『おまえは日本のスター、オレは世界のスター』って言ってやったんだ」

とあちこちで言いふらしている。普通なら、これで完全に絶交だが、鶴田はなぜか丹波を遠ざけず、ふたりだけで伊豆へゴルフに出かけたり、丹波邸に麻雀をしに来たりした。

中年になって目尻にシワが増えた鶴田を、丹波が、

「おい、シワじじい」

と呼べば、鶴田も負けじと丹波の顔のシミを指差して、

「おまえだって、シミじじいじゃねぇか」

と言い返す。

東映の任俠映画で共演したとき、丹波が、

「鶴田、おまえ、それ違うぞ」

と、その場で〝演技指導〟を始めたのを見て、居合わせた山城新伍は絶句した。鶴田といえば、シナリオに書かれたセリフを一字一句違わず、完璧に暗記してくることで名高かったからだが、鶴田は怒りもしなかった。

別の映画でまた一緒になった際、セリフを覚えていない丹波とのツー・ショットの場面で、

鶴田がさっとカメラマンに駆け寄り、

「丹波の顔はボカしとけよ」

にやりと笑ったのは、鶴田なりのお返しのつもりだったのか。ふたりのあいだには特別な感情が流れていたようで、丹波が、ある無礼な監督を追いかけて摑みかかろうとした瞬間、共演者の鶴田が丹波の腰にしがみついて必死に引き止めたという逸話も残っている。

丹波が思うに、「スター」とは蜃気楼《しんきろう》のようなものだ。自分の力ではどうにもならないところがあるのだが、鶴田は蜃気楼を自ら造り出し、演出し、保持しようとした。けなげに努力する鶴田の姿が、丹波の目には痛々しく映っていた。

むしろ鶴田と犬猿の仲になったのは、急速に伸《の》してきた高倉健である。

鶴田を兄貴分と仰いでいた松方弘樹と、高倉に心酔していた千葉真一が、とばっちりをまともに食った。千葉など、映画の撮影中、画面に映らないところで、鶴田に激痛が走るくらい足を蹴りあげられている。松方のほうも、出演作の試写会の席上、撮影所長らの面前で高倉に嫌味たっぷりの当てこすりを言われ、そのときの屈辱を死ぬまで忘れなかった。

ところが、丹波は彼ら四人全員と生涯、良好な関係を保っている。

気難し屋ぞろいの世界にいながら、丹波には苦手な俳優がほとんどいなかった。たとえば、鶴田は三國連太郎と口をきかない。宇野重吉とは目も合わせない。彼らが同じ楽屋やスタジオで出くわすと、あいだに入って仲を取り持ったり伝言係の役をつとめたりするのは、決まって丹波だった。

原田は大部屋時代に奇《く》しくも、丹波と松方の初対面に立ち会っている。丹波は、売り出し中の二十代の松方に、頭から呑んでかかるような態度をとった。

「松方、おまえは鶴田そっくりだなぁ。芸能界にふたつ同じツラはいらねぇんだよ」

こんな暴言を吐かれても、松方は丹波を嫌うどころか、逆に懐《なつ》き、丹波が亡くなるまで「ボス」と慕いつづけた。スター同士の人間関係は、原田にはうかがい知れぬところがあった。

『八甲田山』のふんどし男

原田が丹波に、

「一生ついていこう」

と心に決めた出来事がある。関西テレビの時代劇に呼ばれて、陰湿ないじめに遭ったのが、そのきっかけだった。

関西の業界では、映画・テレビの違いを問わず、〝東京もん〟にしばしば露骨な嫌がらせをする。原田もこれまで、衣装部からくしゃくしゃの背広を無言で手渡されたり、メイクに行っても、

「おまえの顔なんか、泥でも塗っときゃええんや」

と小馬鹿にされたりした。

　ましてや今回は、〝いけず〟で悪名高い監督が、台本にあった原田のセリフを取り上げて、斬られ役の俳優にしゃべらせたうえ、演技にもさんざん難癖をつけてきた。少し遅れて東京から合流した丹波に、原田が、

「丹波さんが『オーケー』さえ出してくれたら、オレ、あの監督、ぶっとばしますよ」

　そう直訴すると、丹波は監督に会うなり、

「うちの原田が、えらい世話になったんだってなぁ」

　開口一番、ヤクザ顔負けのどすを利かせた声ですごんだ。これで相手が縮みあがると、撮影に入ってからも、

「いやぁ、どれくらいの芝居ができりゃいいのかなぁ」

などとトボけながら、最後まで監督の注文に応じない。原田は仇《かたき》をとってもらった気がして、うれし涙が滲《にじ》んだ。

　丹波の別の顔を知ったこともある。

　京都でのロケに同行した際、いつもなら、

「原田、メシ食いに行こう！」

と、地元の取り巻きを引き連れて威勢よく出かけるのに、どうしたわけか、原田だけを置き去りにしようとする。原田が気を回して、

「オレ、きょうはひとりで食べますから」

と丹波の背中に呼びかけても、振り向きすらしない。それから一週間あまり、原田が片付かない気持ちでいたら、別の仕事でいったん帰京したのち、また京都に戻ってきた丹波がぼそりと言った。

「原田……、おまえはオレを裏切らないよな」

「どうしてそんなこと言うんですか。裏切るわけないじゃないですか」

原田が心外な口調で抗議しても、丹波は強張った表情を崩さない。どうやら誰かの告げ口を本気にしたらしいのだが、こんな暗い目をした丹波は初めて見た。おそらく以前、この人は心の底から信じていた誰かに手ひどく裏切られ、まだ深い傷を負ったままなのだと、原田は慮《おもんぱか》った。

もうひとつの変事も、やはり食事が発端である。通常、外食は例外なく丹波のおごりだが、その日は持ち合わせがなかったため、原田が五千円を立て替えた。一週間ほど待っても返金してくれないので、それとなく催促したら、思い出したらしく、すぐ返してくれた。

ところが数日後に、京都の日本料理店で一緒に昼食をとっていたところ、丹波が取り巻きに向かって、

「そう言えば、この原田っていうヤツはなぁ、オレがいつもおごってるのに、てめぇでたまに払ったら、あとで『三千円返せ』って言ってきたんだよ」

と原田をからかった。その場では黙っていたが、頃合いを見計らって、

「丹波さん、あれはないですよ」

と不満をぶつけた。

「だって違うでしょ。丹波さんが『立て替えてくれ』って言うから、立て替えたんじゃないですか。それに、『三千円』じゃなくて五千円ですよ」

旅先での丹波夫妻

丹波は、原田が思ってもみない程うろたえた。返答に詰まって、しどろもどろになっている。人前では自分を大きく見せようとしているが、実際にはけっこう気が小さいのではないかと、原田は大発見でもしたような気分になった。

貞子夫人が丹波の本名の「正三郎」をもじって、

「肝っ玉小ちゃん」

と呼んでいたのを、原田は知らない。

貞子夫人は、「ボス」と称された丹波の上を行く「女ボス」に見えた。丹波はいわば『西遊記』の「孫悟空」で、貞子という「お釈迦様」の手のひらの上で飛んだり跳ねたりしていたにすぎないし、貞子なしには、丹波が芸能界であれほど華々しい成功を収めることなど到底できなかったと、原田は断言する。

このお釈迦様は〝救いの神〟でもあった。原田に子どもが生まれると、すぐさま産着セット一式が自宅に送られてくる。仕事にあぶれているときに限って電話をよこし、

「原田さん、元気？　最近、なにしてんの？」

と気にかけてくれる。原田がぱっとしない日常を愚痴《ぐち》ると、

「じゃあ（仕事を）頼んであげる」

それから、さっそく不自由な両足を引きずって、雀卓を囲んでいる夫のところへ向かうのだろう。そこには、プロデューサーの近藤照男や、監督の深作欣二、五社英雄、佐藤純彌ら錚々《そうそう》たる顔ぶれがひかえている。映画会社やテレビ局のお歴々も、入れ替わり立ち替わり現れる。

貞子が誰かに頼めば、仕事が斡旋《あっせん》されないことはまずありえない。あの麻雀のメンツだけで「いますぐ映画の二、三本やテレビのワン・クールができる」と言われた集団を、ごく自然な形でまとめあげていたのは、丹波ではなく貞子だった。

原田がカネに相当困っていたときも、貞子経由で菅原文太主演の『トラック野郎』の〝ちょい役〟をもらい、ひと息ついた。高倉健主演の『八甲田山』での、雪山で発狂して凍死する兵隊の役も、〝貞子コネクション〟の賜物《たまもの》だった。

映画は、明治後期、無謀な耐寒雪中行軍を強行した青森の歩兵連隊が、八甲田山中で遭難

し、二百名近くもの死者を出した史実に基づいている。原田演ずる一兵卒は、豪雪の真っ只中で、突如として軍服を脱ぎ捨て、ふんどし一丁になって、絶叫しながら雪溜まりに頭から突っ込み、壮絶な最期を遂げる。

原田は、誇張ではなく、現実の死も覚悟した。気温零下十五度を下回る野外に、全裸同然の姿で投げ出されたら、心筋梗塞や脳卒中を起こすおそれもある。本番の前日、妻に遺言代わりの電話をかけ、万一の場合は子どもを頼むと伝えた。この妻に遠からず、

「わたし、あなたの芝居を何年も見てきたけど、どう見てもあなたは売れるとは思えない。子どもも大きくなってきたし、もう役者という不安定な仕事はやめてほしい」

と引導を渡され、会社員に転ずるのだが、このときは〝『八甲田山』のふんどし男〟役に命懸けでしがみついた。

言ってみれば、『八甲田山』の五年後に大評判を呼ぶ深作の『蒲田行進曲』を地で行ったのである。あの映画で、売れない大部屋俳優の「ヤス」は、自分だけにスポットライトが当たる、最大の見せ場に初めて起用される。しかし、彼が受け持つのは、時代劇の殺陣《たて》で、およそ四十段もある階段の最上段から一気に転げ落ちる、単なる斬られ役にすぎないのだ。

それまでの冷遇に慣れ切っていたヤスが、下にも置かないもてなしに狂喜したように、原田も特別扱いされて感極まった。監督が熱いコーヒーを〝差し入れ〟してくれる。助監督がグラスにブランデーを注いで持ってきてくれる。待ち時間には、一番暖が取れる〝特等席〟が用意

された。

　スタッフたちからこんなにやさしくされたことはない。このまま本当に死んでもいいと思った。凍傷を防ぐため、裸の全身にワセリンを塗りたくり、「一発オーケー」の決意で本番にのぞんだ。

　ところが、撮影開始の〝カチンコ〟を待つうちに、原田は奇妙な感覚に襲われる。自分が自分ではない、別の何者かになっていくようだ。

　監督やスタッフらが息を凝らして見守るなか、原田は緊張の極みにあって当然なのに、ただぼんやりと物思いにふけっていた。

「ああ、スターって、こういう気持ちなんだな。スターって、やっぱりすばらしいもんだな。丹波さんは、いっつもこんな気持ちでいるんだな」と。

第9章
宿命の少女

50代後半となり、ますます霊界研究にのめり込んだ（1977年、共同通信社提供）

尻に刻まれた「怨」の字

『人間革命』制作発表時の記者会見で、映画『人間、死んだらどうなるか』の自主制作を宣言したあと、丹波はしばらく鳴りを潜めているかに見えた。

芸能マスコミには「いつもの大風呂敷」と片付けられ、じきに話題にものぼらなくなったが、人知れず着々と準備を進めていた。

まずは、『キイハンター』や『アイフル大作戦』などのテレビ番組で一緒に仕事をしてきた監督の佐藤肇に、口頭で腹案を伝え、脚本化を依頼した。だが、書き下ろしにひと月以上かかったわりには、できあがったものがどうにも意に染まない。やむをえず自分で書き直し、丹波邸に麻雀をしに来た深作欣二に、

「おい、今度これをやるから、読めよ」

とシナリオを手渡した。

ところが、深作の反応が煮えきらない。

「『やるよ』って言っても、オレはむずかしいぜ」

「何がむずかしいんだ？」

「カネぐりがむずかしい」

「カネはオレが出すんだ。おっちゃんが出すわけじゃねえよ」

そのころ、丹波は年下の深作を「おっちゃん」と呼ぶようになっている。深作からの「オジさん」呼ばわりに対抗したものか、あるいは、深作の妻で女優の中原早苗が、浮気者の亭主を「オジさん」と突き放して呼んでいたのに感化されたものか。中原も、丹波邸での麻雀の常連客である。

深作は、

「いやいや、オレは東映にカネ借りてて、今度、一本やらなくちゃいけないから、そっちを優先するんだ」

と返答した。丹波はカチンときた。

「そうか、おまえは東映の借金を優先して、オレとの友情をあと回しにするんだな。そんな奴のツラも見たくねえから帰れ！」

字面《じづら》こそ険悪だが、ふたりのあいだではよくある無遠慮な物言いで、深作も、

「それじゃやな」

と、あっさり帰ってしまった（キネマ旬報臨時増刊『映画監督　深作欣二の軌跡』、一部を会話調に改変、以下同じ）。

そこで、ほかの監督に打診したものの、色よい返事が得られない。最後に行き着いたのが、東京12チャンネル（現・テレビ東京）の連続ドラマ『プレイガール』の監督を持ち回りでつとめていた、三十代半ばの原田雄一である。原田も麻雀仲間だった。

ただ、若手の原田には映画監督の経験がない。自称「オカルト・ファン」だが、霊界に関する知識は乏しいから、丹波がアドバイザーとアクション・シーンの監督も兼任することになった。

映画の〝ロケハン〟が済み、原田たちとまた自宅で雀卓を囲んでいると、深作から電話が入る。

「これから行くよ」

「いいよ、来なくても」

「行くよ、行くよ」

押しかけるようにやって来たが、玄関のところで、

「犬！　犬！」

と騒いでいる。深作は、犬が大の苦手なのである。

丹波邸には、まるで熊の弟みたいな黒毛の大型犬もいた。ふだんは放し飼いだったので、クサリや柱につなぐようにしてくれと、深作はおっかなびっくり訴えている。

犬が飛びついてこないのを確かめたうえで、麻雀部屋に入ってきた。挨拶もそこそこに、

「このあいだの脚本《ホン》な、読んだんだけど」

と切り出す。

「あれから一ヵ月以上経つのに、いまごろ読んだのかよ⁉」

「（あのホン）面白ぇじゃねえか。オレがやるわ！」

「『オレがやるわ』じゃねえよ。おまえが『むずかしい』って言うから、原田がやるってことに決めて、ここにいるんだ」

「そうか……」

深作は急にしゅんとなってしまい、しばらく麻雀をながめていたが、黙って姿を消した。

もし深作がメガホンをとっていたら、その後の展開も変わっていたろうにと、丹波は残念がった。というのも、本作を手始めに「死んだらどうなる」を主題とする映画を何本も作るつもりでおり、〝ライフワーク〟として世に問う心算があったからだ。

映画のタイトルは、『砂の器』になぞらえて『砂の小舟《おぶね》』と決めた。どうして「こぶね」ではなく「おぶね」と読ませたのかは、あとでふれる。

物語は、ひとりの純真な少女が、美少年とふたりで、浜辺の砂の中から古びた丸木舟を掘り出すところから始まる。

少女の尻には、なぜか「怨」の字の烙印を押されたような痣《あざ》がある。少年は、生まれつき耳は聞こえるけれど口がきけない。

彼らが海に乗り出した途端、乗っていた小舟ごと岩場の洞門に吸い込まれ、どこまでも続く暗黒の洞窟を経て、八百年前の鎌倉時代に連れ戻されてしまう。ふたりは、源氏の流れを汲む姫君と若様として生きている。

この前世で、平家の怨念による地獄めぐりのような数々の試練に見舞われるが、かろうじて現世に還り、また小舟の上で目覚めると、少女の尻の痣は消え、少年は言葉を話せるようになっている。最後は、美しくも物悲しい夕陽が沈む沖合に向かっていく無人の小舟を、ふたりがいつまでも手を振って見送るシーンで終わる。

丹波の言によると、「輪廻転生《りんねてんしょう》の真実」を「おとなのメルヘン」のような「映画詩」に仕立てた物語である。

「ま、詩であるからには、わきでるごとく、噴きあげるごとく、やむにやまれず作りあげた、というわけですな」（『サンケイ新聞』一九八〇年五月十九日付）

主演の純真な少女と姫君の一人二役には、二十歳になったばかりの「ポー」こと東島邦子が指名された。

文字通りの大抜擢だが、全裸になるシーンがあると原田監督から告げられ、邦子は激しく動揺する。出演辞退をほのめかし、丹波の説得にも応じなかった。

監督は丹波と話し合った末、あらためて主役のオーディションをおこなった。応募してきた女優全員に、丹波や原田の前で全裸になってもらい、候補者をしぼりこんでいたさなか、邦子が突然、

「やっぱり、私、やります」

と前言をひるがえした。

そのとき、

「いまさらなによ！」

と怒り心頭に発したのが、貞子である。

貞子は、当然のことながら、邦子にべったりの夫も、マネージャー然として夫から離れようとしない邦子も気に入らなかった。

丹波プロにはれっきとしたベテラン・マネージャーがおり、万事遺漏なく段取りを整えているからこそ、ずぶの素人の邦子でも無難に業務がこなせるのだ。それに、すべての大前提には、夫妻が二人三脚でつくりあげてきた「丹波哲郎」というブランドがある。自分の実力を勘違いした邦子が〝いいとこ取り〟をしているようにしか、貞子の目には映らなかった。

貞子には、「売れない頃から丹波をずっと支えてきたのは私」という自負もある。夫が霊界研究やその広報活動に前のめりになればなるほど、俳優業がおろそかにされてしまうのではないか。邦子が夫をそそのかしているとまでは言わないけれど、足を引っ張っているおそれはあるように思えた。

こと「霊界」と「女性」に関しては、いくら夫に言っても無駄なのは、長年の経験からわかりきっている。たぶん貞子なりに譲れない一線のつもりで、邦子をもう二度と自宅には招かないようにしてもらいたいと伝えた。丹波も不請不請《ふしょうぶしょう》受け入れざるをえなかったが、それからも毎日のように外で邦子と会うことはやめなかった。

さて、『砂の小舟』の「小舟」を「おぶね」と読ませた理由は何か。過去の資料でも筆者の関係者へのインタビューでも、丹波の言及はまったく見受けられない。

推測の域を出ないが、『古事記』の仁徳天皇御製《ぎょせい》、

「沖へには　小舟連《をぶねつら》らく　くろざやの　まさづ子吾妹《こわぎも》　国へ下らす」

の「袁夫泥」からではないか。「袁夫泥」は「小舟」の当て字である。「小舟が連なる沖合に向かって、わが愛しき妻の乗る小舟は故郷へと帰っていく」といった意味の恋歌《れんか》だ。

恋多き仁徳天皇には、皇后のほかに寵愛する若い側室がいた。皇后の嫉妬を恐れた側室は、天皇のもとを去り小舟で帰郷してしまう。それでも皇后は怒りを鎮めるどころか、夫の余計な恋歌のせいで、火に油を注がれた形になった。わざわざ使いを送って側室を小舟から下ろし、陸の難路で帰らせたという。

密教の秘儀

丹波の自主制作映画とはいえ、『砂の小舟』には、業界人なら誰もが驚く、贅沢な顔ぶれが関わっていた。

撮影監督には、アラン・ドロンの『太陽がいっぱい』で知られるアンリ・ドカエが起用された。

海外での配給は、『007は二度死ぬ』の監督のルイス・ギルバートを通じて、「カンヌ映画

祭の王様」で通っていたアーヴィン・シャピロに依頼した。

編集担当は、日本を代表する編集技師のひとりと目される浦岡敬一である。丹波とは『智恵子抄』と深作の『軍旗はためく下《もと》に』で組み、のちに『愛のコリーダ』『復讐するは我にあり』『東京裁判』といった名だたる作品を手がけた。

映画全編に流れる近未来風の楽曲は、シンセサイザーでの斬新な音楽世界を切りひらいたバッハ・リヴォリューションによるものだ。

封切り時には、劇場の最前列に仲代達矢や勝新太郎らが陣取って、丹波の舞台挨拶を見守った。

その一方で、試写を観せられた東宝や松竹、東映の担当者たちは、首をかしげて、「不思議な映画ですね」とか「変わった映画ですね」と言葉を濁す。こんな映画評もある。

「役者が自主映画を作ると、どこか思い込み過剰になる。それが常である。ある場合は、ふだんの仕事に対する欲求不満のはけ口として自ら映画を撮ってみたりする。量産体制の中ではなく、長年あたためていた企画をしみじみと作ってみたりするものだから、フィルムに妙な手ざわりが残る」（『週刊サンケイ』一九八〇年六月二十六日号）

正鵠《せいこく》を射ているというほかはない。丹波へのインタビューもまじえた、長めの人物ルポの末尾には、「文・犬塚進」と小さく印字されている。『江夏の21球』を世に問うたばかりの、山際淳司の本名である。

「主演の少女ばかりが妙に気になる。彼女は映画に出るのは初めてのはずだ。そして主演している。『演技している』『芝居している』というよりも、むしろ生々しい女性がそのままの形でフィルムに焼きつけられたという感じでもある」（二重カギ括弧は筆者）

「津奈美里《つなみり》ん」の芸名で出演した邦子は、まさに「生々しい女性」として、見る者の前に投げ出されていた。彼女の出演場面の半分以上が、一糸まとわぬ姿なのである。

おまけに、これでもかこれでもかといわんばかりの責め苦が襲いかかる。催眠術をかけられて若様との性交を強要されるが、その企みが失敗に終わると、頭を剃られ丸裸にされたうえ、臀部《でんぶ》に「怨」の字の焼きごてを押されて悲鳴をあげる。源義経のものとされる髑髏《どくろ》で陰部を隠しながら山野を逃げまどう。痩せ型の裸体の上に、形のよい青々とした頭が載り、鎖骨がくっきりと浮かび出た様は、およそエロティシズムとは程遠く、見るに忍びない。しまいには、山賊どもに舌を切断されて口から血を流す若様の面前で、彼らに輪姦されてしまう。

こうして少女の尻の痣と、少年が唖者である由縁が明らかにされるが、一連の描写には、突き放すような嗜虐《しぎゃく》の視線が感じられる。

物語を仕切るのは、丹波扮する大僧正姿の「倶利加羅《くりから》」という怪人物である。不動明王の変《へん》化《げ》した姿の「倶利迦羅龍王」に由来しよう。

密教の中でも、「立川流」という特異な一派の儀式が、『砂の小舟』ではおどろおどろしく映像化されている。

立川流は、平安時代末期の十二世紀初頭、武蔵国立川（現・東京都立川市周辺）の陰陽師《おんようじ》によって広められ、十四世紀前半の後醍醐天皇の時代に大流行した。男女の交合を即身成仏《そくしんじょうぶつ》の秘術とする点が、際立った特徴である。それゆえ「淫祠邪教《いんしじゃきょう》」とみなされ、江戸時代には幕府の厳しい取り締まりを受けて衰退の一途をたどり、現在は絶えて久しい。

映画でも、百二十人もの男女が性交の際に生じた愛液を、女性が手ですくいとり、ひとりずつ源義経の髑髏に塗りたくるグロテスクなシーンがある。丹波の倶利加羅は、姫君に催眠術をかけ、若様との初体験を迫るが、予想外の反撃に遭って呆気なく頓挫する。

丹波は、こういった密教立川流の秘術を現代に蘇らせ、その渦中に邦子と自分を投げ込むことを狙ったのではないか。怪僧・倶利加羅は、丹波の秘められた欲望をかなえる自らの化身のようにも見えてくる。

一億二千万円をつぎ込み

唖者の美少年と若様の二役を演じた林田《はやしだ》昭彦は、一時期ジャニーズ事務所（現・SMILE-UP.）に所属したタレントで、映画出演時には東京・中野にある堀越高校の「芸能活動コース」に通っていた。

同級生にのちの俳優・真田広之がおり、ジャニーズ事務所ではフォーリーブスの北公次と仲が良かった。

中学一年生のとき、フォーリーブスのコンサート会場で出くわしたジャニー喜多川からじきじきにスカウトされたが、合宿所に入るとすぐ〝少年愛〟の標的になった。夜《よ》な夜な忍んでくるジャニーから身を守ろうと、就寝前には必ず部屋の内鍵をかけ、ノックも無視した。次第に事務所内で冷遇されだし、退所に至らざるをえなくなった。当時は知らなかったが、北公次も、ジャニーによる性虐待の犠牲になったと、退所後タレント生命を賭けてマスコミに告発している。

『砂の小舟』への出演が決まった経緯は、いまとなっては判然としない。出演料が三百万円で、そんなにもらえるのかと驚いた。

むろん「丹波哲郎」の名は知っていたが、これから出演する作品がどんな内容で何の役をするのやら、さっぱりわからないまま丹波に会いに行った。ひと目で気に入られたらしく、「ぼうや」の愛称でかわいがられるようになる。林田は、まだ十八歳の高校三年生だった。

映画の中で全裸になるのも丸坊主にされるのも、ほとんど抵抗感はなかった。俳優とはそういうものだと割り切っていた。むしろ意外だったのは、丹波がオーダーメイドの高価なカツラをプレゼントしてくれたことだ。それまで長髪にしていた林田の髪型に合わせて作られたもので、細やかな気配りに胸が熱くなった。

じきに周囲に合わせて、丹波を「ボス」と呼びはじめる。

「ボス、ちょっといいですか」

と話しかけると、

「なんだい、ぼうや」

と答えてくれる。丹波の対応は終始丁寧で、怒られたことも不機嫌なそぶりを見せられたことも一度もない。

ロケは島根県の隠岐諸島《おきしょとう》を皮切りに、佐渡島や奥多摩、伊豆半島など各地でおこなわれた。

佐渡島では、たまたま篠田正浩監督と岩下志麻や原田芳雄らが『はなれ瞽女《ごぜ》おりん』の撮影に来ており、旧知の丹波や俳優・スタッフらと合同で大宴会を開いた。丹波はふだん朝鮮民謡の『アリラン』をよく口ずさんでいたが、宴会では披露しなかった。

別の宴会では、丹波の付き人の原田君事が、だいぶ前に流行《はや》った『愛と死をみつめて』の、

「まこ…

甘えてばかりで　ごめんネ
みこは…　とっても倖せなの」

という歌詞の「まこ」と「みこ」を猥語に替えて歌い、丹波らを爆笑させた。

佐渡島は貞子夫人の出身地で、親戚や知り合いが多く、ロケの許可やエキストラの募集でも便宜を図ってもらった。

「女房殿の遠縁に、二・二六事件の北一輝がいてなぁ。あれも佐渡の出だよ。女房殿の兄貴は、東大法学部在学中に一発で司法試験に合格した大秀才で、冤罪事件の島田事件を無罪にし

たんだ。あの一家には頭がいいのが多いんだよ」

丹波の女房自慢を、佐渡島にいるあいだに聞かされなかった俳優やスタッフのほうが少ない。

ロケの期間は、ちょうど『Gメン'75』(以下『Gメン』と略)が軌道に乗り、ほかにも映画やテレビの仕事が引きも切らない時期にあたる。一週間のうち三日間は隠岐諸島や佐渡島のような遠隔地にいられても、四日間は『Gメン』などの仕事で東京に戻らざるをえない。丹波がいなければ何も始まらず、撮影も休止になってしまう。

丹波が負担した制作費の総額は、およそ一億二千万円にのぼった。『Gメン』のギャラが一本四百万円だから、三十本分のギャラを全額つぎ込んだことになる。

丹波の姿勢は真剣そのものだった。密教立川流の乱交のシーンで悪ふざけをする男優には、

「おまえはオレの作品をなんだと思ってるんだ！　オレの映画をめちゃくちゃにするのか！」

と顔を真っ赤にして怒鳴った。俳優やスタッフたちは、

「趣味で作っているとばっかり思っていたけど、よっぽど作りたかったんだな」

と妙なところで感心していた。

だが、丹波の思うようには事は運ばない。

撮影監督のアンリ・ドカエは、はるばる佐渡島にまで足を運んだものの、丹波によると「主演の女の子が、演技経験も無いうえ、ハダカにされ、犯され、頭をツルツル坊主にされる役

に、ビビってしまい」（前出『サンケイ新聞』）、途中で降板を申し出た。ドカエには八週間分のギャラを渡して、丁重にお引き取り願い、代わりに「日本テレフィルム技術賞　奨励賞」（現・日本テレビ技術賞）をまもなく受賞する平林茂明に撮影を託した。

編集担当の浦岡敬一とも、構成をめぐって揉めに揉めた。結局、実力者の浦岡に説き伏せられ、樹齢四千年の巨木が、登場人物たちの有為転変《ういてんぺん》を静かに俯瞰しているという、もとのシナリオにはなかった設定を丸呑みした。現場のスタッフは話の起承転結が整ったと歓迎したが、丹波は不満顔を隠さなかった。

それでも巨樹の声の担当を、名わき役として定評があった老女優の原泉《はらいずみ》に依頼したのは、丹波の本気ぶりを示していよう。原は作家・中野重治《しげはる》の妻で、およそ十年後、伊丹十三監督の『マルサの女2』で丹波と共演している。

もっとも、丹波は伊丹との相性が悪かったらしい。アドリブはおろか、セリフの一言一句の変更も許さない伊丹に、

「君はいい監督だし、超一流だと思う。でも俺は君の演出は嫌いだ」

「俺は二度とやらないからな。君とは合わない」

と決別を告げた（『丹波哲郎の好きなヤツ嫌いなヤツ』）。

伊丹のほうも、三國連太郎主演の『大病人』で、臨死体験の描写に関する打ち合わせのおり、

「『丹波哲郎の大霊界』の如きあの世にならぬようにするには何に注意せねばならぬかを話しあう」

と日記で冷嘲《れいちょう》している（伊丹十三著『「大病人」日記』）。

伊丹が一九九七年（平成九年）暮れに、六十四歳で衝撃的な飛び降り自殺を遂げたあと、十歳余り年上の丹波は言った。

「彼が撮った映画はいい。それは認める。俳優としては二流、三流だったが、監督としては一流だった男だ。そんな伊丹が選んだ道が自殺だったとはな。なんとも惜しいよ」

「もしも今、自殺を考えている人がいたら、こう言いたいね。死ぬほど悲しいことがあるのも、思い通りにならないことがあるのも、当たり前なんだよ。ないほうが、むしろおかしい。何度も言うが、我々は、この世に修行しに来てるんだからな」（『オーラの運命』）

丹波は『砂の小舟』を撮るずっと以前から、自殺を、「人間界での修行」を途中で放棄する「自分勝手な死」とみなし、厳しく批判してきた。

「苦しみから逃れたくて自殺したところで、苦しみは、生きていたときより、ずっと、ずっと重くなるんだ。自殺する者は、死んだら死ねると思うから、自殺するんだろうが、そうはいかん。霊魂は永遠に生き続けるんだ。結局、苦しみから逃れたければ、生き抜くしかないんだよ」

今生のカルマ

『砂の小舟』のロケ自体、丹波の思い通りにはいかなかった。

林田が邦子とふたりで小舟に揺られていると、日本海の冷たい海風が裸身の素肌を突き刺さんばかりに吹きつけてくる。小舟に穴があき沈没しかけるシーンの撮影だけでも、まる一日かかった。

あたかも意思ある生き物のごとく動きまわる小舟を、水面下であやつっていたひとりが、付き人の原田である。

防寒用のウェットスーツを身にまとってはいたが、あまりの寒さに歯の根が合わない。「カット！」の声がかかると陸にあがり、焚き火で暖をとってから海にまた潜る。それが延々と繰り返された。

一日の撮影が済むたびに、丹波が地酒の一升瓶を持って現れ、満面の笑顔で、

「はい、きょうの敢闘賞！」

と、大相撲の表彰式のように手渡してくれる。それだけを楽しみに、原田は波の下での黒衣《くろこ》に徹した。

邦子は、あるときは丹波の分身に見えたし、またあるときはペットのようにも思えた。丹波から「右を向け」と言われれば右を向き、「左を向け」と言われれば左を向く。未熟さゆえで

もあったろうが、邦子の心やさしさから従順に応じていた面もあったはずだ。屈託のない人柄で、原田を実の兄のように慕ってくれた。

それにしても、映画の中とはいえ、丹波はどうしてあそこまで邦子を痛めつけなければならなかったのか。さまざまな証言からも、丹波にサディストの気質はうかがえない。

丹波は、『砂の小舟』をカンヌ映画祭に売り込んだおり、フランスの有名な〝ヌーディスト・キャンプ〟に邦子と出向き、全裸の集団の中に思い切って飛び込んだとも告白している。

「あんな健康的なとこはないね」

「日本じゃ無理。日本人はマナーを知らないからダメだ。もうマナーがきっちりして、公正取れてて、『ここまで』というラインがきちっと敷かれて、なおかつ礼儀正しくないとダメ」

「だから日本で仮にヌーディストキャンプがあっても俺は行かないと思うな。なんかさ、あればかりは洗練されてないとダメなんだ」（『大俳優　丹波哲郎』）。

カンヌの海岸に日本酒の薦被《こもかぶ》りをしつらえ、映画祭の関係者や各国カメラマンを招いて野外パーティーを開いた際には、邦子を再び全裸にして薦樽の上に立たせ、招待客をあっといわせた。

十代の林田から見た丹波は、性をめぐる世の中の常識を覆し、強引に逸脱していくようなところがあった。林田には、丹波と邦子にまつわる、忘れようとしても忘れられない記憶がある。

佐渡島での一日のロケが終わり、旅館の自室で休んでいたところ、丹波がふらりと訪ねてきた。

「ぼうや、起きてるか？」

丹波は旅館の浴衣《ゆかた》姿ではなく、普段着の洋服のままだった。

「はい」

と返事をすると、どういう風の吹き回しか、丁寧な口調で、

「ちょっといらっしゃいますか」

と誘う。素直についていくと、旅館の一室に通された。

林田は目を丸くした。畳の間《ま》に布団が敷かれ、邦子が全裸で仰臥《ぎょうが》している。

「抱いてみなさい」

丹波は静かな口調で命じた。

林田は操り人形のようになってしまった。言われるがまま、裸の邦子を抱いた。一九六〇年代と七〇年代のアメリカン・ロックが好きな林田の表現をそのまま使うと、フランク・ザッパやグレイトフル・デッド、あるいは映画『地獄の黙示録』のオープニングに流れたドアーズの「ジ・エンド」が突如として鳴り響くかのように、部屋の空気がサイケデリックに一変した。

林田は、わけがわからなくなった。なぜ自分の愛する人を、他の男に抱かせて、それを黙って見ていられるのか。

林田が接した邦子は、公私の別なく丹波の言いなりに見えた。

洗脳されていたのかもしれない。映画の中でも裸で抱き合ったが、色気は少しも感じられず、女優として開花しそうな予感もなかった。影の薄い印象しか林田には残っていない。

あれから半世紀近い歳月が流れ、林田が還暦を過ぎたいまとなってわかるのは、できあがっているものを破壊し、自分の欲するものに造り変えようとする丹波の意志の強固さだ。

四十代後半から五十代後半にかけての丹波は、自分の意向が通る企画となると、決まって世の中のモラルを打ち破った先にあるものを表現しようとした。テレビドラマの『ジキルとハイド』では「暴力」が、また『砂の小舟』では「性」が、さらに映画『ポルノ時代劇　忘八《ぼうはち》武士道』では暴力と性の両方が、それぞれ倫理の束縛から解かれ、行き着くところまで行った果てに、どんな光景が現出するのか。丹波は人間の欲望の深淵を目撃し、全身で体感したかったようだ。「忘八」とは、儒教に由来する仁・義・礼・智・忠・信・孝・悌《てい》の八つの徳目すべてを忘れ去った愚か者を意味する。

率直に言って、『ジキルとハイド』も『砂の小舟』も『忘八武士道』も成功した作品とは言いがたい。『砂の小舟』は、国内の映画会社から軒並み配給を敬遠され、アーヴィン・シャピロを通じた海外展開も不発に終わった。

『ジキルとハイド』は、おそらくあまりにも過激な性暴力などの描写により三年間お蔵入りしたが、『砂の小舟』もその轍《てつ》を踏むように、一般公開は完成から三年後の一九八〇年（昭和五十五年）まで待たなければならなかった。しかも東京ですら単館上映で、期間もわずか二週間に限定されてしまう。

「『砂の小舟』はアクション場面は俺がやったけど、芝居となったらダメだね。俺の才能というのは、監督の才能がないということを早期に知った才能だな。あとプロデューサーとしても全然ダメだね」（『大俳優　丹波哲郎』）

本人も潔く認めている。

一方で、「開眼」といえる発見もあった。それは、密教立川流が、男尊女卑に傾く和製仏教の中ではごく例外的に、男女平等の思想を内包していた点だ。

丹波は過去の立川流を掘り起こし、現代のヌーディスト・キャンプを見出した。男女平等の〝異界〟に、溺愛する邦子と没入し、彼女を自分好みの理想の女性に育てあげようとしたのではないか。

とはいえ、年長の男性が年若い女性を手塩にかけて教育しているうちに、ふと気づけば逆に先導されていたり振り回されていたりする例は枚挙にいとまがない。邦子との逢瀬《おうせ》に嵌《は》まり込んだとき、運命の歯車がまたひとつ回り出したことを、丹波はどれほど自覚していたろうか。

丹波がおおかた無自覚のうちに及んだ行為が、もうひとつある。日本人と中国人の霊能者に、邦子の前世を別々に見てもらったのである。驚いたことに、ふたりからはまったく同じ答えが返ってきた。

「彼女とぼく（丹波）とは、一千二百年の間に三度出会って、三度ともぼくが彼女を殺している。最後は二百年前だというんですなあ」（前出『サンケイ新聞』、括弧は原文のまま）

同じころ、十万部を突破するベストセラーになっていた『丹波哲郎の死者の書』という最初の霊界研究書でも、丹波は日中の霊能者の見立てを気にかけている。

「これはもうどうにもならない。厭《いや》なことだ。あまり信じたくはないのだけれど、そういう話なのだから仕方がない。だから、今生《こんじょう》では、そのカルマ（業）を刈りとらなければならない、と思う」（振り仮名は筆者）

「とにかく、今生では、自分にできる最上のことをしていかなければ、そのカルマは消えない、ということなのである」

丹波の「そのカルマ」は、いずれ消えることになるのだろうか。

たらちねの母

『砂の小舟』の上映が決まらずにいた一九七九年春、丹波の母親せんが亡くなった。丹波は死に目に会えなかった。六本木で知人と話し込んでいるところに電話があり、中央線国立駅近くの住まいに駆けつけたものの、一時間前に母は帰らぬ人となっていた。八十九歳であった。

脳血栓を起こし、ひと月前から意識不明に陥っていた。それまでは視力の衰えと軽い物忘れ以外はいたって健康で、入れ歯も一本もなかった。

丹波を、本名の「正三郎」をもじって「しょうざぶちゃん」と呼び、子どもたちの中でも猫かわいがりしてきた。

母は、代々名門の丹波家に後妻で入ったが、花柳界出身を表立っては言えない時代だった。さらに、

「母親が色盲の因子を含んだ女なんだ。遺伝だから、俺も赤緑色弱」（『大俳優　丹波哲郎』）

と丹波本人が認めているとおり、視覚検査で「色弱」と判定されていた。色弱を含む色覚異常は、かつて医師になるには不適格とみなされ、ほとんどの大学の医学部では受験さえ認められなかった。我が子らの医師への道が閉ざされ、母は余計に引け目を感じざるをえなかったろう。

ある日突然、陸軍の薬剤官をやめて日本画家になった父は、生活費をまったく家に入れず、梅毒の特効薬で巨万の富を築いた祖父に頼り切りだった。夫婦そろって祖父母に寄生しているかのようで、母はさぞ気詰まりだったにちがいない。

父の女道楽にも苦しめられた。丹波は小学生のころ、母に頼まれて、女のもとへと向かう父を尾行したことがある。途中で気づかれ、あわてて引き返すと、母は夕飯時もそのあとも、夫からの折檻《せっかん》を防ぐべく丹波をかたわらに置き、ひと晩じゅう夫を遠ざけて我が子を守った。

丹波が学徒動員で千葉県佐倉の部隊にいたおりには、毎週日曜日の面会のたびに、小柄な母

が和服姿で往復六時間もかけて、弁当や好物を手に会いに来てくれた。甘党の息子を喜ばせたい一心で、毎回おはぎを重箱いっぱいに詰めてくる。丹波は振り返って、食糧事情が逼迫《ひっぱく》していた戦時中に、よくあれだけの食材を調達できたものだと感嘆した。軍服姿の息子が母には凛々《りり》しく見えたらしく、いつもうれしそうに丹波を見上げていた。

戦後、芸能界で成功をおさめた丹波は、何度も母を杉並の自宅に同居させようとしたが、

「どうせ私はゆくゆくは養老院に行くつもりだから」

と拒まれた。

母は、東京・多摩地区に何軒もの家作を有し、暮らしには困っていなかった。丹波のすぐ上の姉にあたる、目の不自由な娘との穏やかな二人暮らしを続けていた。年老いて同じ話を繰り返すようになってからは、国立駅前の交番に出かけて、警官たちを相手に大スターとなった息子の自慢話をした。

丹波は〝おふくろの味〟を懐かしみ、母の鍋料理を自宅でもよく再現した。濃い目の出し汁に白菜、ねぎ、しいたけ、えのきだけ、しめじ、豆腐、餅を入れて煮込み、最後にしゃぶしゃぶ用の牛肉を加える。「せんさん鍋」と敬称をつけて呼び、多いときには週に二回も食卓にのせた。

その母が死んだ。丹波は遺体の枕元に座り、母の顔を覆う白布を取って、夜通し死に顔を見つめていた。

「ぼくは人間の生命は永遠だと堅く信じている。おふくろが死んだ夜、ぼくは一睡もせずにおふくろの死骸と対話していたんだ」

丹波は本当に話しかけていた。これから霊界でどのような道筋を辿って昇天していくかを、克明に説いた。

「すると、どうだろう。夜明けの4時半ごろ、はっきり鈴の音を聞いたんだよ。耳鳴りなんかじゃない。あの時刻、きっとあの世からだれかがおふくろを迎えにきて、死骸からおふくろの魂を連れ去ったとしか思えないんだ」（『週刊平凡』一九七九年四月五日号）

鈴の音は幽《かそ》けきものだが、暁闇《ぎょうあん》を一瞬ふるわせたと、丹波はその後もたびたび語っている。

通夜と葬儀には、多数の映画・テレビ関係者が弔問に訪れた。『キイハンター』で共演した大川栄子は、あれほど悲しげな丹波を見たことがない。泣き腫らした目を隠そうとしてか、丹波は終始サングラスを外さなかった。

会葬者への謝辞を述べる段に至っても、こみあげてくるもので言葉が出てこない。そばにいた義隆は、戸惑いつつ意外な気もした。父はつね日ごろ、

「死ぬということは、〝仮の世〟から〝本当の世〟に行くことなんだから、ケーキでも焼いて『ハッピー・バースデー！』と祝ってやらなきゃいけないくらいめでたいことなんだ」

と公言していたではないか。やはり実母の死を理屈で割り切ることなどできないのだ。義隆は、死後の世界のすばらしさを滔々《とうとう》と説く父よりも、死別の悲しみのあまり言葉に詰まって立

ちつくす父のほうが、ずっと好きだった。

第10章
死は「永遠の生」である

撮影のリハーサル中に竹下景子ら女優陣にマッサージしてもらう
（1980年、産経新聞社提供）

母の死でわかったこと

『砂の小舟』の上映が宙に浮いていた時期、五十代後半の丹波は、自身の死生観をマスコミで積極的に公表するようになる。

「人間の生命は永遠なのだよ。人生はこの世だけで終わりではない。来世は存在するよ」

この丹波の言葉で始まる記事がスポーツ紙に大きく掲載されたのは、一九七八年（昭和五十三年）末のことだ。記事の見出しは、

「超能力研究に凝る丹波哲郎」（『スポーツニッポン』一九七八年十二月十五日付）

とある。「霊界」という言葉はまだ一般化しておらず、記事の中にも出てこないが、丹波の霊界論に世間の注目が集まりだした。

新聞に次いで、翌年夏、テレビ朝日のインタビュー番組『朝のテラス』にゲストで呼ばれた際には、こう語っている。

「死というものは、決して恐ろしいものではありません。死んでしまえば何もわからなくなってしまうと思われていますけれど、そうではないのです。実は死んだそのときから、人間はその死んだ自分の体を見はじめ、その後また新しい世界に入っていくんですよ」

丹波の発言は、大きな反響を巻き起こした。

「それは、朝のさわやかな空気を一瞬、凍らせたかと思うほどショッキングな発言だった」

(『週刊平凡』一九七九年七月十九日号)

と当時の週刊誌は報じている。

「丹波さんだけに迫力があった。人間が死んだあとどうなるのか、もっとくわしい話が聞きたい」

こうした内容の手紙が、番組とは無関係な編集部にまで多数寄せられた。そこで、くだんの週刊誌の記者が『Gメン'75』を制作中の東映東京撮影所を訪ねると、丹波は休憩時間に姿を現し、堰《せき》を切ったように持論を述べはじめた。

「死はだれでも怖い。でもそれはまぎれもなくやってくるんです。死はなぜ怖いのか。それは〝別離〟だからなんですね。すべてのものから別れるのはさみしいし、怖いということなんですね。しかし、死んでしまえばもう何も見えない、だれにも会えないということになっているけど、それははたしてほんとうなんだろうか……」

三ヵ月前、実母との「別離」を味わった丹波は、明らかに自分自身に言い聞かせている。インタビューの最後に珍しく決意表明をした。

「生まれてから私は世の中のために何ひとつお返しをしてないんですね。なにかひとつお返しできることはないだろうか。それは死後の世界がこうだということを映像で世の中に訴える。これが自分に与えられた人間界でのノルマではないか、私はそう感じるようになったんです」

話の中の「映像」とは、『砂の小舟』ではなく、いずれ撮ると決めている作品のことだ。企画書は次のとおり、すでに出来上がっていた。

「生命の永遠という事がおぼろげながらでも判りだしたときには、『旅の恥は掻き捨て』的な独り善がりの人生はそら恐ろしくて送れなくなるに違いない。宗教家が何千年も費やして警告しながら叫び続けてきた永遠の生命は、このドラマの展開と共に、考えられないほどのスピードと迫力で、それ以上の効果を上げ得るものと期待すると共に確信します」(丹波哲郎著『丹波哲郎の死者の書』)

従来の無力な「宗教家」たちに代わって、自分こそが、「永遠の生命」つまり死後も魂は生きつづける事実を知らしめるドラマをつくるのだと意気込んでいる。

丹波は、母の臨終後、枕元で親族を前に、死後の世界の話を三十分ほどした。同席した菩提寺の僧侶に、話のあと、

「そうですな」

と相槌を求めたところ、

「ほう、そうなんですか。……私たち坊主は、じつのところ、あの世のことなどなにも知らないのですよ」(丹波哲郎著『丹波哲郎の人生指南道場Ⅱ 来世からの証言』)

と事もなげに言われ、あらためて日本の仏教界に見切りをつけた。

ドラマの眼目は、企画書にこう書かれている。

「絶対に逃れることのできない『死』という暗い幕の向こうに再び光が差し込んで、前の生よ

りも更に輝ける生が永遠に続いているとわかりだしたときに、人々は心の底から完全な落ち着きと、周囲に対する穏やかな、そして広々とした思いやりが、ごく自然に湧き起こり、世の中が変わって見えてくるであろう。そして再び素朴な隣人愛に満ちた輝ける世界が展開されてくるでしょう。それがこのドラマ製作の真の目的である」（『丹波哲郎の死者の書』）

先の週刊誌のインタビューでも、永遠の生を知り、個々の生き方が変われば、世界の変革にもつながると主張した。

「死の世界がじつはこうだとわかれば、人間、生きているときの考え方も変わるはずです。殺人、ねたみ、争いも起きなくなるだろうし、政治、経済すべて人間界はよくなるでしょう。そのためにも私はこれをぜひやらなければならない。そしてその仕事を終えたときが、同時に私の人生が終わるとき、つまり私が死ぬときだと思うんです」

ドラマのラストシーンで、主人公は壮絶な自殺を遂げる。しかも演技ではなく、「みずから死の実録としてカメラに収め」るのだという。主人公を演ずるのは、丹波本人以外には考えられない。

記者は「ショッキングなことば」を聞かされ、丹波が自死をもって、ドラマばかりでなく実人生をも終わらせるつもりなのかと半信半疑で当惑している。三島由紀夫の割腹自殺は、まだ記憶に新しかった。

丹波は、十年後の『大霊界』の発表前にも、

「この映画を完成したときが、私の死ぬときだ」
と再三明言している。おおやけには断じて自殺を容認しなかった丹波には、「死への憧れ」とでも言うべき思いが不意に頭をもたげるときがあった。

守護霊様のお導き

一九八〇年春に出版した『丹波哲郎の死者の書』は早くも十五万部を売り上げていたが、すでに丹波は二度と霊界関連の書籍は出さないと宣言していた。死後の世界について独学で学んだ内容や自身の体験は、著書にあらかた盛り込んでしまったからだ。

多忙な仕事の合間に物を書くのも、思いのほか負担になった。続編の執筆依頼は引っ切りなしにあったが、マネージャーを通じて断っていた。

しかし、ベストセラー化以上に意外だったのは、読者からの葉書や手紙の驚くほどの多さである。出版直後の報道がひと区切りついてからも、一通また一通と寄せられてくる。合計数百通にのぼる便りのほとんどには、「霊界の存在を知って新しい世界観が開けた」といった感謝の言葉が添えられていた。人の生き死ににまつわる人生相談も持ちかけられ、丹波は放って置けなくなった。

「霊界の存在をひとりでも多くの人びとに知らしめるという私に課せられた〝使命〟に、『これでもういい』など、在り得ないことに気づかされたのだ」

と、二冊目の著作『霊界旅行』の冒頭で述べている。副題に「続・丹波哲郎の死者の書」と銘打たれたこの本も、たちまち十刷を超す売れ行きを見せた。

丹波は、昔なじみの五社英雄には、

「（霊界ものは）ほんと儲かる。大儲けできるぞ」

と偽悪的に言い散らしている。五社は感服した様子で、娘の巴に、

「霊界の話はそんなに儲かるもんなんだ。すごいことだよなぁ。丹波らしい目の付けどころだよ」

と繰り返した。

『砂の小舟』で一億数千万円もの赤字を出していたから、単行本が版を重ねたところで、実情は焼け石に水であったろう。定価千三百円の『丹波哲郎の死者の書』が十五万部売れても、印税は税抜きで二千万円に届かない。それでも、黙殺されたに等しい『砂の小舟』に比べ、自著への反響の大きさは、丹波を高揚させずにはおかなかった。

「丹波哲郎を通じて、より一層克明な霊界の実相を知りたいという求めが寄せられている以上、薄才《はくさい》は重々承知しているが、たとえわが身を鞭打ってでもその要請に答えるべきだ」（丹波哲郎著『霊界旅行　続・丹波哲郎の死者の書』、振り仮名は筆者）

丹波は生涯に七十冊を超える自著と共著をあらわしたが、そのうち五冊は人生相談の書である。

一例をあげると、「人はなぜ悩み、苦しむのか」という問いかけに、丹波はどう答えたか。

「それは、ひと言でいえば、この世のことしか知らないからである。この世のことにしか関心がないからである。だから、いたずらに悩みと苦しみが生まれる。そうではなく、この世からあの世への展望に立って世の中を見る。こうして、もう一度当面する問題を見つめ直せば、あの世から自ずと答えが出てくる」（丹波哲郎著『丹波哲郎の人生指南道場 どう生きたらよいか』、傍点は原文のまま）

絶対の確信を持っているかのような口調は変わらない。

「まず私たちは、生命は永遠であること、死はあの世への単なる移行にすぎないことを知らなくてはならない。『人間は死んだらそれまで、一切が無に帰す』という世の〝常識〟を疑うことからはじめなくてはならない。それだけで、あなたの人生観は確実に変わりはじめる。そして死に対する不安と恐怖が徐々に消え、ゆとりのある生き方ができるようになる」

のちに美輪明宏や江原啓之が、『オーラの泉』をはじめとするテレビのスピリチュアル系番組で唱える内容を、四半世紀前に先取りしていたことになる。

「もうひとつ、人生に悩める人たちにぜひ頭に叩き込んでいただきたいことがある。それは、人間はこの世へ苦しむために生まれてきた、ということである。（中略）人生は〝刑務所〟そのもの――これが私の偽らざる実感である」

とさえ言った。それゆえ死とは、長く苦しい人生との戦いに勝利した者たちを出迎える〝凱旋門〃にも等しいのだと力説した。パリの凱旋門を表紙に大きく掲げた『死は凱旋門』というタイトルの本まで出している。

「だから、私たちはこの世でもっともがき苦しみ、もっと悩んだほうがよい。苦しめば苦しむほど、悩めば悩むほど、あなたの魂は磨かれるだろう。魂を磨くということは、素直な心を洗い出すということなのだ。あの世へ行くに当たって何よりの〃土産物《みやげもの》〃は、素直な心を培《つちか》うことである。金や地位や名誉はなんの足しにもならない」（傍点と振り仮名は筆者）

　こんなふうに記したあと、丹波はたいてい、

「ただし、私の言うことは、全部受け売りだから」

と付け足すことも忘れなかった。

　古くは古代エジプトやチベットの通称『死者の書』から、近代では、スイス系アメリカ人医師エリザベス・キューブラー＝ロスが発表して世界中に衝撃をもたらしたドキュメント『死ぬ瞬間』まで、おもに海外の書物を読んで仕入れた知識を、日本の読者に「おすそわけしているだけ」と謙遜した。なかでも、十八世紀に霊界での見聞（と称するもの）を微細なまでに記述し、ゲーテやバルザックらにも多大な影響を及ぼした神秘主義者スウェーデンボルグの文章をわかりやすく紹介した。

　丹波はよく、

「なんで、よりによってこんな私が選ばれたのか」

と周囲にも、講演やインタビューでもしばしば自問した。けれども、選ばれた以上は、自分に課せられた「ノルマ」や「使命」を全うするしかない。それが丹波の言う「守護霊様」に報いる方途だ。

「俳優になってからも、私の性格は〝物ごとにこだわらない〟〝偏見のない〟〝素のまま〟の行動しかできないようで、それが結局、衝突はあってもいい方向へと俳優として作用したのか、いちおう世に認められる俳優になることができたのである。これらのことは、ひとえに『守護霊様』のお導き、ご加護としか考えられない」（『守護霊問答』）

丹波は有言実行の人である。毎朝、起床すると、

「守護霊様、おはようございます。今日もよろしくお願いします」

と声に出して言い、夜、寝る前にも、

「守護霊様、おやすみなさい。今日も一日無事で、本当にありがとうございました」

と、口にしてから目を閉じる。うれしいことがあったら、さっそく報告して感謝の言葉を述べ、逆に不始末をしでかしたら、「〝ざんげ〟をし、反省と誓いの心」（『守護霊問答』、傍点は原文のまま）をあらわす。

丹波はこういった習慣を持つよう、読者だけでなく、講演に詰めかけた聴衆や取材に来た記者たちにも、熱心に勧めた。奇矯に思われようが、失笑を買おうが、まるで意に介さなかった。

芸能界のパパとママ

俳優の里見浩太朗は、丹波の言動に真っ向から異を唱えた稀有な同業者である。

「そんなの嘘だよ。そんな霊界の話、オレ、信用しないよ」

「浩太朗、あのなぁ、オレはオレなりにちゃんと勉強してるんだ。霊の世界があって、みんな行くことになってるんだから」

「そんなわけのわからないことを言っても、オレは聞く耳、持たないよ」

激しい言葉が飛び交った。傍目《はため》には、両者の関係は決裂寸前か、もはや修復不能に見えたかもしれない。

ところが、里見は丹波夫妻に「パパ」「ママ」と甘え、丹波は里見を「浩太朗」と、また貞子夫人は「こうちゃん」と呼んで、三十年余りもの長きにわたって親子同然の付き合いを続けた。里見にも、丹波夫妻から実の息子のようにかわいがられた実感がある。

ふたりが出会ったのはテレビ時代劇のスタジオで、里見二十七歳、丹波四十一歳のときだ。里見は丹波に、ある種の威厳を感じたが、片岡千恵蔵や嵐寛寿郎《かんじゅうろう》ら戦前からの大スターを見慣れた目には、しょせん「テレビから来た人」としか映らなかった。

里見は程なく、『水戸黄門』と『大江戸捜査網』の高視聴率によってテレビ時代劇の〝顔〟となり、丹波も『キイハンター』や『Gメン'75』で多忙を極めた。ふたりが親密に付き合うようになるのは、初対面から十数年後のことである。

きっかけは、里見の離婚だった。一般人の女性と二十九歳で結婚し、一児をもうけたものの、四十歳を目前にして別れた。破局前後のあれやこれやで疲労困憊《こんぱい》してしまい、鏡をのぞくとシワばかりが目立って、十歳も老けたように思えた。

撮影所での仕事が終わり、疲れ果てて帰宅しても家には誰もいない。真っ暗な部屋の灯りをつけると、ゴキブリが一匹、大急ぎで逃げ出すのが見える。そのゴキブリに向かって、

「おい、帰ったぞ」

と、うっかり声をかけそうになるのが、我ながらおかしかった。

所在なさに、つい丹波の自宅に電話をかける。

「丹波さん、きょう仕事なの?」

「ああ」

「何時に終わるの?」

「きょうは夜だなぁ」

「夜、何時になってもいいから、メンバー集めて麻雀やろうよ。早く、うちに帰ってきなさいよ」

「う〜ん、浩太朗の言うことだから、しかたねぇなぁ。じゃあ、やるか」

こうして杉並の丹波邸に喜び勇んで出向くことになる。

丹波邸は丹波邸で、にわかに浮き立っていた。里見がこれから来ると聞くなり、家政婦らの女性陣がこぞって化粧をなおす。彼女たちの少女時代から、里見浩太朗は東映時代劇の二枚目スターだった。

里見は、丹波夫妻のつねに変わらぬ温かいもてなしもうれしかったが、家ではありつけない温かい家庭料理も同じくらいうれしかった。夜、家政婦たちが帰ったあとで訪問しても、貞子がキッチンに寄りかかるようにして料理をこしらえてくれる。里見はいつも遠慮するのだが、結局お手製のおにぎりを頬張り、ラーメンをすする。丹波夫妻の気持ちが腹に沁みた。離婚してまもないあの時期、世の中で一番やすらげる居心地のよい場所は、丹波邸のほかにはなかった。

里見はいつしか、丹波夫妻を「パパ」「ママ」と呼びはじめる。里見の生後まもなく、父親が日中戦争で戦死したため、「おとうさん」と呼べる人がいなかった。

俳優になる際には、父親代わりをしていた五歳年上の兄に、

「芸能界は、薄いガラスの瓶に、水をいっぱい入れて持ち歩くようなところだから、くれぐれも慎重に、慎重にな」

と忠告されている。

一度、里見が丹波邸へ先に着いて、テレビの撮影に時間をとられた丹波が、夜遅くに帰ってきたことがある。出迎えた貞子を見て、心底ほっとした様子の丹波は、里見に言わせれば「す

ごく疲れているとき、甘いものを出されて、『ああ、これが食べたかったんだよ』と言うときのような表情」をしていた。

丹波も切羽詰まると、里見を頼りにした。

京都・南座での『丹波哲郎特別公演』の幕が上がる直前、丹波から里見に緊急の電話が入った。

「浩太朗、なんとか出てくれないかな」

「パパ、無理だよ。その前に撮影入ってるから出られないよ」

里見がいくら断っても、

「一日だけでいいから、いや一回だけでいいから、なんとか出てくれよ。とにかく『長七郎』の格好で来てくれりゃいいんだからさ」

と拝み倒すように頼んでくる。里見はそのころ、テレビの『長七郎天下ご免!』と『長七郎江戸日記』で毎回高視聴率をあげ、時代劇復興の中心人物になっていた。

「ほんとに一回でいいんですか?」

「いいんだ。おまえが出ること自体がいいんだよ」

三日後、里見が南座に出向くと、丹波は大喜びで、

「まあ、おまえは上手《かみて》から出てくれや」

と促す。

里見がテレビと同じ豪華な衣裳で、颯爽と舞台中央に歩み出る。なぜか半裸の女性たちが大勢おり、その中のひとりから、

「もし？　あなたさまはどなたですか？」

里見浩太朗座長の梅田コマ劇場公演に出演（1986年12月、朝日新聞社提供）

と問われる。そこで、

「天下ご免！　松平長七郎長頼《ながより》ぃ！」

と決めゼリフで見得《みえ》を切り、すかさず丹波に目をやって、

「あとはぁ、お頼みぃ申しますぅ！」

そう言って引き上げようとしたら、客席で時ならぬ爆笑が起こった。

楽屋に戻ってきた河内山宗俊《こうちやまそうしゅん》役の丹波は、しきりに首をかしげている。

「浩太朗、なんでみんな笑ったんだ？」

きらびやかな侍姿の里見は、心底あきれた顔になって答えた。

「だって、パパ、僕に向かって『オッケー！』って言ったじゃないですか！」

麻雀に呼び出される機会も増えた。丹波から夕刻、いきなり電話がかかってくる。

「おお、浩太朗かぁ。麻雀のメンツが片寄りすぎて困ってんだよ」

「ああ、そうなの」

「おまえが来るの、みんな楽しみにしてるんだ」

「へぇ～、そうなんだ」

「おまえ、砂糖みたいに甘いから、おまえが来るって言うと、『オレも行く』『オレも行く』って、みんな言うんだよ」

しばらくして里見が丹波邸の麻雀ルームに姿を見せると、丹波は、

「おい、『里見カモ太郎』が来たぞ。砂糖みたいに甘いカモ太郎のお出ましだ」

と上機嫌で迎え入れた。

丹波もよく振り込んだが、人に、

「負けても、いつもおおらかで気前がよくていいですね」

と言われると、露骨に嫌な顔をした。

「そんなヤツ、いるわけねぇだろ。オレだって、負けたら腸《はらわた》煮えくりかえってるよ」

丹波邸で数えきれないくらい一緒に牌をかきまぜた著名人に、作曲家の菊池俊輔がいる。

『キイハンター』や『Gメン'75』の主題曲で知られたが、世間に最も流布したメロディーは、「こんなこといいな できたらいいな」で始まる『ドラえもん』のテーマソングだろう。菊池は

二〇二一年（令和三年）に八十九歳で死去したが、生前、書面でのインタビューに応じた。

「『キイハンター』時代に丹波さん本人より、『君、もし麻雀やれるんだったらウチに来ないか？』という誘いをきっかけに、丹波邸での麻雀に参加するようになりました。時間が許す時は、週に2〜3日の割合で一緒に麻雀をしていました。その当時、小金井でのゴルフに行った後に麻雀というお決まりのスケジュールもありましたし、週刊誌の企画で〝雀聖〟阿佐田哲也氏を交えての麻雀対戦をしたこともありました」

「印象深いという出来事というのは特になく、いつも自然な感じでした。毎回ほとんどダジャレや冗談で楽しくやっていました。今でも丹波さんの名前を聞く度《たび》に、いつもとぼけて明るく笑っていた顔が思い出されます。楽しい時間を共有できたことは、本当に幸せなことだったと思っております」（振り仮名は筆者、一部に読点とダブルクォートを追加）

貞子のことは、

「姉御風の豪快でサッパリした女性で、犬好きで優しい面倒見の良い人でした」

と記している。

里見は、そんな貞子から、丹波の不遇時代の思い出話を一度だけ聞かされた。

……こうちゃん、あの人はむかし、なかなか仕事をしてくれなかったのよ。

「仕事してくださいよ。一万円でも二万円でもいいから、もらってきてよ」

と頼んでも、

「この役は、オレの役じゃない」

と引き受けないの。そのころ住んでいたのは二軒長屋の一軒で、雨が降ると雨漏りがしちゃって、洗面器やタライを並べなきゃいけないような家でね。

「『新東宝のニューフェイスだ』なんてえばってたけど、どうして丹波哲郎なんていう男と結婚しちゃったんだろう」

とつくづく思ったわよ。でも、「これがオレの役だ」という役が来るまで、じっと待ってたから、「丹波哲郎」という役者ができたのよねぇ……。

丹波の姪の啓子は、映画やテレビで叔父の人気が出てからも、暇さえあれば洋裁の仕事をしていた叔母・貞子の姿が目に焼きついている。

「俳優なんて、いつどうなるかわからない不安定な仕事だから、そうなっても困らないようにね」

と、貞子は笑いながらミシンを踏んでいた。小児麻痺を発症して足が動かなくなると、今度はオーダーメイドのセーターやチョッキなどを手編みして、家計を助けた。

「女房殿は、オレとギル（義隆）の〝業〟を背負ってくれたから、あんな身体になったんだ」

と、丹波は啓子に本心を明かしている。

「だから女房殿がどんなわがままを言っても、オレは言うことを聞く。どんなことを言ってもかまわない。女房殿が一番だ」

そこまで断言する叔父の姿に、啓子は名状しがたい迫力を感じていた。

スターの中のスター

里見は、芸能界でしばしば「いいかげん」と陰口をきかれた丹波の本質は、決して「いいかげん」ではなかったとみる。

丹波は、自分がどういう人間か、熟知していた。何か行動を起こす前には、しっかりと計算もしていた。非常に我慢強く、俗に言う「根性」もあり、真摯な勉強家でもあった。その上でインスピレーションを働かせて動くのだが、丹波という人間をよく知らないと、インスピレーションの部分だけに目が行って誤解してしまう。

岩下志麻は、おもしろい譬え方をした。本当は優等生で、日ごろ地道に勉強をしているからこそ、テストで高得点がとれるのに、

「オレ、勉強なんか全然してねぇよ」

と努力嫌いをよそおう少年に、丹波はよく似ていたというのである。

里見の考えでは、豪放磊落で、ときに単純きわまりなく見える丹波哲郎像は、多分に造りあげられたものだ。

付き人だった原田君事も、まったく同意見の持ち主である。仮に丹波が、

「そんなこと、たいしたことじゃねえよ」

と言ったり、少しも気にしていないようにふるまったりしたら、往々にして本心は逆と考えたほうがいい。

「死なんて全然怖いものじゃない」

という発言も、おそらくは〝裏返し〟の言い方で、元来は死をひどく恐れていたのではないかと原田は推測する。

里見は、いくら霊界がらみの話を持ち出されても、最後までまともに取り合わなかった。それどころか、さんざんバカにしてきたのだが、丹波は感情を害したそぶりを示さなかったし、ましてや怒り出すことなど一度もなかった。

丹波の霊界への傾倒ぶりに、貞子も手を焼いていたが、里見の見るところ、

「パパが幸せならいいよ」

というのが貞子の本心だった。

里見は、丹波が留守のおり、家政婦に断ったうえで、地下一階の広々とした書斎を覗いて、思わず唸《うな》ったことがある。壁一面の書棚に、霊界関連の書籍がぎっしりと詰め込まれていた。洋書も相当数あった。

驚きのあまり、帰宅した丹波に、

「よくもまあ、あれだけ買い集めたねぇ！」

と感心すると、丹波はうれしそうに言った。

「そりゃあ、ロンドンとかニューヨークとか、行く先々で買い集めてきたんだからなぁ。霊界について、ある本にはこう書いてあるけれど、別の本には違うことが書いてある。調べていくうちに、どんどんどんどん取りつかれたようになって、あんなに本が増えちゃったんだよ」

「パパ、無駄なカネ、使ったねぇ。そんなこと、だぁれも信用しないよ」

「いいんだ、いいんだ。信用するヤツはするし、しないヤツはしない。それでいいんだ」

「なんでそんなに興味あるの？」

「オレの趣味なんだ。麻雀やゴルフと一緒さ。この人間の世に〝生〟の世界があるように、〝死〟の世界はある。実際に霊界はあるんだよ。そのことをオレは研究してるんだな」

里見の再婚相手と、いずれ丹波を看取《みと》ることになる晩年の女性マネージャーは、たまたま愛称が同じ「のん」であった。訓読みでそれぞれ「のぶこ」と「のりこ」といい、同じ「の」から始まるので、丹波が勝手にそう呼んでいた。

里見夫人が中華料理や稲荷寿司、大福餅などを丹波邸に持参するたびに、丹波は両手を広げて、

「おお、のんが来てくれたのかぁ！」

と大歓迎の様子を見せる。すぐさま、離れたところにいるマネージャーを、大声で呼ぶ。

「お〜い、のん！　向こうの『のん』が買ってきてくれたぞぉ！　のん、おまえも食え〜！」

丹波は八十代になってから、めっきり食が細くなり、やつれも目立っていた。里見夫人の差

し入れをなんでも喜んで食べてくれたが、「本当はあまり食べたくないときもあったろうに」と思い返すと、里見は胸が詰まりそうになる。

里見自身も差し入れ好きでは、引けを取らなかった。

東映が任俠路線に邁進《まいしん》していた一九六〇年代末、京都・太秦《うずまさ》の東映京都撮影所で、丹波哲郎、鶴田浩二、若山富三郎の三人と共演したときのことだ。撮影所内にある俳優会館の二階には、彼ら大スター専用の控え室がずらりと並んでいた。今回の映画には出ない、片岡千恵蔵や市川右太衛門ら大御所たちの立派な名札が掲げられた個室もあった。

その中ではまだ若手だった里見は、甘党の丹波を喜ばせたくて、ひとかかえのおはぎを手にし、丹波の部屋を訪ねた。

「おはぎいっぱい買ってきたから食べる？」

丹波はその量を見るなり、さっと廊下に顔を出して叫んだ。

「お～い、鶴田ぁ！　お～い、富三郎ぉ！」

里見は驚愕した。天下の鶴田浩二と若山富三郎を、廊下中に響かんばかりの大声で呼び捨てにしている。

「お～い、浩太朗がボタモチ買ってきたから、食いに来ぉい！　鶴田ぁ！　富三郎ぉ！」

すると、号令に応ずるかのように、鶴田と若山が「あぁ」とか「おぉ」とか生返事をしながら、各々の自室を出て、丹波の控え室にやって来た。丹波よりスターとしては格上の鶴田も、

「若山組」を名乗って付き人や後輩を容赦なく殴りつける若山も、丹波の前ではひとりの少年に戻ってしまう。

里見は最近、自宅の居間で、ＣＳ放送の「時代劇専門チャンネル」にリモコンを合わせる機会が増えた。自分が主演した『水戸黄門』や『長七郎』シリーズを、何度も見直している。

「浩太朗の出る番組なら、全部出る」

と公言していた丹波は、里見から出演を頼まれると、必ずふたつ返事で引き受けた。

里見が主役の『痛快！三匹のご隠居』では、谷啓と並んで丹波も「ご隠居」の「一匹」に加わった。

「おい、浩太朗、おまえ『三匹の侍』って知ってるか？」

「もちろん知ってますよ」

「『三匹』っていう言葉を最初に使ったのはオレなんだぞ。タイトルに『三匹』がついたら、オレが主役をやんなきゃダメだろ」

「でも、パパさぁ、もうご隠居なんだから、今回は僕の言うとおりにしてよ」

「しょうがねぇなぁ。なんと言っても、浩太朗が主役だからなぁ」

里見は筆者に、自分のスマホの画面を差し出して見せ、

「ほら、（左から老侍姿の）谷啓さん、僕、丹波さんでしょう？　丹波さん、本当は真ん中に来たかったんですよ。だから、ちょっと渋い顔をしてるでしょう？」

とほほえんだ。

里見のこれまで八十数年の人生で、苦しかったことも、つらかったことも、悔やんだことも山ほどあった。大型テレビに映る丹波と自分の姿をひとりで観ながら、里見は丹波との日々を思い返す。

「いま画面に映っている『丹波哲郎』というこの人は、そういうオレの人生を本当に支えてくれたんだ。この人は、オレをものすごく助けてくれたんだ……」

里見は筆者の前で、目に涙を浮かべつつ、右の手のひらを左胸にそっとあてがい、

「このへんをねぇ、丹波さんはいつも包み込んでくれていたんだなぁ」

とつぶやいた。

第11章
大霊界

『日本沈没』『首都消失』などの大型映画に次々出演した（共同通信社提供）

明るく、素直に、あたたかく

一九八六年（昭和六十一年）一月、丹波は「来世《らいせ》研究会」という団体を発足させる。

最初の会合で、五十名余りの会員を前に、

「きょうは挨拶をするというより、みなさんのお顔を拝見して、『お互いに仲間だ』という意識を持つこと、これが一番大事だろうと思いますね」（『すなお』一九八六年一月号および二月号から、一部を会話調に改変、以下同じ）

と語りはじめた。厚手の白いセーターに金のネックレスという取り合わせが、六十三歳の丹波には厭味《いやみ》にならず、よく似合っている。

その日あつまった会員のほとんどは、もともと丹波が頻繁に開いていた講演会に来場した中高年の女性たちだった。講演会で壇上の丹波から、近々創設を予定している来世研究会への参加を呼びかけられ、会場で配布された申込書を丹波の事務所に郵送して、会員になっていた。

「来世研究会というのは、いわば〝天国行きのための会〟なんですな。人間界におけるいろいろなものを通じて、『われわれは同じ仲間だ』という意識を持ちながら、天国へ行く準備をしていく集まりとでも申しましょうか。ただ、私たちの中でも、人間修行の過程で差があるんです。みんなが一等船客の切符を手にしているかといえば、残念ながらそうもいきません。二等船客の切符しか持っていない人もあるかと思いますね。しかし、みんな一等甲板に行きたい。

そういう仲間をみんなの力で一段上に引き上げる。みんなが同じ念を持って、資格のない人も包み込んで最終的に天国へ行く。これが来世研究会の目的なんですね」

話の中の「一等船客」と「二等船客」の違いは、それまでの人生の〝航路〟で、どれほど人に尽くしてきたかによって決まるという。丹波は、一等船客になって「天国へ行く」ための「三種の神器」として、「素直・愛・陽気」の三つの要素をあげ、「明るく、素直に、あたたかく」を会員の合い言葉にしようと提案した。なかでも彼が「一番大事」と考える「素直」をひらがなの「すなお」にして、会報の名前に決めた。

年会費は一万二千円（当時）で、必ずしも安いとは言えなかったが、会員になれば、丹波の今後の講演会にはすべて無料で入場できる。研究会や総会で丹波に間近で接することもできるし、丹波と一緒に国内や海外への親睦旅行にも行ける。結果的に、丹波の熱烈なファンのうち、死後の世界や魂の存在にも興味を持った四十代以上の女性たちが、当初の会員の大半を占めた。

加えて、会員の特典にあげられた「専門講師による除霊と悪霊《あくりょう》の解消指導」や「四柱推命《しちゅうすいめい》による運勢判断」も、女性たちを惹きつけたにちがいない。「専門講師」とは、丹波の親しい霊能者たちを指す。丹波はまた『丹波哲郎と四柱推命の世界』という一般向けの書籍も出すほど、中国発祥の、生年月日・時間を重視する、この占いに凝っていた。

「最初のメンバーというものは、非常に大事ですね。縁あって、こうして集《つど》ったんですから。

縁というのは、神様の希望であり、命令なんです。われわれは神様の意志で集められているんですな」

こんなふうに「神様」や「天国」といった言葉をたびたび持ち出しながらも、丹波は、「来世研究会に、宗教はまったく関係ありません」

と、ここでも強調した。宗教ではなく、瞑想を重んじるという。

「『瞑想・銀河鉄道』とでも申しましょうか、この霊界深く走り込む列車の正式名称は、『来世研究会号』といいます。そして、全車両・指定席です」

いかにも楽しげに話したあと、来世研究会号の「運転手」を紹介した。「ポー」こと二十九歳の東島邦子が、多忙な丹波の代わりに来世研究会の「会長」をつとめることを、会員たちは初めて知った。邦子は後年、企画制作会社の「邦《ポー》エンタープライズ」の経営も担い、丹波の霊界関係の活動を一手に引き受けることになる。

元はと言えば、来世研究会の結成を提案したのも邦子で、丹波はそれに反対だったと、のちに述懐している。「明るく、素直に、あたたかく」の標語も、邦子が何気なくつぶやいたひとことを丹波が聞き留めたものだが、会員全員が毎日正午、各自で繰り返し唱えるように推奨したのは、ほかならぬ丹波だった。

丹波の、あたかも俳優業から脱線したかのような活動は、注目を浴びずにはおかなかった。このころから、霊界がらみの話題でテレビやスポーツ紙、週刊誌などに取り上げられる回数が急増する。

「〝丹波教〟旗揚げ！　ついに教祖になった丹波哲郎」（『FLASH』一九八七年二月十日号）

「いま芸能界では『丹波に行こう』なるジョークが大流行している。なんでも『あの世へ行こう』という意味らしい」（『週刊大衆』一九八七年十二月二十八日号）

などと揶揄《やゆ》されても、丹波は、

「わけのわからん念仏を千回唱えるより、『明るく、素直に、あたたかく』を数回唱えたほうが、あの世へ行ったとき、ずっと効果があるんだ」

と歯牙《しが》にもかけなかった。

来世研究会には、著名人の会員もいた。そのひとりは大相撲の人気大関だった人物で、会員になった直接の原因は昭和末期の日本を揺るがした大事故にあった。

一九八五年八月十二日、日本航空の旅客機が、東京から大阪へ向かう途中、群馬県の通称〝御巣鷹《おすたか》の尾根《おね》〟に墜落し、五百二十名もの犠牲者を出した。

「あの日から、早や一年がたちます。

人の死や霊界についてはは、常日頃、何となく考えてはおりましたが、まさかわが身にあのような形でふりかかってくるとは夢にも思えないことでした」

妻子三人をいちどきに失った佐藤忠雄は、こう綴る。佐藤はかつて「清國《きよくに》」の四股名《しこな》で活躍した強豪力士だった。横綱・大鵬の全盛期に「怪力大関」の名をほしいままにし、得意技の

「極《き》め出し」で勝ったあとなど、秋田出身の色白の体が桜色に染まったものだ。

丹波は大の相撲ファンで、テレビを通して清國の取組もよく観ていた。日航機墜落事故による犠牲者の一周忌を前に、わざわざ名古屋場所の宿舎にまで足を運んで、伊勢ヶ濱《いせがはま》親方となっていた四十四歳の佐藤に面会した。

「お子さんたちはストレートに天国に行き、天使要員として、すばらしい働きをしていますよ」

丹波から励まされ、佐藤は手記で、

「安堵し、力づけられました」

と書き、一年前の出来事を振り返る。

「私は、十四歳で角界に入門。ひたすら頑張って歩いてきた人生の途上で、神はなぜこのような厳しい試練を与えられるのかと、天を仰ぎました。あの険しい山の現地、暑さの中での遺体収容と検視の作業は大変なものでした」

佐藤は現役時代から、天理教の信者として角界ではよく知られていた。「霊界」や「神」といった言葉がすらすらと出てくるのは、そのためだろう。彼が「私の生涯で一番長い日」に遭遇したとき、妻は三十九歳、中学一年の長男と小学五年の長女は、まだ十二歳と十歳にすぎなかった。

「娘の遺体がわかったときも、それはテレパシーによって伝えられましたし、(遺体となった)

息子が山を下りた日の夕刻は、直接、私の体にきました。医師の診断では、血圧も心臓にも異常は認められないのに、ぐいぐい胸をしめつけられました。翌朝早く、息子に対面して『一緒に家《うち》に帰ろうな』と呼びかけたとたんに、その胸のしめつけは、ウソのようになくなりました。

きっとあの子は、山を下りるころから、いつもやっていたように、私の胸に抱きついて、中学生とは思えない強い力で私をしめつけていたのでしょう。私ともうほとんど変わらないくらいの大きな手や足でしたから、時々は腕相撲も互角にやったほどの腕力です。

最後の力をふりしぼって父親に抱きつき、何かを訴えようとした、あの子の想いが不憫《ふびん》でなりませんでした。

別れの言葉も交わさず、二人の子どもたちを連れて、突然あの世に旅立った妻の気持ちも、いかばかりであったろうかと涙しました。

人の運命の悲しさ、明日をもしれない人のはかなさを、この身にしみじみ知らされ、死後の世界のことを真剣に考えさせられました」（括弧内と振り仮名は筆者、一部の読点を追加・修正）

この手記は、来世研究会の会報『すなお』の一九八六年七月号に寄稿されている。佐藤も、丹波の来訪をきっかけに、来世研究会の正規の会員となった。その後は再婚を経て、再び子宝に恵まれるが、大がかりな詐欺事件の被害に遭ったり、大相撲の八百長問題を告発したりして波瀾万丈の人生を送り、来世研究会とは疎遠になっていった。

素晴らしき永遠の世界

一九八七年五月、東京の新宿コマ劇場で、来世研究会の結成式を兼ねた「丹波哲郎大講演会・素晴らしき永遠の世界」が開催された。

邦子は、劇場の前にできた二重三重の長蛇の列に、

「見て、見て、あの行列！　うれしいわ！」

と少女のようにはしゃいだ。

前売り券二千円・当日券二千三百円で販売された二千三百五十席のチケットは、昼夜ともたちまち売り切れ、丹波の指示で補助椅子を用意してもまだ足りず、立ち見客もおおぜい出た。あの丹波哲郎が死後の世界について実際に話すところを見たいと思う人が、それだけ多かったのだ。

黒のタキシードに黒の蝶ネクタイ姿の丹波は、超満員の客席を見渡して、興奮を隠せなかった。

「みなさん、きょうこれからゆっくりとみなさんとお話しできる、このご縁をいただきました。神様にまず感謝をいたします。神様とは、『宇宙の大法則』『宇宙の大秩序』ではないかと思います」

頭髪を黒々と染め、薄くなった頭頂の一部は増毛スプレーで補っているようだ。終始、自信

に満ちた口調で、態度も堂々としている。

内容は、人が死ぬとどんな事態に直面し、どのような過程を経て天界へと昇っていくかを、本人の言葉を借りれば「まるで行ってきたように」語るものだ。

「丹波君は話が上手である。だが理論的に流暢な喋りではなく、話には繰返しが多いし、時々には必要以上の間を持つ」

と、脚本家の橋本忍は評している。

「しかし、説得力が恐ろしいほど強い。だから彼の話を聞いていると、最初はちょっとおかしいなァと思っていても、最後には話全体を本当だと受取ってしまう。（中略）力強い説得力には、その背後に揺がない強靱な思想、それを貫く電気エネルギーにも似た生きものの感覚がイキイキと息づいているから、真に第三者に影響を与えるのであり、この影響こそ一番本物の功《く》徳《どく》である」（丹波哲郎著『死んだらどうなる』推薦文「丹波哲郎さんのこと」、振り仮名は筆者）

新宿コマ劇場での二時間ほどの講演では、その半ば、「みなさんが死んで精霊界に来たとき」の話をしている最中に、こんなことを言い出した。

「（精霊界に行くと）さらに驚嘆すべきことが起こります。どういうような？　目の見えなかった兄、足の立たなかった妹、片手のなかった弟が、完全な姿で元気溌剌《はつらつ》と飛び出してくる。あの世に身体障がい者、ひとりもいない。だから、みなさんねぇ、もしみなさんの家族の中で、車椅子で生活をしている人がおったら、言ってくださいよ、必ず」（括弧内は筆者）

そこで初めて目をつぶった。ゆったりとした口調が、少し早口に変わる。

「車椅子というのは、まあ、自動で、自分で動かす人もあるだろうけれども、ほとんどの車椅子というのは、うしろから押してくれるんです。自分じゃ、どうにもならないの。いわんや、ひとりで死ぬんだ。ただでさえ自分が心細い。なんだかわけがわからないと思っているところへ、足が不自由のまんま行くという心細い状態……」

ひとつ間をとり、やや唐突に、

「まったく！」

と声を張り上げた。

「心配がいらない！　死んだ途端に、車椅子なんか、まったく必要がない！」

丹波は講演会で毎回のように、車椅子の人が精霊界へ行けば、「ひとり残らず自由に歩けるようになる」と断定的な口調で話した。丹波の「足の立たなかった妹」という発言を、講演会に出向かなかった貞子夫人は聞いていない。

丹波は自宅でも同じ話をしたが、貞子は、

「へぇ～っ？」

と呆れたように笑うだけだった。

「そんなことは、どうせ死ねばわかることだから、別に研究する必要なんてないじゃないの」

丹波も二の句が継げなかった。

コマ劇場での昼夜二部にわたる熱弁を聴いて、来世研究会の会員数は一気に千名を突破した。

会員番号は登録順で、元大関の清國は「第五五五天使」となっている。丹波は会員を「この世からあの世へ移行したとき、『天使に昇格するんだ』という自信と自覚を持っていただく」ために「天使」と名づけた。元・清國の佐藤なら「佐藤天使」と呼びかけたが、会員たちの大半は「天使」と呼ばれるのを恥ずかしがり、丹波がいないところでは本名で呼び合っていた。

千名の内訳を見ると、年齢は十七歳の高校生から九十歳の老爺《ろうや》までと幅広い。三十代が最多で、四十代と合わせて四割を超す。男女別の人数は未公表だが、会員名簿を見ると意外に男性が多く、約四十五パーセントに達する。地域別では東京都在住者が五人にひとり以上を占め、続いて神奈川・大阪といった首都圏や都市部に集中している。目を引くのは、医師が十人、仏僧が五人も会員になっている点だ。「心霊治療家」や「占い師」を自称する会員も八人いる。

まもなく北海道から沖縄までの全国各地に、来世研究会の支部が生まれる。会員たちは、丹波の著作やスピリチュアリズム関連書をテキストに勉強会を開いたり、年に一度の総会で研究成果を発表したりしていた。

当時は、オウム真理教が物議をかもす前だが、世間での新興宗教やカルトへの風当たりは、すでに厳しかった。〝バブル経済〟が絶頂に向かう時期で、邦子は新聞記者に会員激増の理由を問われ、

「モノに充足した人々が、見えない世界へ目を向け始めた表れ」

と答えている（『日経流通新聞』一九八九年四月十五日付）。宗教色抜きで、死後の世界のすばらしさと現世における人の生き方を論じる丹波の主張は、驚くべき速さで浸透していく。

来世研究会は、最盛期には延べで四千人以上もの会員を集めた。会報の『すなお』は、丹波の死後十八年目が経った二〇二四年（令和六年）初めの時点でも定期刊行されつづけている。

天国の入り口を見つけた

『すなお』には「天使からのお手紙」の欄があり、会員の投稿が二ページから三ページにわたって掲載されていた。

やはり家族との死別の悲しみや、我が身と家族の病苦といった人生のつらさを訴える内容が目立つ。中絶した過去を引きずる女性や、幼児《おさなご》を失い悲嘆に暮れる若い母親、家族に精神病患者をかかえて悩む男性らからの投書も、毎号のように見られる。会員たちの苦衷を察した丹波は、研究会や懇談会の席上、

「あの世で一番歓迎される者は、まず第一は子供のままこの世を去った者、二番目が精神病患者、どうしてそうなのか、その理由はよくわかりません。三番目は、人間界で不遇だった人です」

と説いた。論拠は、丹波がこれまで読み込んできた欧米の多数のスピリチュアリズム関連書

に、いくらでも書いてあることだという。

「みんなノーベル賞級の学者が、そう言ってるの。いいかげんな丹波哲郎が言ってるんじゃないんだから、信じて大丈夫！」

と笑って胸を叩いた。

「この世で不遇であっても、明るい心の人は、あの世では無条件で歓迎されるようですね。ですから、『この世とあの世は地つづき』で、あの世へ行って歓迎されるということがわかっていれば、人間界にいるときの心の余裕というものが、ぜんぜん違ってまいります」（福岡市での九州地区懇談会での発言、『すなお』一九八六年五月号に掲載、一部を会話調に改変）

話の中の「この世とあの世は地つづき」という表現は、丹波のお気に入りになり、晩年まで唱えつづけた。タモリや明石家さんまがバラエティー番組でとりあげるほど世間にも広まった。

丹波は邦子とふたりで、文字通り日本中を飛び回った。各都道府県の会館や大ホールなどで講演会を開き、当地で結成された来世研究会支部の研究会や懇談会に出席した。長野での初の講演会を実現させた地元の女性会員など、丹波から、

「よく頑張ったね。大成功だったよ」

とねぎらわれ、その場で大判の色紙に、

「此処《ここ》ぞ天国の入口　丹波哲郎」（『すなお』一九八七年十二月号）

と揮毫《きごう》してもらい、こみあげてくる涙を抑えるのが大変だったと述べている。

邦子は、ふだんは東京・新宿の事務局での業務に忙殺され、「これでよいのだろうか」と不安に駆られるときもあったが、実際に地方で会員たちと出会い、丹波と語り合って感激するその姿を目の当たりにして、

「間違ってはいないな！　これでいいんだな！」（『すなお』一九八七年十一月号、振り仮名は筆者）

と手応えを感じていた。

丹波は邦子とともに、国内だけでなく、フィリピンのマニラやミクロネシアのパラオにも会員たちと出かけ、超多忙の身でありながら、合わせて六日間も親睦旅行に費やしている。パラオでは、丹波と意気投合した現地在住の日本人たちが、その場で来世研究会の会員になった。

ところが、パラオのペリリュー島に残る太平洋戦争の戦跡を訪ねたとき、丹波は突然の頭痛に襲われる。元来、頭痛持ちではないのに、どうしたわけか。おまけに、両手の指先から無数の虫が這いあがってくるかのような不快感も覚えた。両腕を何度振り払っても、不気味にざわつく感覚がおさまらない。

激戦地のペリリュー島で非業の最期を迎えた日本兵とアメリカ兵が、俗に言う〝浮遊霊〟となっており、丹波に取り憑いてきたのだと感じた。事前に用意していた、戦没者の慰霊式をその場でとりおこなうと、いつのまにか頭痛も両腕の不快感も消えていたという。

このころ丹波は、映画やテレビ、コマーシャルなどの撮影のかたわら、年間四十回から五十

回もの講演をこなしている。二歳年下の鶴田浩二がガンで病没してまもない一九八七年八月と九月のスケジュールを見ると、川越、横浜、新潟、名古屋、岐阜、札幌で講演したあと、北海道での三泊四日の親睦旅行を経て、再び名古屋と岐阜で講演会を開いた。会場はどこもあふればかりの盛況で、六十五歳になったばかりの丹波は、

「死んだらどうなるか、みんな知りたいんだよ。映画にしたら、絶対に当たる」

と自信を深めていく。麻雀仲間の映画監督やプロデューサーらに冷やかされても、いっこうに動じなかった。里見浩太朗からは、

「よっぽど観たいっていう人しか来ないんじゃないの」

と心配されたが、

「だけどな、実際に霊界はあるんだよ」

と、いつもながらの、ちぐはぐな返答をした。

次第に、丹波の熱意に引きずられるかのように、映画化の話が現実味を帯びてくる。社長が丹波と懇意にしていた学研が総額およそ四億円の制作費を折半し、映画の配給は二転三転の末、松竹が引き受けることで決着した。フジテレビの後援も取りつけた。

肝心のシナリオは、ずいぶん早い時期から準備していた。最初に、名女優・高峰秀子の夫で、映画『恍惚の人』を大ヒットさせた脚本家の松山善三《ぜんぞう》に執筆を依頼した。丹波が休暇でハワイに滞在中、いわゆる〝アゴあし付き〟で招いて承諾を得、手みやげまで持たせたのに、松

山は一行も書けないまま四ヵ月後に断ってきた。

次に、気心が知れている『Gメン'75』の脚本家・高久《たかく》進と監督の佐藤肇に頼んだ。このときも事務所の経費で箱根の温泉に宿をとり〝カンヅメ〟にしたが、ふた月たって出来上がってきたものを読んで、丹波はすぐに放り出してしまった。ほかにも、『ノストラダムスの大予言』のミリオンセラーで有卦《うけ》に入っていた作家・五島勉《ごとうべん》や、黒澤明の「黒澤組」に属する脚本家にもあたったが、待たされたあげく話が立ち消えになったり、途中で投げ出されたりして、結局、丹波自身が全編を書かざるをえなくなった。

懇意の俳優たちの出演も決まった。丹波から毛筆でじきじきに、

「霊界はある。出演すれば必ず救われる」

と認《したた》められた依頼状が届けば、さすがに断りにくい。「友情出演」で若山富三郎が、「特別出演」で千葉真一、野際陽子、渡瀬恒彦の三人が、それぞれワンシーンだけ登場することになった。

多数の俳優やタレントが、丹波直筆の書状を受け取っている。里見浩太朗をはじめ渡哲也、松方弘樹、北大路欣也、山城新伍といった顔馴染みの面々や、佐久間良子と三田佳子のふたりが、「出演決定」と報じられたものの、最終的には出演に至らなかった。

企画が持ち上がった時点では、『市民ケーン』で知られるアメリカの映画監督で俳優のオーソン・ウェルズを主役に起用すると丹波はぶちあげたが、途中でさすがに無理と判断したよう

だ。

念願の『丹波哲郎の大霊界　死んだらどうなる』（以下『大霊界』と略）が、いよいよクランクインする。その直前のことだ、映画のプロデューサーも兼務していた三十一歳の邦子に、乳ガンが見つかったのは――。

左の胸にしこりが

「きょう東京医大（東京医科大学病院）に行ってきました」

一九八八年夏、新宿の事務所で邦子から体の不調を打ち明けられたとき、丹波は意表を突かれ、とっさに、

「なんで？」

と尋ねた。

「左の胸にしこりができていて……」

「……そう」

「お医者様は『きょう、すぐにでもしこりを取って調べたい』とおっしゃるんです。でも、私……、『あした』と言って帰ってきたんです。……だって……」

「わかった。念のために、友人のところに電話してみよう」（『破格の人生　僕は霊界の宣伝使』、一部で語句や読点、括弧を補足・修正、以下同じ）

丹波は、ゴルフ仲間のひとりが開業している東京・清瀬市の「O病院」にすぐ電話をかけ、事情を説明した。その日が火曜日だったことを、丹波ははっきりと覚えている。

「うちには乳ガンの超ベテランの先生がいるよ。一週間のうち火曜日だけ来るんだが、丹波さん、さすがに運が強いねぇ。彼、まだいるんだよ」

「これから行くまで待っててもらえるかね？」

「ああ、もちろんだとも。彼にも言っておくよ」

丹波が邦子を伴い病院に直行したときには、すでに夕闇が迫っていた。検診には一時間ほどかかり、院長が邦子と一緒に診察室から姿を見せた。

「丹波さん、陽性だ。でも、悪くない」

少し安堵したが、翌日、取り巻きの霊能者から電話が入る。

「ポーさんの体に異常はありませんか？」

「……どうして？」

「もしガンがあるなら、来週の月曜日までに取ってしまわないと、大変なことになると思いまして……」

「実は、東京医大で『検査したい』と言うんだが、友人のO病院で診《み》てもらったら、『陽性でも問題ない』と言うんだ」

「いいえ、それは間違いです。全部取ってください。その後は、霊界のほうで『ポーさんの健康をバックアップする』と言っていますから安心です。とにかく一刻を争う状況です」

丹波が暗澹《あんたん》たる思いで受話器を置くなり、また電話が鳴った。O院長からである。

「いやぁ、東島さんの細胞を慈恵医大に持っていったら、リンパ肉腫だと言うんだな」

「何だい、それ？」

「簡単に言えば、ガンの親玉だ。だけど、心配はいらない。まだ若い肉腫だから、早いうちに取ればどうってことはない」

「わかった。じゃ、全部取ってくれ」

「おい、なに言ってるんだ？　オレの言うことを聞いていなかったのか？　この肉腫はまだ若い。その部分だけをちょこっと取ればいいんだ」

「いや、頼むから、全部取ってくれ」

「医者のオレに指図するのか？」

「そういうことじゃないんだ。あんたたちにはわからないだろうが、われわれ霊界を研究する者は、霊界の声のほうを信用する。だから、とにかく全部取ってくれ」

「いや、断る。この状況で全摘なんかできない」

「いや、取ってくれ、頼む」

押し問答が、丹波の記憶によれば、三、四時間も続いた。電話をいったん切り、清瀬の病院へと直談判《じかだんぱん》に出向くクルマの中でも、当時としては珍しかった自動車電話でO院長に掛け合っ

た。ようやく病院に着いたが、院長は丹波の顔を見るなり、

「あの話をするなら帰ってくれ」

と、取りつく島もない。

「小指を切るのに、手首から切るというのならまだしも、腕の付け根から切れというのは、もはや外科的暴力だ！」（『破格の人生　僕は霊界の宣伝使』）

それでも粘る丹波に、とうとう院長が音を上げた。

「わかった。でもウチじゃできない。ほかの病院でやってくれ」

「それにはもう時間がない。月曜日までに切ってくれなきゃダメだ」

「ここから切れと言うんだったらやる。全部切れって言うんだったら外科的に暴力だ」（『大俳優　丹波哲郎』、語句を一部補足）

またもや堂々巡りである。丹波は引き下がるしかなかった。その瞬間、邦子の全快がありえないことを直感で悟った。

丹波は、来世研究会の事務局で邦子にガンを告知した際の様子を、その直後に刊行された『すなお』に記している。

「正《まさ》に血の凍る思いでした。私自身、宙をうつろに見詰めていたことでしょう。二秒、三秒、四秒、五秒、全ての動きは止まりました。私は、私の心臓の音だけが脳天まで響くのを感じました。次の瞬間、私の眼に映ったのは、なんと彼女の笑顔だったんですよ。静かに東島会長は

言いました。『しかたがありません』、唯《ただ》ひとこと、そしてそのまま平静に事務を取り続け、電話に応答しておりました。私は万感胸に満ち、最早《もはや》声も出ませんでした」（『すなお』一九八八年九月号、振り仮名は筆者）

丹波によれば、邦子は手術の前日、O院長に、

「私は死ぬことはこわくありませんが、お乳を失うほうが悲しい」

と漏らしたという。

三時間半におよぶ手術は、成功裏に終わったかに見えた。邦子は大いに喜び、以前にも増してO院長を〝命の恩人〟と慕った。手術の返礼に、高価なゴルフボールを何ダースもプレゼントした。

手術のひと月余りのち、邦子は「暖かいお見舞いに感謝」と題する文章を『すなお』に寄せている。

「小さい頃に何かで見た乳ガンの術後の写真が、『絶対にこの病気にだけはなりたくない！』という気持ちと共に、私の脳裏に焼きついていました。ところが、私の望みと裏腹に、この度《たび》、どういう訳かこの病気との御縁をいただき、困惑してしまいました。未婚の私としましては、素敵な男性と添いとげることこそ私の現世での望ましい修業《ママ》と想像致しておりましたが、いいい、まさか思ってもいない病気とこの世を添いとげるなどと、夢々考えておりませんでした」（『す

なお』一九八八年十月号、傍点は原文のまま、振り仮名と二重カギ括弧は筆者、一部で読点を追加・修正、以下同じ）

この箇所を読むかぎり、邦子もガンがいずれ命取りとなる予感を抱いていたことがわかる。

「折も折、映画『大霊界』の製作費《ママ》の金庫《ママ》版という我《わが》人生でのメイン・イベントに突撃中の私には、自分の病気がごくチッポケに思えました……、

と書きたいところですが、早い話が、映画のことで頭の中が舞い上がってしまって、自分のことすらゆっくり考える余裕と集中力を失っていた訳です。（中略）手術は拒否しようと思いましたが、その場合の死因は確かに病死ですが、行為は『自殺者の森』に直結するのだろうか等々の考えが浮かんできたりして、来世の勉強の未熟さを妙な時に痛感してしまいました」

文中の「自殺者の森」とは、西洋のスピリチュアリズムで、自殺した者たちが辿り着く暗黒の森のことを言う。そこで自殺者は、樹木のように地面に植え付けられ、根を張ったまま身動きもとれず永久に苦しむものとされてきた。

「また、よくよく考えてみますと、私のように来世の知識の少ない浅学な者が、霊的能力も持たずして来世研究会会長などという看板を掲げていることがおかしなことであり、なんの特長もない私を、この研究会に少しは似つかわしくカモフラージュできるようにして下さった、神様からの最大のプレゼントのように思えたり、この事実を自分でいかに消化するかによって、今後の現世での修業《ママ》内容を神様が検討して下さる為のテストなのだろうか等と、勝手な、自分

に都合の良い解釈をして、手術を早くすることに致しました。

幸運にも、最新の方法で、私の望みに近い形で手術をして頂き、術後九日で退院し、翌日より元気に職場に復帰して、近くの大学病院で放射線治療を行なっています」

邦子の正式な病名は、乳ガンではなく「悪性リンパ腫」となった。病を得て、丹波との関係にも変化が生じた。

ふたりが知り合った頃は、ベテラン大スターと女子高生との立場の違いに加え、三十四歳もの年齢差から、丹波が導き、邦子が付き従う格好にならざるをえなかった。丹波には、邦子を自分好みの女性に仕立て上げようとした一時期もあった。

「ポーさんは卑弥呼の生まれ変わり」

と著名な霊能力者に言われて相好《そうごう》を崩した丹波は、卑弥呼に仕える王の役割を自作自演していたようなところもある。邦子を「神の使者のごとき一人の人物」（『破格の人生 僕は霊界の宣伝使』）と定義し、「私なぞ、数歩もあるいは数十歩も下がって見上げる程の偉大なる存在」（『すなお』一九八八年九月号）と持ち上げた。

ふたりはまた、仲睦まじい恋人同士とも、周囲の目には映っていた。貞子の怒りを買って、邦子が丹波邸への出入りを禁じられたあとも、ふたりはプライベートで毎日のように会いつづけた。

邦子は丹波を当初「先生」と呼んでいたが、いつのまにか「テツ」と呼び捨てにするようになる。

「テツを待ってる、うちのそばの角《かど》で、ポーちゃんはぁ」

と口ずさむ彼女と会いに、丹波も同じ歌を歌って、杉並の自宅近くの四つ角に飛んでいく。京都の嵐山に2ＬＤＫの高級マンションを買い、東映の太秦撮影所で仕事があるときには、そこにふたりで寝泊まりした。

気の置けない人たちの前では、遠慮なく痴話喧嘩もした。ときに丹波がやりこめられ、不愉快そうに押し黙ってしまう。

ガンが見つかった直後、

「うちの女房殿が『かわいそうに、私が代わってあげたい』って」

と丹波が悪気なしに口走り、邦子が珍しく、

「じゃあ、代わってよ！」

と血相を変えたこともあった。

来世研究会設立の準備を始めたころから、ふたりには〝同志〟の色合いが濃くなる。全国での講演活動や『大霊界』の映画化に奔走するうちに、甘い恋人気分は吹き飛び、緊迫感が表情に浮かび上がってきた。丹波の身近にいた人々は、邦子が丹波を引っ張っていたとみている。

おおやけの席では、邦子は丹波をまた「先生」と呼ぶようになり、丹波は邦子を「会長」と呼んで立てた。

彼女の発病で、丹波とのあいだには悲壮感すら漂いはじめる。邦子の現世での限りある命を自覚した丹波は、つねづね口にしていた「天から課せられた私の使命」に、いっそう駆り立てられていくようだった。

二十九歳の新人プロデューサー

『大霊界』の制作を丹波本人から依頼されたとき、坂《さか》美佐子にはプロデューサーの経験がまったくなかった。それどころか、プロデューサーがどんな仕事をするのかさえ知らない。にもかかわらず丹波は、

「おまえにできないわけないよ」

と、いたって気楽な調子で持ちかけてくる。

「オレが映画やテレビの仕事で現場に行っても、プロデューサーなんて一緒にお茶飲んでるだけだよ。その程度の仕事なら、若い女のほうが喜ばれるだろう?」

当時二十九歳で、主婦にして一児の母親でもあった坂は、丹波に丸め込まれる形で、プロデューサー業に手を染める。「毎日、泣きながら仕事をするような日々」が待ちかまえていた。

その十三年前、高校一年生のころから、坂は春休みや夏休み、ゴールデン・ウィークなどの期間を、杉並の丹波邸で過ごすようになった。

父が静岡ではよく知られた興行師で、丹波とは『キイハンター』のロケ地の斡旋や麻雀を通

じて知り合い、家族ぐるみの親交を深めた。自宅には歌手の森進一や五木ひろし、前川清らもよく出入りしていた。昔気質《むかしかたぎ》の父から、丹波夫妻のもとでの〝行儀見習い〟を勧められ、丹波も快諾したので、

「地方出身の私が、いきなりすごい世界に入っちゃった」

と坂が回想する、奇妙な〝居候《いそうろう》〟体験が始まる。

中央線の西荻窪駅から歩いて五分余りのところにある丹波邸は、びっくりするほど広大だった。七百平米もある敷地には、杉並区の「保護樹木」にも選ばれた松の大木が聳《そび》え立つ。丹波の豪邸前の、吉祥寺方面へと向かう公道は、いつしか「丹波通り」と呼ばれるようになっていた。

延べ床面積約三百七十平米の鉄筋二階建ての屋上には、『007は二度死ぬ』にも出てきた、ヘリコプター状の小型航空機「オートジャイロ」専用の発着場がある。航空法で許可されたものではなく、実用の目処も立っていなかったが、いずれ使うために設置していた。

一階から二階への階段には尾州檜《びしゅうひのき》が使われ、玄関を入ったところに、檜の大きな断面が年輪を示すように飾られている。一階のおよそ七十畳のリビングには、豪華な絨毯が敷き詰められ、『007』の撮影時にロンドンで買い入れたという、等身大の甲冑《かっちゅう》姿の騎士像が置かれていた。暖炉もあったが、設計上のミスとかで使われてはおらず、それを覆い隠すように、虎の絵の衝立《ついたて》が立てかけてあった。

夕刻が近づくと、十六歳の坂が「おばさん」と呼んでいた貞子が、受話器を手放すひまもないくらい電話をかけまくる。「おじさん」こと丹波のために、今夜の麻雀の〝メンツ〟をそろえようとしているのだ。じきに深作欣二や佐藤純彌、菊池俊輔、東映の常務でプロデューサーの坂上順といった常連が顔を見せ、リビングから牌をかきまぜる賑やかな音が響き出す。

夕食は、以前は店屋物ばかりだったが、坂が住み込んだ時期には、貞子がキッチンに身をたせかけるようにして立ち、家政婦ら二、三人と一緒に料理するようになっていた。冷蔵庫が四台もあり、大人数の来客がいつあっても食材には困らなかった。ひと月に米の消費量がおよそ一俵半、つまり六百合、約九十キロにのぼり、電気・ガス代は多い時で六、七十万円もかかると、丹波は週刊誌で明かしている。

麻雀中の食事では、焼き魚やコロッケ、ハンバーグなどの家庭料理が喜ばれた。坂は、できあがったものを食卓に運び、リンゴの皮をむいたりしてデザートの用意もする。食事はみな、雀卓ではなく、椅子が九脚ある大テーブルでとった。

丹波は例によって酒をほとんどたしなまないから、雀卓を囲む面々も素面《しらふ》の場合が多い。麻雀はほぼ毎晩、坂が自室に戻って寝ついたあとも続き、〝徹マン〟も珍しくなかった。

丹波は、たいてい十一時前後にやっと起き出してくる。シャワーを浴び、歯を磨き、ソファーで新聞を開く。濃い緑茶を何杯もお代わりするので、高級な茶葉が見る見るうちに減っていった。

いつも首から紐《ひも》つきのボールペンを下げ、こまめにメモをとったり、新聞に傍線を引き、切り抜いたりしていた。寝室のベッドのわきにもメモ帳とボールペンを置き、夜中でも何かを思いつくと、すぐさま書きとめる習慣があった。

朝食を兼ねた昼食は、白飯と、アジやメザシなどの魚の干物、もしくは塩ジャケや明太子、それに味噌汁、塩昆布、漬物といった和食が中心である。デザートにはマスカットや硬めのマスクメロン、夏にはスイカを好んだ。

洋食好みに見えても、実際には大の和食党で、ご飯も味噌汁も熱々でないと気が済まない。行きつけの寿司屋の暖簾《のれん》をくぐると、前もってマネージャーから連絡を受けていた店の〝大将〟が、シャリの酢飯を温めて用意しているほど、食べ物にはいちいちうるさかった。

仕事に出かける前には、丹波から「大蔵省」と呼ばれていた貞子が一万円札を二十枚ぴったり、きれいにそろえて財布に入れて渡す。前夜の麻雀で振り込んでばかりいると、貞子は、

「あんまり負けないでね」

などと言いながら不足分を補い、また二十万円ちょうどにして持たせていた。二十万円は、徐々に五十万円にまで増額されるのだが、それは後年の話である。

玄関で、丹波はたいていハンチングを頭に載せ、水筒を手にしている。中年期以降、心臓に不整脈の持病をかかえ、掛かりつけの医者から、こまめに水分を摂るように言い渡されていた。貞子も丹波が帰宅すると、マネージャーや運転手に、

「パパ、ちゃんと水、飲んでた？」

と必ず確かめた。

実年齢より十歳以上も若く見えるのを日ごろ自慢にしていた丹波だが、『大霊界』のクランクイン直前には、腹部に激痛を訴え、三週間近く入院した。マスコミにはマネージャーが「腎臓結石」と伝えたものの、本当は「腎梗塞」という命にかかわる重病で、十二指腸潰瘍も見つかった。過労と不規則な生活のツケは、徐々に丹波の体を蝕《むしば》みつつあった。

坂は、二十三歳で結婚したのち、自然に丹波邸から足が遠のいた。その距離が再び縮まるのは、夫の転勤で名古屋に引っ越したことを、丹波が聞きつけてからだ。

「そりゃあ、ちょうどいいや。今度、岐阜で映画撮るから、経理やってくれないか？」

電話の声は弾んでいた。

坂は「経理なら」と軽い気持ちで引き受けたが、『大霊界』のチーフ・プロデューサーを務めていた邦子の発病で、事態は一変する。

それまでにも丹波は、脚本家選びと同様、プロデューサーの人選でつまずいていた。仕事や麻雀を通して〝ツーカー〟の仲であったはずのプロデューサーたちに声をかけても、引き受け手がいっこうに現れない。

そんなおり、丹波を取り巻いていた霊能者のあいだで、

「プロのプロデューサーがいると、ポーさんの体にさわる」

という声があがる。ひとりではなく複数の信頼していた霊能者からそう言われ、丹波は、プロデューサーの仕事を任せられる素人《しろうと》を探しはじめる。真っ先に思い浮かんだのが、坂だった。

あまりにも突然の申し出に、坂が返答を渋ると、丹波は、

「おまえはポーを殺す気か⁉」

と気色《けしき》ばんだ。一転して、

「美佐子のような素人じゃなきゃダメなんだよ」

と泣きついてくるかと思えば、

「やっぱりプロを入れないと、この映画はできないな」

とボヤく。坂は、丹波の理不尽な話をいやというほど聞かされているうちに、「おじさん」の周りには自分以外プロデューサーの成り手がひとりもいないのだという、差し迫った現実に気づかざるをえなくなった。もう腹を括《くく》ってやるしかない。

坂は、配役の決定や出演交渉、制作費の割り振りから、配給、資金の回収と分配に至るまで、右も左もわからないまま、手さぐりで進めるはめになる。

「ラッシュのピンは開いたの?」

と訊かれても、あるいは、

「モノは入れますか?」

と確認を求められても、何が何やらさっぱりわからない。あとで教えられたのだが、未編集のフィルムをチェックするために、撮影所と現像所とのあいだを行き来するのを、「ラッシュの便を開く」という。また、「モノ」は「モノラル録音」の略で、それを何本仕上げに出すのかと質問されたのに、坂は「モノクロ・フィルム」の扱いについて尋ねられたと勘違いしていた。

撮影中にも、丹波が思いつきでどんどん新しいシーンを入れてしまうため、制作費はふくれあがり、当初の四億から五億にまでなった。一億円増えた分は丹波側が負担したが、ギャラの支払いでは坂が矢面《やおもて》に立たされ、何度も悔し涙に暮れた。

早朝の打ち合わせから深夜の特撮まで、働き詰めの毎日が続いた。食事の時間も取れないから、タクシーでの移動中に、コンビニで買ったおにぎりをペットボトルの緑茶で流し込んだ。睡眠時間は平均二時間程度なので、やはり移動中の車内で仮眠をとり、どうにか持ちこたえた。

当の丹波は、

「蛇口から水が出るように金が出ていくねぇ」

などと他人事《ひとごと》のように言いながら、それまで敬遠してきたテレビのバラエティー番組やワイドショーにも出まくって、ひたすら映画の宣伝に努めた。

坂がスタッフたちとフジテレビの『笑っていいとも！』を観ていると、ゲストで出演した丹

波が司会のタモリに、

「『大霊界』は、なんと三部作なんだよ」

と言っている。坂は椅子から転げ落ちそうになり、思わず叫んだ。

「そんなこと、知らないしぃ‼」

谷底から霊界へ

「これは霊界旅行記なんだよ」

と、丹波は坂に説明した。

「たとえば、フランスのシャルル・ド・ゴール空港に到着して、さあこれからパリの街をどうやってまわるか、そんな旅行ガイドのように映画をつくればいいんだ。死んだら、こんな山や川や海が目の前に現れて、そこを過ぎると次はこんなところに行くんだ、といったふうに霊界の道案内をする映画なんだからさ」

重要なロケ地になったのは、岐阜県中部の山あいに位置する洞戸村《ほらど》（現・岐阜県関市）である。岐阜市と名古屋市に本社がある、情報関連企業の「中広《ちゅうこう》」で現在、代表取締役会長をつとめる後藤一俊《かずとし》が、丹波の案内役を担当した。

後藤は当時、健康食品会社の専務で、その会社の栄養ドリンクを愛飲していた丹波と知り合った。後藤の父が丹波と同年で、しかも同じ学徒出陣の見習い士官であったと聞いてからというもの、丹波はまるで戦友の息子のように後藤をかわいがった。

丹波は、何かを学んで吸収したいという意欲を示す者には、どんなことでも惜しみなく伝えようとする開放的な雰囲気をつねに漂わせていた。あるとき、いたってまじめな口調で、

「自分が出会う人は、みんな先生なんだよ」

と言った。後藤は丹波を「偉い先生」とみなしていたが、丹波本人は微塵もそう思っていないのに気づき、そのことが強烈に印象づけられた。

映画『大霊界』の大ヒットには、一点の疑念も持たず、

「観ないヤツはバカだよ」

と笑っていた。

「今度は当たるぞ。霊界映画、これは俺の使命だから。金もうけのためじゃなく、世のためだからな。これは当たるな、いやでも。嫌というほど当たるよ。作ろう作ろうと思って十何年、俺が作れなかったのは、霊界から待たされていたんだな。そして今、作れるということは、霊界が作ることを望んでるんだ」（『週刊テレビライフ』一九八八年七月三十日号）

毎日、身近に接するにつれ、後藤は、丹波の思考法を、おぼろげながら理解しはじめる。

俳優とは、自分自身で自分以外の存在をつくりあげ、それをまた自分のものにしてしまう職業だ。その過程で自分以外の存在が、だんだん自分自身になっていく。霊界に関しても、丹波は自分なりの霊界をつくりあげていくにしたがい、その霊界を信じ込んでいったのではない

か。

丹波と関わる人々も、霊界を信じるか否かではなく、丹波哲郎という人間の圧倒的な魅力に惹かれて、「信じる」ほうを選んだ者がほとんどのように、後藤には見受けられた。

プロデューサーの坂も、丹波の確信に満ちあふれた言動に、「これなら世の中の人が観るなぁ」という気がしてきた。チーフ・プロデューサーの邦子も、入院して放射線治療を受けながら、個室のベッドに電話線を引き込み、電話での指示や対応に追われた。

『大霊界』映画パンフレット

ただし、主役の決定には、ふたりのプロデューサーはいっさい関知していない。オーソン・ウェルズの起用をあきらめたあと、丹波は主役を長男の義隆にすると決め、誰が何と言おうと聞く耳を持たなかった。

義隆は母の貞子と同じく、霊界を論じてやまない父親とは距離を置いてきたが、主演となれば引き受けざるをえない。

映画に出る前には、丹波から、

「何もつくる必要なし。知らない、わからない、わからないところは、そのままでいい」

と言い渡されたものの、撮影後にはこんな言葉もかけられている。

「おまえの役は、霊界について何の知識もない若い物理学者が、初めてその世界に飛び込んで、驚いたり呆れたり喜んだりするんだから、なまじ霊界の知識なんかないほうがいいと思ったわけさ」

映画で、義隆が運転するベンツは急峻な山道でバスと衝突し、谷底へ転落してしまう。義隆は、いったん死んで霊界を旅することになり、まもなく精霊界の入り口で、真っ白な長衣に身を包んだ美女と出会う。

いわゆる〝お迎え〟役をつとめた岡安由美子は、子どものころから怪異な現象や金縛りに悩まされていた。霊にまつわる映画に出る不安を、思い切って丹波に打ち明けると、

「いやぁ～、大丈夫、大丈夫！」

と一笑に付された。

「まあ、僕からしたら、あなたが見てきたような〝もののけ〟は、ようするに下々《しもじも》の世界の話で、僕の映画はずっと上の世界の話だから、映画に出てくれたら、そんなものはいっさい見なくなるよ」

具体的なアドバイスも受けた。

「感度が合うと、そっちの世界が見えちゃうから、いやな予感がしたら、感度をずらせばいいんだよ。そうすれば、ずっと見なくなるから」

丹波に言われたとおりにすると、それまで神社での〝お清め〟でも毎日の〝盛り塩〟でも追い払えなかった〝もののけ〟から、すっかり解放された。金縛りにも遭わなくなった。

丹波のオーラは強烈で、現場に入ってくるなり、そこにだけ明るい陽射《ひざ》しが当たって、一気に広がるように見える。偉ぶったところがまるでない。代わりに包み込むような大らかさがあり、立ち居振る舞いもきれいだった。

撮影現場では、休憩時間にも出演者やスタッフを周りに集めて、延々と霊界話をぶっている。

丹波が主演した『人間革命』と『続人間革命』で共演した森次晃嗣も、同じ輪の中にいた。森次は、丹波の話を「ものすごい説得力だな。これは静かに聞かなきゃいけないな」と思いながら、黙って耳を傾けた。

放って置くと丹波はいつまでもしゃべりつづけるので、たいてい義隆が苦笑しつつ、

「はい、はい、もういいよ、終わり、終わり」

と割って入り、また各自の持ち場に戻る。和気藹々《あいあい》とした雰囲気で撮影は進み、義隆の〝霊界旅行〟は、精霊界から、荒涼たる地獄界や、花咲き乱れる天界層を経て、再び人間界へと帰ってきたところで終幕を迎える。

天界層では、離婚前の千葉真一・野際陽子夫妻と渡瀬恒彦が、清らかな白衣の霊人になって、どこか面映《おもはゆ》げな様子で微笑している。渡瀬は丹波から弟分のようにかわいがられ、所有す

るペンションが火事で焼けたあとには、丹波が大事にしていた日本刀を〝守り刀〟に贈られていた。

やくざの親分役が多かった若山富三郎は、背丈が三メートルもある、こちらも白ずくめの、冠《かんむり》をつけた古代ローマ人のような「大霊人《だいれいじん》」を演じた。だが、体調不良で長くは立っておられず、仰向けに寝たまま上から撮影したものを立ち姿に変えた。

旧知の義隆には、

「こんな体で出ても大丈夫か？　おまえの親父に迷惑はかけられないからな」

と不安がっていた。

以前、入院中の若山を見舞った丹波から、全身の皮膚がチョコレート色に変色しているのを見とがめられ、

「こういう病気になるのは、お前が訳もなく人を殴るからだ。殴られた奴の思いは残るし、それが奇病の原因だ。手を出す前に少し考えろ」（『丹波哲郎の好きなヤツ嫌いなヤツ』）

と説教された。〝罪滅ぼし〟のつもりで大霊人役を引き受けたのかと思いきや、プロデューサーの坂はびっくりするほど高額な出演料を請求され、

「『友情出演』は通常ノーギャラなのに」

と嘆いた。

有名俳優では、ほかに前田吟、神山《こうやま》繁、春川ますみらが顔をそろえた。「総監督」は丹波だ

が、事実上の監督は、名匠シドニー・ポラックのアメリカ映画『ザ・ヤクザ』や五社英雄の『御用金』で撮影監督を務めた大ベテランの岡崎宏三《こうぞう》に一任された。齢《よわい》七十近い岡崎の奮闘がなければ、映画の完成度は数段落ちていたはずと丹波も認めている。

『さんまのまんま』に登場

全国の映画館や劇場との交渉、動員の計算は、学研から派遣された森島恒行《つねゆき》が取り仕切った。ハリウッドでのキャリアも長い森島は、丹波に初めて会ったとき、『ベン・ハー』や『猿の惑星』で有名なチャールトン・ヘストンに雰囲気がよく似ていると思った。

頭脳の明晰さと物わかりの良さをいつも感じていたが、一度だけ怒鳴られたことがある。義隆のベンツと衝突したバスが崖から落ちていくシーンは、実写にすると経費が巨額になるため、森島は写真やパネルを使い、ナレーションで伝える方法を提案した。

「これで一週間の時間と何千万円かの予算が浮きますよ。このままじゃ無理でしょう?」

途端に、丹波の顔色が変わった。

「うるせぇ、バカやろう‼」

あたりの空気を震わすほどの怒声だった。

「おまえに霊界の何がわかるかぁ‼」

生来地声が大きく、「BOSS」と書かれた椅子に座ったまま指示を飛ばすので、スタッフたちからひそかに「吠える置き物」と呼ばれていた丹波が、目の前で本気になって吠えている。怒りをあらわにしたことがまずないという丹波の激昂《げっこう》ぶりに、二十歳以上も年下の森島は黙るほかなかった。

しかし、丹波の鬼気迫る形相を見せつけられ、

「この〝シャシン〟は（ヒットの波が）来るんじゃないか。キワモノだけど化けそうだ」

と、従来の懐疑的な見方を変えた。

丹波は、朝から晩まで嬉々としてテレビ出演を掛け持ちし、殺到する取材にもすべて応じている。

ハイテンション気味なのは以前からだが、高調子《たかちょうし》がいっそう昂《こう》じていた。『大霊界』のセットがある撮影所でのインタビューで、

「私の『大霊界』は、ファンタジー・アンド・コメディだ」

と持論をまくしたてていたのに、突然立ち上がり、

「おい、そこっ！　蠅が飛んでるじゃないか。霊界には蠅はいないぞっ！　蠅叩きはないか。殺せ！」

と真顔で叫び、スタジオ中、大爆笑に包まれた（『週刊プレイボーイ』一九八八年十二月六日号）。

偶然にも、『大霊界』がクランクアップした当日、丹波はフジテレビの『さんまのまんま』に出演している。明石家さんまの頭の回転の速さに、丹波も打てば響くように応酬した。

「丹波哲郎さんっていうのは、われわれに対してプレッシャーを与える人間なんですよぉ」

「いやいやいや、そんなことない、そんなことない、そんなことない。あなたがたに（野太い声になり）安心感を与える人間だよ。私は『霊界の宣伝マン』だからねぇ。ところで、師匠さぁ、霊界のことについて、まずどっから入ろうか？」

「いや、その話、しないんです。その話、聞きたくないです。きょうは丹波さんの……」

「でも、いずれ死ぬんだからさ」

「いや、死にませんっ」

「『死にません』ったって死ぬんだからさ。しょうがないじゃないか」

「死にませんって」

「まあ、いいや、いいや。じゃあ死なないと仮定して」

「だから、その話、聞きたくないんです」

「ああ、聞きたくないの」

「きょうは丹波さんの趣味とか」

「趣味！　はぁ～、趣味は霊界だもん」

「それ、趣味なんですかぁ⁉」

「趣味なんだよ。趣味というよりもねぇ、もう趣味を通り越して」

「だからね、ほな、趣味の話はやめてぇ、お休みの日なんか、何してらっしゃるでしょうかねぇとか、そういう話を……」
「ああ、お休みの日！　霊界について考えてる」
「(困り果てた顔で) あはぁ、だから、あのぉ、お休みの日に関するインタビューもやめまして
ぇ、お仕事のね、話を聞きたいなぁなんか思ってね」
「お仕事っていうのは、いま霊界の、ほら、『大霊界』って映画つくってるでしょう？　きょ
うクランクアップなんだ。きょうの朝、クランクアップしたの」
「あっ、そうですかぁ？」
「うん、いやぁ、もうとにかく」
「あれでしょう？　ボク、知ってます。『大霊界』っていうのは、(おどろおどろしげに)『あの世
とこの世は地つづきだぁ』ゆうやつでしょ？」
「(他人事のように憮然とした口調で) あれは、いったい誰が言ってんだ⁉　(はっと気づいたように自
分を指さして) あっ、オレが言ってんだ！　あっ、そうだ！」
さんまがいきなりソファーから立ち上がり、背を向けて逃げ出す。丹波は、あわてて呼び戻
そうとする。
「ごめん、ごめん、ごめん、師匠、師匠、まあ、まあ、まあ、すわんなさいよ。ごめ
ん、ごめん、まちがえた。あれは僕が言ったんだ。そう、そう、そう、それをタモリがマネし
てるんだ！」

「タモリさんも怒ってましたよ。最初、『いやぁ〜、たけしくん』とか言ったそうでんなぁ」

「うん」

「過去の栄光とか、何もかもスパーンと捨ててはるんですね？」

「過去の栄光？　あたしはね、何でも自分のものってのはないいって思ってるんだよ。何でも、自分のものというのはないっ！」

「（『こりゃもうあかん』とでも言いたげに）はぁ……」（『さんまのまんま』一九八九年一月二十日放送、会話の一部を省略）

テレビ出演の効果は、宣伝費に換算したら軽く数億円にのぼると、森島は見込んだ。観客動員が百万人を超えれば、入場料収入だけで十億円を上回り、晴れて「大ヒット」と銘打たれる。

「そのラインは、まちがいなくクリアするな」

と森島は確信した。

ここで予期せぬ事態が起きる。公開直前の一九八九年正月の七日、昭和天皇が崩御したのである。上映時期の延期も検討されたが、予定通り一月十四日、『大霊界』は全国の映画館でいっせいに封切られた。

東京・新宿の来世研究会事務局には、各地の会員から、地元の映画館前に「行列ができている」「次の上映時間まで待たないと入れない」「館内は超満員で、意外に若い人が多い」といった電話がひっきりなしにかかってきた。会員なら「二度観る」のは当たり前で、「十度観た」という会員も現れた。

「私が毎日お昼の十二時に『明るく、素直に、あたたかく』と唱えている言葉が、映画のエンディングで、きれいなメロディーに乗って流れてきたとき、思わず泣きながら一緒に歌っていました」

という女性会員の声も聞かれた。

会長の邦子は、

「私は、何のカルマがあって、この世に生を受けたのか分かりませんが、この映画製作《ママ》に携わったことと、来世研究会という素晴らしい仲間の輪が広がりつつあるということだけでも、この世に生まれて良かったとつくづく思います」

と感慨にふけった（『すなお』一九八九年一月号）。

映画は、丹波以外の誰も予想していなかったほどの大ヒットを記録する。のべで百五十万人もの観客を集め、配給収入は九億円にのぼり、マスコミでは「『大霊界』現象」と名付けられた。

しかし、大ヒットに沸き返る渦中にあっても、丹波の心は晴れなかったにちがいない。手術と放射線治療で押さえ込んだはずの邦子のガンが、再発していた。

第12章

不倫と純愛

イタリア・ローマで撮影の合間の休日（江畑絢子氏撮影）

E子さんと隠し子

〝大霊界ブーム〟が巻き起こった一九八九年（平成元年）一月、丹波はNHKの大河ドラマ『春日局《かすがのつぼね》』に徳川家康役で登場し、貫禄の演技を披露した。

司会をつとめる深夜番組の『丹波倶樂部』も始まり、単発もののドラマとバラエティー番組やコマーシャルも相俟《あいま》って、テレビで丹波の顔を見かけない日はほとんどないかのような毎日が続いた。

来世研究会の活動も、一段と盛り上がりを見せた。完成を待ちわびた「丹波哲郎の瞑想の館《やかた》」が、『大霊界』のロケ地にもなった岐阜県の洞戸村にようやく竣工し、開館式のテープカットには、一時退院を許可された邦子も笑顔で加わった。三階建ての、どこかぎくしゃくした積み木細工のような館を見上げて、丹波は、

「森の精気が感じられるこの地に、わが来世研究会のシンボルが誕生しました」

と高らかに宣言した。『丹波哲郎の大霊界2《ツー》　死んだらおどろいた‼』（以下『大霊界2』と略）の制作発表も、カメラの放列を前に華々しく挙行された。私生活でも慶事があった。前年に元・女優の田中久美と結婚した義隆に長男が生まれ、初孫に恵まれた。

公私とも絶好調の波に乗っているかに見えた六月初め、女性週刊誌に、

「本誌独占スクープ！　霊界の宣伝マン丹波哲郎（66）愛人との間に隠し子（14）がいた！」

（『女性自身』一九八九年六月二十日号）

と題する特集記事が掲載される。

記事によると、丹波は新東宝に所属していた三十代後半のころ、十五歳（実際には十六歳）年下の「E子さん」という若手女優と恋仲になり、彼女が芸能界を引退したあとも、ひそかに交際を続けてきたという。

E子さんは、丹波との出会いから二十年近くの歳月を経た一九七四年十一月、男児を産む。E子さんは三十六歳、丹波は五十二歳になっていた。丹波はすぐに実子と認知し、その子が中学二年生になる今日まで母子の暮らしを支えてきたが、記事には「これについて丹波哲郎は何も語ろうとはしない」とある。自宅から出てきたE子さんは、記者にこう答えている。

「息子はこのことを知っています。でも、いまが大事な時期なので、息子だけはそっとしておいてほしいんです。私は自分のことですから、どうなってもかまいません。ただ、あちら（丹波家）のことを考えると、やはり、このままそっとしておいていただけたらと……」（括弧内は原文のまま）

この女性週刊誌は二十二年前にも、「あえて語る…丹波哲郎が〝二人妻〟を持つ事情」（『女性自身』一九六七年十一月六日号）と題する記事を載せていたから、スキャンダルの蒸し返しとも言える。その七年後に、E子さんは出産したことになる。

大霊界ブームで〝時の人〟となっていた丹波の「愛人・隠し子騒動」に、芸能マスコミはここぞとばかりに飛びついた。

丹波がNHKでの収録を終えて外に出た途端、ワイドショーの芸能レポーターや週刊誌、スポーツ新聞などの記者に取り囲まれた。何本ものマイクが突き付けられ、質問が飛ぶ。

「雑誌などで報道されていることは真実ですか?」

丹波は、普段着の白いポロシャツにハンチング、薄い色のサングラスという姿で、

「ああ、本当も本当、大本当!」

と、いつにも増して野太い声を響かせ、あっけらかんと肯定した。

「みなさん、本当に知らなかった? 府中のあたりに行ったら、タクシーの運転手だって、みんな知ってるそうだ。知らない者はいないっていうくらい知ってるよ」

住所を言う必要などないのに、この発言でE子さん母子が東京都府中市に住んでいる事実が知れ渡ってしまった。

「認知したんだから。日本国中だれにでも知らせるっていうくらい認知したんだから。自分でやったことは、男はね、ぜったい責任を持たなきゃいかんよ。最後まで持つ。これはもう徹底的に死ぬまで持つ。経済的に持つ。あるいは精神的に持つ。とにかくやったことは責任を持たなきゃいかん」

レポーターが、

「『不倫』という言葉で片づける問題ではない、と?」

そう問いかけるや、

「ふりん!?」

と突拍子もない大声をあげた。

「役者はね、そういう艶《つや》ダネがあってこそ役者だよ。第一、色っぽくない役者なんて、役者じゃないよ、そんなもなぁ！　だって極道には入れ墨が勲章だぜ。そうだろ？　それと比較はしないけれども、そんな不倫なんて考えてみぃたぁこぉとぉもぉなぁい!!」

ますます声を大にして言い切った。通常〝不倫〟が発覚した芸能人は、逃げ回るか、とぼけるか、平身低頭するか、そのいずれかなのだが、丹波の対応は前代未聞と言ってよい。

梨元勝や須藤甚一郎といった百戦錬磨の芸能レポーターまで、すっかり毒気を抜かれてしまっている。恐る恐る、

「奥さんはどう思っているんでしょう？」

と尋ねても、

「オレの女房がどう思うかなんて、そんな愚かなことに答えられるか！」

と一喝され、

「霊界での責任というのは？」

とへつらい気味に問うても、

「ない、ない！」

と片づけられる。

丹波は余裕綽綽《しゃくしゃく》の表情のまま、

「もっとおもしろい質問はないのかね？」

と逆に質問し、反応がないのを見て取って、

「これはいい機会だから、全国のみなさんに霊界の仕組みについてお知らせしておきましょう」

と話し出した。

「子どもっていうのは、親が呼び寄せたんじゃなくて、子どものほうが親を狙って生まれてくるものなんだね。人間界は修行の場だから、あの親のあいだで、あの親のまわりで修行したいと思って、子どもは出てくるんですよ。だから『勝手に産みやがって』なんて言う子どもがいたら、そんなのとんでもない、『勝手に出てきやがって』というのが本当なの。あの子も、こっちが勝手につくったんじゃなくて、向こうがオレを親として選んだことになるんです。霊界について考えると、すべてのことがわかるんですよ」

丹波の話の内容は、スピリチュアリズムでは一般的な見方だが、記者たちにはおおよそ初耳なので、一瞬こじつけではないかと疑っても、反問のしようがない。

時あたかも中国では〝天安門事件〟が勃発し、日本でも大ニュースになっていた。

「中国があんなふうになっているというのに、よくもまあ、こんなにいらっしゃったもんだな

ぁ。日本がいかに平和な国かということですな。ありがたいことです」

丹波は笑みを浮かべて締めくくったが、煙に巻かれた形の報道陣からは苦笑が漏れただけで、不満の声はあがらなかった。それどころか、このときの丹波の受け答えは、〝古きよき時代〟の大スターの豪快さを象徴する出来事として、懐かしの名場面のようにテレビや週刊誌で何度か取り上げられ、最近のバラエティー番組でも放送されている。

ところが、家族や周囲の目には、まったく異なる丹波の姿が映っていた。

芸能マスコミが押し寄せてくるとマネージャーから聞くと、丹波は、

「取材に来たら、ぶん殴ってやる！」

と息巻いた。義隆から、

「『隠し子じゃない。そのことは家族も全員知ってる』って言いなよ」

とアドバイスされても、

「殴ってやる！」

といきり立っている。

本当のところ、義隆にも青天の霹靂《へきれき》のような話で、当初「隠し子」とは邦子のことと勘違いしていた。母の貞子に確かめると、

「知ってるわよ。知らないの、あんただけよ」

と呆れられた。姪の啓子は、丹波本人から、

「あのきれいなおねえさん（E子さん）のことは、誰にも言っちゃだめだよ」

とかねがね口止めされていた。

丹波は、芸能マスコミと対峙する当日の朝になっても落ち着かなかった。

「どうしよう、どうしよう」

とおろおろしている夫に、貞子は、

「なに言ってんのよ。『隠し子』じゃないじゃない？　認知してるんじゃないの。それは『隠し子』って言わないわよ。誰に対してだって、隠すことないじゃないの」

と尻を叩いた。

義隆は、記者に取り囲まれている丹波を、少し離れたところから見守っていた。万一、父が記者に殴りかかりそうにでもなったら、飛んで行って止めに入るつもりでいたが、父のかたわらのマネージャーが、指で「ＯＫ」のサインを出したので、無難に乗り切れそうだとわかった。

貞子は自宅にいた。しかし、ワイドショーの生中継は観ず、あとで親しい歯科医の増田進致に、

「パパ、どうだった？」

と訊いた。

「いやぁ、堂々としたものでしたよ」

そう言われて、少し安堵したらしかった。

丹波は追い回してくるマスコミを避けるため、再発したガンを抱える邦子を伴って香港に逃れた。

十六歳の出会い

「E子さん」の芸名は「江畑絢子《えばたじゅんこ》」という。丹波からは「じゅん」と呼ばれていた。

三十数年前に芸能マスコミが張り付いていた府中市の自宅に、ミュージシャンになった子息と現在もふたりで暮らす。一九五五年に新東宝からデビューした当時、「日本のオードリー・ヘップバーン」のキャッチフレーズをつけられた面影を、八十五歳のいまも、ふとした表情やしぐさにとどめている。

生前の丹波との写真が無数に収められたアルバムのページをめくりながら、思い出話に花を咲かせたが、ふと、

「私の立場としては、裏切られたっていう気もしますね。どっかにちらりとありますよ。すべてが幸せばかりじゃなかったですから」

穏やかな口調でそうつぶやいた。

取材で三度目に訪れた際、私の依頼に応じて二階から手紙の束をかかえて降りてきた。丹波からの手紙を、彼女はすべて保管している。

「僕はお前に此の世の僕の愛と眞実の全部を降りそゝいだ。一片の残りも無い。お前だけが人生であり、お前だけが命なのだ」（句読点を適宜補足、以下同じ）

昭和三十四年（一九五九年）十月八日の消印がある手紙を皮切りに、丹波はロケ先から頻繁に便りを書き送った。

「絢の心根はよくわかった。これからは前に増してお前だけを愛そう。（中略）兎に角お前の途は僕の途だ」

「有馬の旅館で独りぽつねんと谷川の音をきき、山々の峯にきらめく星を眺めて、お前の事を考へていた。お前が考へている様な悪いことは全々《ママ》していないから、其の𠆢は全く心配しないでくれ。（中略）絢の方はどうだ。毎日手紙を書かねばだめだ。一行でも二行でも良い。（中略）絢は唯、俺を信じていれば、それで充分」

「尚《なお》、末尾に『ちょぴり《ママ》おかしい絢子より』とは何事だ。一度はいゝが、二度三度と書いてくれるな。お前自身は、己《おのれ》を優れた女性と思ひ込んでいて良いのだ。二度と卑下するな」（振り仮名は筆者、以下同じ）

文章の最後は、必ず上方に「絢」、下方に「哲」の一字で締めくくられている。

絢子は高校在学中に、友人の勧めで新東宝の「スターレット」というニューフェイス募集に応募して合格し、高校を中退して女優への道を歩み出していた。スターレットから誕生した有名俳優には、高島忠夫、天知茂、三ツ矢歌子、久保菜穂子といった煌《きら》めくような顔ぶれが並ぶ。

一九五五年春公開の『皇太子の花嫁』という映画で三十二歳の丹波と初顔合わせをしたとき、絢子はまだ十六歳だった。丹波のイメージは、撮影現場で若い女優たちにいつもちょっかいを出しては笑わせている、陽気な先輩のひとりといったものだ。丹波にしても、最初のうちは妹のような感覚で接していたのではないかと、絢子は推測する。

親しくなったきっかけは、丹波が乗っていた「ルノー」の売却にあった。もともとクルマ好きの絢子は、免許も取れない年ごろから、撮影所内だけという条件付きで、先輩たちのクルマを借りては運転を楽しんでいた。

十八歳になり免許を取得してまもなく、丹波から、クルマを買い替えたいのでルノーのクーペを格安で引き取らないかと持ちかけられる。絢子が喜んでうなずくと、丹波は、

「二十五万円でいいけど、キスしてくれたら五万円まけて二十万円にしてあげるよ」

と、おどけた口調で言った。彼女は、

「けっこうです」

と笑って断り、言い値の二十五万円で購入した。

丹波は、そのころ世田谷にあった自宅からルノーを運転して、府中市の絢子の自宅まで届けにきた。助手席には貞子が座っていた。貞子はちょうど三十歳で、絢子とは年がひと回り違う。丹波夫妻には、一歳になったばかりの男の子がいると聞いていた。絢子が貞子の姿をじか

に見たのは、それが最初で最後となった。

絢子も、丹波の好意には気づいていた。彼女が盲腸で入院していたときなど、毎日欠かさず見舞いに来てくれた。丹波は同室の患者たちを冗談で笑わせ、さっと引きあげるくらいで、ことさら彼女の気を引こうとはしなかった。絢子にしろ、十六歳も年上で妻帯者の彼は、はなから恋愛の対象外であったから、いたって気楽に付き合えた。

退院後も丹波に誘われ、ときどき食事やドライブに出かけた。伊豆までドライブしたおり、丹波から、

「ちょっと休憩しよう」

と言われ、最寄りの旅館に立ち寄った。絢子は文字通り「休憩」のつもりで、旅館の仲居に勧められるがままひとりで風呂につかっていると、浴室の扉が突然あいて、裸の丹波が入ってきた。

彼女は愕然とした。恥ずかしさとともに、怒りがこみ上げてきた。思わず手で顔を覆い泣き出すと、丹波は大あわてで浴室から出て行った。

気まずい思いで部屋に戻ったところ、丹波が涙を流している。

「オレのこと、愛してないんだ」

ぽつりと言ったので、絢子の驚きは一層つのった。

思い返せば、丹波はそれまでに何度も、

「じゅんと結婚したい」

と言ってきた。毎回、冗談と聞き流し、真に受けなかったのだが、丹波はいつのまにか本気になっていた。

やがて丹波の強引さに負けて関係を持ったとき、絢子は、

「たいへんなことをしてしまった」

と思った。

「もうどこにも行き場がない」

と慄《おのの》いた。丹波への愛情とともに、罪悪感と絶望感がいちどきに押し寄せてきた。

クルマひとつで家を出るから

丹波本人は、どう考えていたのか。絢子個人への感情を、丹波は生前、まったくと言ってよいほどおおやけにしていない。

最初に「二人妻」のことが女性週刊誌で取り上げられたとき、

「江畑絢子さんに対しては、なにか、特別の感情をお持ちですか？」

と問われた丹波は、

「社会的に公式な関係以外のことについて、公式発言をすることは許してもらいたい」

と珍しく言葉を濁した。

「とにかく恋愛感情というものは一般論として、モラル、あるいは、社会習慣をのりこえて発生することがある。それがある年月をへて愛情というものにまで昇華《しょうか》されたときは、弱い人間の力ではこの二つの力の衝突《しょうとつ》を解決させることができないものだ。それは寂しいことであり、悲しいことであり、またそれゆえに美しいことにもなる。ぼくの生活の信条は、ぼくにつながるものを不幸にしないということだ。そのための悩み、苦しみはぼくが当然甘受《かんじゅ》します」（『女性自身』一九六七年十一月六日号、振り仮名は原文のまま）

また、貞子との結婚があまり本意ではなく、貞子に主導権を握られて入籍に至った経緯に、内心忸怩たる思いがあったのはたしかなようだ。丹波は、

「もう、結婚した時は捕虜になったような、最低の気分だったですヨ（笑い）」（『週刊女性』一九九九年一月一日号）

と認めている。さらに、

「この女性と結婚するとは夢にも思っていなかったよ。結婚したときには嫌々だったね」（『この映画がすごい！』二〇〇一年八月号）

とも語っていた。

中年期以降の丹波は、みずからの霊界研究の成果を世に広めるべく、無数の講演や人生相談を引き受けたが、結婚に関しては判で押したように同じ話をした。

「夫婦というのは、あるいは恋愛をして、あるいはお見合いをして、結ばれると一般には思っ

ているでしょうが、それは間違いなのです。霊界から高級霊が人間界をウォッチングしており、わざと性格のちがった男女を赤いひもなり、青いひもなりに結びつけるのだが、わざと性格の合わない男女を結びつけ人間界で長丁場同じ屋根の下で、『がまんせい』というのが、この場合の結婚の大目的なのである」（丹波哲郎・来世研究会共著『来世はどうなる』、二重カギ括弧は筆者、以下同じ）

したがって、

「それを『性格の不一致』なんて言って別れるなんてとんでもない」

「だから、離婚というのは、神様が『馬鹿だなあ、あいつは』と、言っているのと同じなのです」

と述べている。いずれも六十五歳で刊行した『来世はどうなる』の一説だが、絢子との恋に落ちたのは、その三十年余り前の出来事だった。

当時の丹波は、貞子との離婚を真剣に考えはじめていた。絢子には、

「クルマひとつで家を出るから。なにもかも捨てて、じゅんと一緒になるから」

と約束した。絢子は逡巡し、

「別れなければいけない」

と幾度も思った。なぜなら彼には妻子がいるのだから……。

丹波は、一九五九年七月後半から八月半ばにかけて投函したものと思われる絢子への手紙に

記している。

「絢さん
今囘《こんかい》の事は、実は僕が此の卋《よ》で最も恐れていた不安だった。

でもそれが今、足もとから起るとは思はなかった。

此の不安（絢が去って行く）が、四六時中頭の中でのた打つ爲に、一日も早く絢と一緒にならねばと気があせり出した。

その矢先此の度の事が起った。

僕は二年、長くて三年の時間をその準備に計算したが、それは余りにも悠長だった。気が長《な》が過ぎたのだ。

一つには、絢の僕への愛情を絶体《ママ》のものと確信していた爲だ。

僕は今、限りわからぬ苦脳《ママ》の中に独りさまよっている。目的も、張も、前進する爲の勇気さえも失おうとしている」（傍点は筆者、以下同じ）

文中の「此の度の事」とは、貞子が小児麻痺に罹患し、突如として歩けなくなってしまった事態を指している。結果的に、貞子との離婚と絢子との再婚を、今後二、三年の歳月をかけて実行しようとしていた丹波の口約束は、ことごとく白紙に戻された。貞子は丹波に、

「私がこんな病気になったのは、死んだ母が、あなたを私の元に引きとめてくれるようにしているからだと思う」

そう語ったと、丹波は絢子に伝えている。

絢子は、もう別れるしかほかに道がないと思った。誰よりも貞子に申し訳なかった。

貞子が病に倒れてまもないころ、別の男性から求婚されたのを潮時に、身を引こうと決意した。ロケ先の丹波に、ある人と婚約するつもりとの手紙を出すと、すぐさま便箋十二枚にもおよぶ返信が送られてきた。

「絢子の言ふ、僕の家庭が破れるのを気づかっての犠牲的婚約ならば、ことさら九日の夜、絢子から進んでも我々の『思ひ出の場所』へ行って、お互に眞実を見せ合ふべきだった」

文中の「九日」とは、丹波が関西での仕事を終え、十数日ぶりに絢子と再会したときの日付である。「思ひ出の場所」とは羽田空港のことだ。ふたりは羽田空港で逢瀬を重ねていた。

「三年有余の間、神にかけ、天に誓って、君一人を愛し續けた」

この文面通りなら、丹波は一九五六年ごろから絢子に執心していたことになる。

「僕は心配だ。絢子を連れ去った者が本当に絢子を幸せにしてくれるだらうか。僕が命を掛けて愛した絢子は、断じて幸福で暮して欲《ほし》い」

「『寝ても覚めても』文字通り一瞬たりとも、絢子の面影が脳裡から離れた事の記憶が無い。それだけに絢子に集注《ママ》した僕の全精神が、此の三年有余の間に一生涯の花を咲かせてくれたのだと思ふ」

テレビドラマ『丹下左膳《たんげさぜん》』の主役に抜擢されたことなども含めて、「一生涯の花」に譬えているのだろうか。

「是れが僕の唯一の青春だったし、生き甲斐であった。唯、無念に思ふは、家庭に入る前に絢子に会へていたらと独り冥目《めい》する」

「僕の絢子は僕と共に、何時《いつ》の迄《まで》も共に有ると思ってゐた」

「僕以外に、此の迄に絢子を心の底から愛し、且《かつ》、絢子の人間を正確に知っている者が誰一人あらうか」

丹波は、絢子の、懊悩のただなかで、ときに気力を失いがちな様子も細やかに見つめ、手紙の中で活写している。

「(絢子は)最初に、眠そうな目が焦点を失ひ初《ママ》める。目の力が消えて行くに従って顎《アゴ》を突き出す様になる。ぼんやり前を見詰めて、口数が少くなる。肩の力が抜けて背中が増々《ママ》円くなる。気だるそうなからだに、無気力な顔が白々と唯乗っている」(括弧内は筆者)

三十七歳の丹波から、こんな視線を注がれては、二十一歳の絢子にあらがうすべはなかっただろう。

丹波は、一九六一年三月五日に放映された『トップ屋』の台本の空欄一ページを目いっぱい使って、

「永久に強く大きく愛しているぜ、お前も元気に俺に續け」

「俺がいる、お前の中にいる、お前がいる、俺の中にいる」

「絶体絶命、唯それ一ツだけ、世の中の眞実、唯それ一ツだけ」

と記してから、絢子に手渡した。

いつのまにか絢子が決心した「婚約」は立ち消えとなり、寸暇を惜しんで府中市の彼女の自宅に通ってくる、丹波を迎える日々が始まった。

「ここにいると、ほっとするんだよ」

丹波は、よく安堵のため息を漏らした。だが、その刹那にも、彼女には彼の家庭のことが頭から離れない。丹波がちらりと時計を見るしぐさをするだけで、たちまち暗い気分に落ち込んで、つい黙りこくってしまう。それまで明るくふるまっていたのが嘘のような急変ぶりに、丹波は、

「どうして機嫌が悪いのかわからない」

と嘆いた。

貞子の体が不自由になってからは、丹波との関係自体を清算しようと何度も試みたが、そのたびに丹波は、

「決して悪いようにはしないから、黙ってついてきてくれ」

と言うばかり。あとは「待ってくれ」「待ってくれ」の一点張りで、「ギル（義隆）が小学校を卒業するまで」が、やがて「中学を卒業するまで」になり、さらに「高校を卒業するまで」「大学を卒業するまで」に延びていく。ただ「貞子が健康を取り戻すまで」とは、一度も言わ

なかった。

絢子も、貞子が病床に伏したあとは、「結婚」の二文字を自分のほうからはいっさい口に出さなくなった。頼りは「黙ってついてきてくれ」という丹波の言葉のみだが、世間から見れば〝愛人〟という不安定で後ろ暗い立場に心ならずも置かれてしまった。

つらくて、夜どうしても眠れない。みずから「結婚」を禁句にした二十一歳のときから数年間は、睡眠薬が手放せなかった。「死のう」と思ったことも、一度や二度ではない。

丹波も、絢子の自死を何よりも恐れていた。外で絢子と会い、クルマで府中市の彼女の家に送りとどけたあと、自宅に帰る途中で急にUターンして戻ってきたこともある。

「胸騒ぎがして」

と、丹波は真剣な目で言った。

情熱の手紙

丹波との結婚がかなわぬ夢と思い定めてからというもの、絢子の最大の喜びは、海外ロケを利用してのアジアや欧米各地への旅行になった。

香港でショッピングを楽しみ、ハワイのビーチに遊んだ。イタリアではポンペイの遺跡を訪ね、ベニスのゴンドラに揺られた。このときばかりは、ふたりだけの時間が思う存分とれた。

アメリカのロサンゼルスでは、ばったり石原裕次郎に出くわしている。丹波が「裕ちゃん、

なにしに来たの？」と訊くと、

「僕、ボートを一隻買うんで見に来たんですよ」

と、ひと回り年上の先輩に終始敬語を使って応じていた。

両者の共演は意外なほど少なく、映画で二度、テレビで一度あるだけだ。テレビでは、『Gメン'75』と同時代に警察ドラマの人気を二分した『西部警察』との〝コラボ特番〟で、ふたりは同じ画面に並び立っている。

丹波は、絢子と海外で過ごすようになる以前から、国内での地方ロケのあいだですら、居ても立っても居られないような筆致の手紙をよこした。

「早く帰り度《た》くて絢の顔を見たくてどうにもならない。昨日夕方の海で絢ッ絢ッ、と沖に向ってどなって見たら、向更《ママ》（「尚更」の誤記か）さびしくなってしまった」（昭和三十六年七月二十七日消印）

「それにつけても絢を連れていたならと何かにつけて思はれ残念。（中略）離れているとお前無しではとても居られない事が実に痛切にわかる。俺はお前を一生離さないぞ」（昭和三十六年七月二十九日消印）

こうした求めに応じてロケ先に出向いているうちに、絢子は丹波の付き人同然になっていく。ロケ先では、お互いに仕事の話はほとんどしなかった。

『キイハンター』のあとに放映された『アイフル大作戦』の地方ロケの際、飛行機のチケットが絢子の分だけ用意されていなかったことがある。丹波は喧嘩腰で、スタッフに詰め寄った。あんなものすごい剣幕で他人に食ってかかる丹波を、絢子はあとにも先にも見たことがない。

丹波の周囲は、絢子をごく自然に受け入れていた。『キイハンター』の共演者やスタッフのあいだでも、家庭の内と外での〝二人妻〟の存在が、いつしか暗黙の了解となった。もちろん丹波や周囲の人びとが貞子の前で絢子の話題にふれたりはしなかったが、貞子はふだんの会話でも「府中」の地名を聞くことすら毛嫌いしていた。

海外ロケともなれば、丹波の絢子への思いはなおさらつのった。エアメールが毎日のように届く。

「手紙有難う。何がうれしいと云ってお前の手紙を受取る時程うれしい時はない」

「唯々僕はお前の来るのを待ちに待っているだけだ」

「お前が此処に来たら僕は最もやさしくする積《つもり》だ。

亦《また》僕はお前を皆のものに自慢にする。それ程お前はここで眼立つだらう。僕にはお前程やさしく、美しいものはない」（以上、一九六三年四月一日消印）

次のような手紙まで、マレーシアから日本にいる絢子に差し出している。

「今の僕の愉しみは、お前が当地に来る事だけに掛っている。

仕事など糞喰へだ。

お前を連れてあっちやこっちへ行ったり、立派なレストランド《ママ》へ連れていったりするのが愉しみなのだ。お前のいない間、当地で僕がどうしていたか、そっと教へてやる。それは大変かわいそうな話だが、風呂の中でお前の寫眞を見ながら……してた。

ｍｙ絢　ｙｏｕｒ哲」（一九六三年四月六日消印）

ちょうど四十歳の〝不惑〟の年を迎えていた丹波は、『第七の暁』の撮影で、三月一日からマレーシアのクアラルンプールに滞在中だった。外国映画への本格的な初出演とあって、日々英語の特訓に追われていた。

「一日も早く来い。プロジュ《ママ》サーは今の処お前が来て、日本語を使ふ事を大反対だが、ウイリアム・ホールデンは大変僕の味方だから、何か方法を見つけてくれるさうだ」（一九六三年三月二十六日消印）

　繰り返しになるが、オードリー・ヘップバーンと『麗しのサブリナ』で共演したウィリアム・ホールデンである。

「最悪の場合（日本の外務省のビザの検査期間が四十日位長い時）はウイリアム・ホールデンが俺にまかせてくれと云っている。此処はお前が居てこそ天国だが、お前が居なければ、こんな退屈な、こんな單調な処はないよ。出来れは《ママ》明日にでも来てもらいたい」（一九六三年四月一日消印）

　絢子がロケ先に到着するや、丹波にとって天国にいるような心地の日々が始まる。絢子にも、マレーシアは強く印象に残った。どこに行っても花の良い香りがして、ウィリアム・ホールデンから懇切な対応をされたと、懐かしげに回想する。

　こうした蜜月の反面で、彼女の不安定な立場がおおもとの原因にある口喧嘩も絶えなかった。

「顔を合せれば安心してケンカをし、離れていれば、身が細る程さびしくて心配し合っている俺達」

「俺はこの世で何が一番欲《ほし》いか、何度も何度もたづ《ママ》ねてみても、お前の笑顔だと答へてくれる。その通りだ。お前の笑顔が俺の全てだ。お前の笑顔さえあれば俺は何もいらぬ」（一九六三年六月十二日消印）

　絢子をクアラルンプール空港で見送ったあと、後悔の便りを認《したた》めた。

「俺は今、非常に感傷的だ。遙かに遠くから来た絢を、怒らせたり、悲しませたり、苦しませたり、俺は申しわけない」

「俺はお前が側に居ると、それだけで何んとも言へぬやすらぎを感じて、静かに本を讀みたくなる。お前は、くたびれに、病気をしに、そして退屈しに来たやうなもので、申しわけない」

　丹波はもうすぐ、『第七の暁』の仕事でイギリスへと発つことになっている。絢子が去ったクアラルンプールのホテルの部屋に戻ると、

「何んとも云へぬ、いやな、空っぽな、すてっ《マ》ぱ《マ》ちな、何もかもどうでもいゝやうな気持」に陥った。ベッドにひっくり返って天井をながめながら、

「これからは、どんな事があっても、絢にいやな、悲しい思ひをさせまい、絢が俺と一緒に暮せる迄はどんな事があっても浮気のウの字もすまい、絢を安心させよう」

と「子供みたいに、俺は力んで誓った」と記している。

「人間なんて不思議なものだ。お前が帰ったその日から、お前が残して行ったサンダルをじっと眺めて、胸苦しくなって、深い溜意気《ママ》がからだの力を根こそぎに持って行ってしまふ。淋しくて、やるせなくて、何もする元気もない。（中略）サンダルをかれこれ一時間位眺めていたらうか。それからハナオの接目《つぎめ》をカミソリで擴げてはいてみた。少さい《ママ》が、はけぬことはない。ロンドンへ持って行く事にきめたら落着いて来た」

文末には、

「お前の、本当の、唯一人の、誓ひを新たにした男より」

とある（一九六三年六月十日消印）。

丹波は、どうやら絢子の来訪前に、別の女性とひと悶着《もんちゃく》あったらしく、

「（絢子が浮気相手に）刺されるかもしれないから、気をつけな」

と注意して、絢子を唖然とさせた。

その一年後の手紙では、過去の女性たちと絢子とを比較している。

「俺は絢に会ふ以前に幾人かの好きな女がいた。絢の言ふ戀愛の規則たる『樂しい思ひ出』の中に化石になった幾人かはいた。

然しその人々は唯、『樂しい思ひ出』と云ふ着物を私に着せてくれただけだ。

絢は違ふ。絢は本質的に全く違ふ。

絢との思ひ出は正に俺の全身に『いれずみ』となって刻まれている」

そこで、だしぬけに、

「五社さんすら心配してくれている」

という一文が顔を出す。五社英雄監督に相談していたのだろう。

「俺には妻子がある。それ故にこそ、俺達はお互ひに固く〳〵信じ合はねばならなかった。

表面はどの様に見えようとも、俺の全部はことごとく絢のものだったのだ。

これは絢が何んと言おと《ママ》俺は断言してはばからない。

俺の一方的な願ひを言はしてもらへば、絢よ待ってくれと云いたい。（中略）（それは）唯、更に〳〵絢を苦しませ、淋しがらせるだけだらうか。本当にすまない、悪い、悪い。

絢が苦しさの餘り、俺から去って行こうとする気持は無理はない。唯、絢だけが苦しんでいるのではない事を知ってもらいたい。

俺は涙が出て来そうだ。

人一倍涙もろいんだよ、俺は」

めったにないことだが、貞子にも言及している。

「妻は最早他人の一人になりきっている。

健康にしや《ママ》る事だけが、残された俺の義務だ。
俺は絢に対する消える事のない愛情の炎に身を焼かれながら、妻に対する世間的な責任のために頭がぐら〳〵する」

丹波はこう記すが、貞子への気持ちがそれほど冷え切ったものではなかった事実は、のちに詳述する。

別離を求める絢子を、丹波はまたしても懸命に引き留めようとする。

「今、絢は俺から去って行こうとしている。
俺を愛する事が苦痛ならば愛さなくてもよい。俺に愛される事が苦痛ならば、俺は一人で胸の奥底深く、そっと大切に愛の火をたき續けやう。
忘れないで下さい。
絢の笑顔だけが俺の命であったことを」（一九六四年九月二十八日消印）

便箋一枚を使って、

「来てくれ、
頼む。」

とだけ大書したものもある。

絢子はこのときも情にほだされたのか、丹波との関係を断ち切れなかった。

一九六六年に『００７は二度死ぬ』の撮影で訪ねたロンドンからも、丹波は熱烈なラブレターを出しつづけている。一通のみ紹介しよう。

「明日は午後から大英博物館へ行こ とう《ママ》思ふ。僕のすきな考古天文学が一ぱいある。大陽《ママ》から飛んできた流星など大小たくさんあるとのことだ」

　この箇所は第四章でも紹介したが、次のように続く。

「そんなものでも見ていれば多少落着くだらう。然《しか》しなんといってもお前が居ないと云ふ事は恐しいものだ。どんなににぎやかな処でも、どんなに美人の澤山居るパーテーでも、どうしやうもない、風に吹かれたカカシの様な淋しさを感じる。早くお前の冷い白い裸をだきしめたい。お前の口唇に僕の部厚い胸を押しつけたい。今夜は仲々ねられそうもないからウイスキーを飲む」（一九六六年七月十四日消印）

『００７』の撮影中、丹波はショーン・コネリーと仲違いしそうになった。というのも、丹波が出番で留守のおり、コネリーが絢子を食事に誘って口説こうとしたためで、丹波は直接コネリーに猛抗議し、コネリーから平謝りされたのでおおごとには至らなかった。

　絢子から見ても、『００７』に懸ける丹波の意気込みは並々ならぬものがあった。ホテルの部屋でもクルマの中でも、ひまさえあれば英語のテープを聴いている。特に、イギリス人並みの完璧な発音でセリフを言おうと、繰り返しスピーキングの練習をしていた。「日本にいるときはセリフを覚えない人なのに」と思うと、なんだかおかしかった。

狂気が全てを解決する

第五章で、丹波が『智恵子抄』の高村光太郎役を熱演しているさなか、病妻の智恵子の上に、貞子を二重写しにしていたのではないかと述べた。

ところが、丹波は絢子への便りに、こう綴っている。

「俺は今『智恵子抄』に全力を投じている。

俺は智恵子を絢子と信じて演じている。

智恵子を絢子と信じてこそ、俺はこの仕事をやり通すことが出来そうだ。

カット毎に絢をまぶたにしっかり浮べて演じている。絢を眞實に愛した俺こそ光太郎を演じることが出来るのだ。

この映画は世の多くの者を感動させ得るだろう。それは俺が眞実に一人の女を永久に愛した力が滲み出しているのだ」

手紙の日付は「42・3・4日」、すなわち昭和四十二年（一九六七年）三月四日となっているから、まさしく『智恵子抄』撮影の最中に書かれたものだ。

思わず目を見張らされるのは、絢子と恋愛関係になってからの、十年以上もの歳月を感じさせない、丹波の恋情の激しさである。

「本番の前に俺は眼を閉じて、絢の顔をじっと見つめる。それ以外に俺は演ずることが出来ない。絢を愛した力が、俺を動かして行くのだ。今日、演じた。お前をしっかり眼ぶたに映《え》がきなから《ママ》、取らへながら、さゝやきながら演じた。この映画はお前も是非見てくれ。俺がどの位お前を愛していたか自然にわかるだらう。これは演技ではなく愛なのだ」

文中の「俺がどの位お前を愛していたか」という箇所が、ふたりのあいだにまた何かが起きていたことをうかがわせる。

「お前がもう俺に会ひたくない気持はわかる。お前は俺を愛しているが、自分自身をもさらに強く愛しているのだ。お前は俺の爲に生れて来たとは思ひたくないのだ。自分の幸福を追求する爲に、俺との縁を断ち切らうと努力しているのがよくわかる」

絢子が別れを告げる手紙を出すと、折り返しで、それを必死に思いとどまらせようとする丹波からの返信が届くのは相変わらずだった。

「お前の去ったあと、山の様な寂しさと山の様な愛情が俺を苦しめた。
大人気《おとなげ》なく京都でケンカした事をわびる。
其の日の夜ヤケぱち《ママ》で大きなマージャンを朝五時迄《ママ》までやった。そして勝った。不思気《ママ》だ。
勝った金は七萬、わびのしるしだ」

七万円が、現金書留で絢子宛てに郵送されてきた。いまなら三十万円ほどに当たろうか。

絢子は、それでも直接、別れ話をするつもりでいた。京都・太秦の東映撮影所での仕事から帰京した丹波と、六本木の「アマンド」で落ち合った。向かい合わせに座り、絢子が今度こそ

別れたいと語気を強めると、丹波は周囲の客の目もはばからず、泣きながら、

「(「別れる」と言うのは) やめてくれ」

と訴えた。丹波が絢子に涙を見せたのは、伊豆の旅館とこのアマンドでの二回だけだ。丹波は乱れる気持ちを、率直に表現している。

「お前はいつも俺から離れねばならぬと思ひ思ひ、今日迄で来た。お前は俺から離れるキッカケをさがしていたのだ。俺はお前を追ってはいけないのだ。お前を遠く逃してやらねばならぬのだ。その遠い所にお前の幸福が待っているかも知れぬのだ。俺はお前を独りにしておこう。お前が自分で、自身で、俺が此の世で本当に、たった一人の必要な人間であると全身で感じた時、俺はお前と会ひたい。それがどの位長い年月を過ぎた後でもかまはぬ。俺は俺の方から一方的にお前を見つめている。

俺はお前を見つめている、見つめている。

俺の愛の手は、何時でも何処でもお前に向ってさしのべている。お前が自分自身で感じ取る迄、お前は俺のために生れたのだと云ふことを。

俺はお前を愛している、愛している。

永遠に、永久に、遠く遠く、はるか、はるか」

丹波は手紙の冒頭でも、

「俺にはお前がある、お前がある」

「お前は俺の爲に生れたのだ。

俺にはお前がある、
お前がある、お前がある」

と呪文のように同じ言葉を連ねている。尋常ではないと思われたとしたら、丹波のために弁明しなければならない。高村光太郎の詩集『智恵子抄』のページを繰れば、丹波がどれほど自分を光太郎と重ね合わせていたかが一目瞭然だ。

たとえば「ルフラン」という詩の反復技法は、光太郎が、

「私にはあなたがある
あなたがある
あなたがある」

といったふうに好んで用い、智恵子への愛の深さを読者の胸に切々と訴えかける効果を、いかんなく発揮した。また、『智恵子抄』の中で最も印象的な表現のひとつが、

「あなたは私の為めに生れたのだ」

という一文であることは、すでに原作や映画、テレビ、ラジオなどを通じて世にあまねく知られていた。換言すれば、この手紙は、演技を通じて光太郎が憑依《ひょうい》したかのような丹波が、智恵子と同一視された絢子に向けて書かれたものとも読める。それにしても、丹波の強烈な独占欲は、二十九歳になったばかりの絢子を、とてつもなく束縛しつづけたはずだ。

『007』と『智恵子抄』でキャリアの第一のピークに登りつめたかに見えた丹波だが、内面

では苦悩の極に達していた。国際的なスターになった一九六九年に、いくつかの仕事を放擲《ほうてき》してまで、ひとりイタリアに逃避している。ローマからの手紙には、感情の箍《たが》が外れたかのような丹波の肉声が溢《あふ》れんばかりだ。

「お前は言ふ、あなたには家庭があると。それを言ふな。それに答へれば、悪魔ですら俺を見すてゝしまう。それを言ふな。俺は死なねばならぬ。俺は死んでもいゝ。俺はこの様に苦しいんだ。この苦しさが俺を狂気の様にローマに運んだ。（中略）お前から離れ、家から離れて、俺は考へたかった、どうしたら良いのかを」

「12年の間、お前は未だ俺がわからず、俺を信用出来ず、俺を頼りに出来ない。不安で不安で、狐《ママ》独で狐《ママ》独で、無理もない、無理もない。12年もの長い間待っていたお前を、こんな風に思ひ込んだ俺は、何んと云ふ馬鹿、何んと思いやりの無い手前勝手。お前が不気《ママ》嫌になるのは当り前。お前が俺にだけ我儘なのは当然すぎる程当然。

　俺はお前に謝まらねばならぬ。お前に依って俺の人生の花は開き、お前の血が通って、その花の実は成った。お前無しで俺の人生に何が有ったらう」

　そして、最後に叩きつけるかのごとくペンを走らせている。

「俺は今ぎりぎりの点に来ている事を知っている。俺の眞の幸福は、満足は、喜びは、お前と一体になる事以外にないのを、はっきり知っている」

「12年もへて、どうして此の熱い愛の火が消えぬのか。（中略）お互ひがお互ひの片われだからに相異《ママ》ない。半分ずつだからにちがいない。（中略）何を書いているのかもうわからなくなった。お前戀しさに気が狂ひそうになって来た。それで良い。それでい丶んだ。狂気が全てを解決する。狂気なくして人生何が出来ようぞ」（一九六九年四月三日消印）

もうひとりの息子

一九七五年のある日、『Gメン'75』で部下役をつとめた藤田美保子は、撮影の合間に、丹波からいきなり、

「美保子、オレには隠し子がいるんだ」

と告げられる。

藤田は「またいつものホラ話が始まった」と受け流した。天下の丹波哲郎が、大スキャンダルにもなりそうな話を、ぽろりとしゃべるわけがない——、心の中でそう決め込んだ。

丹波も、それ以上は何も言わなかったが、十数年後の隠し子騒動の際、藤田はあのときの丹波の様子を振り返って、子どもができたことがうれしくてたまらず、誰かに言いたかったのだろうと気づいた。同時に、誰かに話すことで気持ちを落ち着かせたかったのかもしれないと、丹波の胸中を察した。

絢子の妊娠は、彼女の家族を大いに困惑させた。姉たちからは「産むなら姉妹の縁を切る」とまで反対されたが、丹波に「オレの子どもが欲しい」と言われ、長年、不妊治療を続けてき

た絢子の意向を父が尊重してくれた。丹波が父のもとに出向き、

「お嬢さんのことは最後までちゃんと責任を持ちます」

と誓ったのが幸いしたのかもしれない。

絢子が男児を出産すると、丹波は大急ぎで母子のもとに駆けつけた。満面の笑みで新生児を抱きかかえる姿が、写真に残されている。男の子は、丹波の本名の「正三郎」から一字をとって「正樹《まさき》」と名付けられた。

生後まもない正樹を抱いて（左端が江畑絢子）

丹波は子煩悩な父親になった。義隆の幼少時、仕事に忙殺されて父親らしいことがほとんどできなかった過去を悔いていたのだろうか。
府中市に隣接する調布市の日活調布撮影所や近隣で野外ロケがあると、時代劇の侍姿や、『Gメン'75』のトレンチコートに拳銃のホルスターをワイシャツにつけたままの格好で、ベンツのオープンカーを飛ばしてやって来る。居間に入り、手にした模造刀や模造銃

をピアノの上にどさっと置くと、夢中になって正樹と遊んだ。

丹波が杉並の自宅に帰ったり仕事に戻ったりしようとすると、正樹は小さな手で父の服を摑んで放さない。泣きじゃくるその子をなだめて丹波を送り出すのが、絢子には毎回ひと苦労となった。一度だけ、丹波が、「しょうがないなぁ」と外出するのをやめ、『Gメン'75』の撮影をすっぽかしたこともある。

やがて小学校に通いはじめた正樹は、作文に「お父さんは刑事です」と書くようになった。なぜなら父は拳銃も手錠も警察手帳も持っている。テレビで悪人と戦っている姿も、この目で観た。一点の疑いもなく、刑事の仕事をしていると信じ込んでいた。

子どもの正樹から見ても、父は大人気《おとなげ》なかった。正樹におもちゃの拳銃を買うとき、自分もエアガンを購入するのだが、撃ち合いごっこで負けると、ムキになっておもちゃ屋へ買い替えに行く。

父の付き人に伴われて撮影所へ遊びに行ったおり、ちょうど石原裕次郎が来ていると聞いて、裕次郎本人からサインをもらい、はしゃいで帰ったら、

「おまえは、どっちがスターだと思ってるんだ！」

と真顔で叱られた。

両親や友達と一緒に行った伊豆の温泉でも、珍事を引き起こした。父は旅館の池のほとりで、鯉に麩《ふ》のエサをやっていたのだが、袋がカラになってしまい、代わりに、旅館の人に買っ

てきてもらったドッグフードを池に撒いた。さすがに鯉が食べ飽きたのか、まるで寄ってこなくなると、父は池に向かって、

「なんだ、ここの鯉は！　オレを誰だと思ってるんだ！『世界のタンバ』だぞ！」

と演技か本気かわからないような顔で怒っている。そのあとで、正樹が友達とプールに行きたいとねだったら、

「目の前にあるじゃないか。鯉もいるから気持ちいいぞ」

と、旅館の池で友達と一緒に泳がされた。思い返せば、近隣のリゾートホテルにあるプールに子どもたちを連れていくのが、世間に顔を知られている父には鬱陶しかったのだろう。

珍しく府中の家に泊まる夜には、正樹が寝付くまで霊界の話をしてくれる。

「いいことをしたら天国に行く。でも、悪いことをしたら地獄に落ちるんだ。その地獄には閻魔大王というヤツがいてなぁ……」

低い声で延々と聞かされ、怖くて眠れなくなった。ほかの大人にはない威圧感が、父にはあった。

長じては〝霊界問答〟も交わした。

「お父さん、来世がわかってるの？」

「ちゃあんとわかってるんだ」

「じゃあ、なんで生まれてきたの？　お父さんが生まれてきた目的は何？」

「（しばらく考えたあと）おまえを生むことだな」

「オレはお父さんを尊敬してるけど、精神的にはオレのほうが上っていうことはないの？」

「（またしばし黙考して）まあ、人生というのは、そういうこともあるかもしれないねぇ。……やっぱり、おまえはお父さんのあとを継ぐ人間だな。霊能力者からも、そう言われたんだ」

「死後の世界のことは子どものころから知りたいと思ってきたので、勉強はするけどね」

「おまえとやっていこう。一緒にやろうか」

「オレ、お父さんのあとを継ぐつもりはないよ」

絢子も、あまりに霊界のことばかり言い立てる丹波に、ときおり文句をつけた。

「さも自分があの世に行ったかのようには言わないでね。行ったこともないところのことを言わないでちょうだい」

丹波は反論もせず、苦笑していた。霊界への傾倒が、自分のスターとしての地位や名声を脅かすとはつゆほども思っていなかった。丹波には気が小さいところもあったが、そうした危機意識のなさは絢子も肌で感じていた。

丹波は毎月、四十万円の生活費を銀行振込で絢子に送った。当時としては何不足ない金額である。正樹にも月々のこづかいを送金した。絢子も美容体操のインストラクターをするようになり、自活しようと思えばできないわけではなかったが、「経済的に」「精神的に」「最後まで」「責任を持つ」と記者会見で言い切った言葉を、丹波は律儀に守り通した。

正樹の日に、ふたりはごく普通の夫婦に映っていた。

父から電話で「これから行く」との連絡が入ると、母はそそくさと買い物に出かけ、料理のしたくにかかる。「食べたい」と言ったものがすぐ用意されないと、父は不機嫌になるから、母はどんな注文にも応えられるように準備していた。

母も、言いたいことがあるときは、はっきりと言う。言い込められた父が、小声で、

「うるさいよなぁ。ちょっとおもちゃでも買いに行くか」

と正樹の手をとって、ぶらりと出かけることもあった。

正樹がミュージシャンになる素地は、幼少期にあった。父の勧めでバイオリンとピアノを幼稚園児のころから習っており、小学六年になるとエレキギターを父と買いに行った。地元の高校に進学したが、大学には行かず音楽の道に進みたいと告げると、父は、

「いいんじゃないか」

と賛成した。

ステージ・ネームは「KT」にした。父に、

「『隠し子・丹波』の意味だよ」

とバラしたら、涙を流さんばかりに大爆笑して、

「おまえはユーモアのセンスがあるなぁ」

と感心された。

「人の悪口は絶対に言うな」「顔はまず笑顔だ、笑顔が笑顔を呼ぶ」「どんな人にも自然体、いつもの自分で行け」

そう言われて育った。ただ一度だけ父に激怒されたのは、高校時代、バンド仲間のまねをして茶髪にしたときだ。それを見るなり父は正樹の髪の毛を鷲づかみにして、

「なんだっ、これは！」

と怒鳴った。そこまで感情的になった父を見たことがなかったので、あわてて黒髪に戻した。反抗期がなかったわけではないが、父は正面から向き合うのを終始避けているような気がした。

週刊誌に「隠し子」と報じられたあとは大変だった。府中の自宅前にはマスコミがたむろしているので、日中、外に出ることもできない。母方の祖父と親しいタクシー会社の社長が、ハイヤーを差し向けてくれたが、玄関からクルマの乗り口までブルーシートで幕を張って、写真に撮られないよう気をつけながら中学に通う始末だった。学校に行けば行ったで、「隠し子」とからかわれた。

丹波からは一回だけ短い電話があった。

「おまえのことは隠していないから、隠し子じゃないんだ。いろいろあるだろうけど、まぁ、人生というのは大変なものだからな。何も気にする必要はない。堂々としていろ」

その一方で、丹波は週刊誌の記者に、十四歳のわが子が精神的重圧から病院に通っていると

明かし、

「心配しているんだ」（『週刊ポスト』一九八九年七月二十一日号）

と漏らしている。

正樹はいま、ミュージシャンのかたわら、自宅で音楽教師やボイス・トレーナーの仕事もしている。父親譲りなのか、霊感や予知能力があるといい、ライブで死後の世界の話をしたりもする。

初めて府中の自宅を訪ねたとき、正樹は飾り気のないトレーナー姿で、歯ブラシを口にくわえて歯を磨きながら、のそりと玄関の外に顔を出した。とっさに、父の丹波が、『007』の現場にいつまで経っても現れないせいで、ショーン・コネリーたちがホテルの部屋へ迎えに行ったところ、みなの前で歯を磨き出したというエピソードを思い出した。

顔も体つきも、若かりしころの丹波を彷彿《ほうふつ》とさせる。とりわけ声がそっくりで、何度も父のモノマネをしてくれた。


「哲に裏切られた」

ガンが再発していた邦子は、「愛人・隠し子騒動」のあと、丹波への手紙に綴っている。

「これでは結局、貞子さんが〝主役〟で、江畑さんが〝留め〟で、私は〝中留め〟だ。そういう扱いしかしてくれないのか」

こんな内容が記された一通の手紙を、丹波は自宅の地下室にある書斎の目につくところに、いつまでも置いていた。

映画の登場人物を紹介するスクリーンで、しばしば最後の最後に名前が現れる〝留めのスター〟丹波は、邦子の気持ちが痛いほどわかったにちがいない。彼女は自分の存在など、エンドロールの中盤に出てくる〝中留め〟程度の重みしかないと悲しんでいるのだ。

しかし、丹波はいまや、その熱愛をもっぱら邦子に注いでいたから、新幹線のグリーン席で彼女にひたすら詫びた。

「おまえとこうなる前に、子どもができてしまった。いままでどうしても言えなかった。すまん、本当にすまん」

懺悔の涙が、丹波の頬をつたった。

第13章
死んだら驚いた

ハワイ・ホノルル国際空港で報道陣に囲まれる（1994年、産経新聞社提供）

童女天使

『丹波哲郎の大霊界2　死んだらおどろいた‼』は、第一作公開のちょうど一年後、一九九〇年（平成二年）一月に封切られた。

今回は、丹波が主人公を買って出た。妻に対する保険金殺人の容疑をかけられ、冤罪を訴えつづけながらも、死刑を執行されてしまう無実の人物の役である。

死者となった主人公は、自分を罠に陥れた真犯人が、罪の意識にさいなまれ自殺するところを、死後の世界から目撃する。死後の世界のすばらしさに魅了され、しかも青年時代の自分に若返った主人公は（ここから長男の義隆に交代する）、感謝の思いで満たされていたから、地獄に落ちた真犯人を救うべく、天国から身を挺して地獄へと降りていく――。

第一作の「応用問題集」と丹波は位置づけた。丹波の思考回路を深読みすれば、他者にどれほど裏切られようと人は許すことができるし、逆に他者をどんなに裏切っても人は救われる可能性があると、暗に言いたかったのではないか。

主人公に死刑の判決を下す裁判官の役は、タモリと明石家さんまに割り振られた。

もともとは丹波がハワイのゴルフ場のロッカー・ルームで石原裕次郎と渡哲也に出くわしたおり、裁判官役を依頼したのだが、あとでスケジュールが合わないからと断られ、代役にタモリとさんまを指名したといういきさつがあった。タモリの場合、スタジオの廊下で丹波から頭

ごなしに、

「タモリ、私の映画に出るよな⁉」

と言われ、

「はい！」

と否応なしに承諾させられた末、さんまとふたりでニコリともしない無機質な演技を指示された。

興行成績は散々だった。各地での上映は早々と打ち切られ、丹波によれば五億四千万円もの赤字を出した。杉並の自宅を抵当に入れて捻出した制作費も、まともに回収できないありさまだった。

第一作のプロデュースに携わった森島恒行は、クランクイン前に、

「柳の下にいつもドジョウはいないんじゃないですか」

と懸念を伝えていたが、自信満々の丹波に笑い飛ばされた。丹波は勝ち運に乗って、一気呵成に続編を仕上げたいようだった。

映画評は黙殺か冷笑かのいずれかだったが、丹波は、

「俺のこと、おちゃらかしたりしてる人、たくさんいるけども、俺は笑われてもいいよ。霊界のことが、少しでも多くの人の耳に入るならね」（『夕刊フジ』一九九〇年二月二十八日付）

と諦観したかのような口調で言い、予定通り第三作に取り掛かると発表した。

だが、内心では憤懣やるかたなかったらしく、のちにソニーの社長およびCEO（最高経営責任者）となる出井伸之《いでいのぶゆき》から昼食に招かれた席では、

「やっぱり日本の映画界はズルばっかりだな。金を湯水のごとく使うだけで、興行収入もでたらめだよ。誰かが（金を）ポケットに入れてるんじゃないか。もっとクリーンなビジネスにしないと、このままじゃ日本映画界は潰れてしまうぞ」

と言いたい放題だった。ソニーの先頭に立ってアメリカ映画界への進出を進めていた出井は、欧米の業界事情にも通じている丹波から、具体的な情報を得たかったはずだが、丹波の話は日本映画界批判にほぼ終始してしまった。

この間にも、邦子の病状は悪化していった。

彼女が元気なころには人目を引いた長い黒髪も、抗ガン剤の副作用で抜け落ち、そのため女性用ハットをかぶって、入院中の東京医科大学病院から来世研究会の会合に出席した。邦子のふくよかな顔を見て、

「会長さん、お元気になられたんですね」

とうれしそうに話しかける会員もいたが、薬剤のせいで顔がむくんでしまう〝ムーン・フェイス〟の症状が出ていたのである。

「このように太っていて元気で、どこがどうっていうことではないのですが、どのような治療

をしたらよいのかと現在検討中で、いずれ私に合った治療法がわかると思います。その時はすぐに治って、この会をばんばんと活動的に、皆様とやっていきたいと思っております」（『すなお』一九九〇年四月号）

一九九〇年三月に東京・中野公会堂で開かれた来世研究会の集会では、こんな挨拶をした。乳房の一部を切除されたうえに、髪の毛も失い、若い女性としては絶望に押しつぶされてもおかしくなかったのに、そんな様子はかけらも見せなかった。

病名を知らない会員たちにも、普段通りの微笑を浮かべて、

「私、ガンなんですよ」

と言い、その場にいた人々を驚かせている。

入院中も、見舞い客が呆気にとられるくらい陽気にふるまい、病室には不似合いな爆笑が響いたりもした。ベッドに起き上がりワープロで原稿を打ち、コードを枕元まで延長した電話で、丹波の仕事のアレンジや打ち合わせをこなした。邦子に「私、大丈夫ですよ」と言われると、本当にガンが完治するのではないかと相手に期待を抱かせるほどだった。

見舞いに来た友人には、

「もし私が先に逝っても、『ちょっとお先に失礼！　行ってきまぁーす！』って感じなのよ」

と、にこやかに話した。丹波も邦子がガンの手術を受けたころのインタビューで、

「だれもが明るい気持ちで死んでいけるようにしたい。天国はうっとりするほどいいところ

だ。人類に希望のないこの時代でも、実は天国に行くというすばらしい希望があるんだ」（『週刊朝日』一九八八年八月二十六日号）

と、邦子にも言い聞かせるように語っている。

丹波は、邦子が「天国」に行ったあとの交信の仕方についても、ふたりで話し合っていた。『大霊界2』で十万五千本もの造花を用意させ、天国の園に敷き詰めたのも、邦子がいずれ目の当たりにする光景を前もって見せ、希望に胸をふくらませて昇天できるようにしたかったからかもしれない。

そのかたわら、丹波はさまざまな民間療法にすがった。自身も愛飲していたクロレラ由来の健康食品から心霊療法まで、「ガンに効く」と言われたものなら手当たり次第に試した。霊能者の勧めで、邦子の病床を取り囲むように小銭をばら撒いたこともある。

入院は一年を超えた。頭髪はおろか長いまつ毛も抜け、手足の皮膚は干からびた。水分や栄養分などを補給するために、心臓の上方、肩甲骨の下あたりに穴をあけ、点滴が続けられた。ベッドのわきの採尿袋の中は、血液で赤く濁っていた。

血管も痩せ細って、注射針の入る静脈の場所がなかなか見つからない。肺水腫が進行しているらしく、肩で息をするようになった。ついには、白血球の減少が著しいので、抗ガン剤の投与もこれ以上は無理と主治医に告げられた。

邦子は我慢強く耐えつづけた。「痛い」とも「苦しい」とも言わない。丹波の数多くの著作の挿絵を描いた画家の近藤薫には、死に対する恐怖も皆無のように見受けられた。

だが、最後に高度医療機材のそろった個室へと移るとき、両手でベッドのへりを摑み、

「いやだ、いやだ！」

と抵抗した。その個室に入ったら最後、生きて帰れないという噂が、患者のあいだに広まっていたのである。

亡くなる直前には、息苦しさの余り、

「苦しい！　なんとかしてくれ！」

と叫んだ。担当医が意識を低下させる注射をすると、邦子は苦痛から解放されたのか、静かに眠りに落ちた。

ある著名な霊能者は、邦子の個室から出てくるなり、丹波にそっと、

「この方は助かりません」

と耳打ちした。

「でも、この方は『童女天使』です」

丹波が怪訝《けげん》に思い聞き返すと、霊能者は、邦子が死後、天界に行って、まちがいなく子どものように純真そのものの天使になると断言した。童女天使になれる人間は滅多にいないとも付け加えた。

長い闘病の果てに、一九九一年二月の厳寒の深夜、邦子は息を引き取る。三十四歳の若さだ

(1) 来世について共に語り合おう! ――明るく、すなおに、あたたかく。

すなお

No.61

1991年2月

いってらっしゃい、東島邦子会長

天国で会いましょう

発行 来世研究会 東京都新宿区 〒160 TEL.03(377)

東島邦子の逝去を伝える会員誌『すなお』

った。

このとき六十八歳の丹波は、邦子の享年の倍の長さを生きてきたおのれの背中を、薄暗い霊安室の壁にもたせかけ、ひとり物思いに沈んだ。邦子の弾けるような、特色のある笑い声も思い出していた。彼女の笑い上戸ぶりに、病院の場所柄をわきまえるように注意したこともあったが、もうそんな年長者ぶった説教もできない。

都内の寺院で開かれた告別式には、八百名もの参列者があった。来世研究会や『大霊界』の関係者に加え、丹波個人の友人・知人も多数弔問に訪れ、喪服の野際陽子や渡瀬恒彦の姿もあった。

シンセサイザー奏者・喜多郎の『シルクロードのテーマ』が、スピーカーから延々と流されている。その四年前に、来世研究会の披露目を兼ねた、丹波の盛大な講演会が催された当日、新宿コマ劇場の前にできた長蛇の列を見て目を輝かせていた邦子が、いまは棺の中で菊の花に埋もれている。来世研究会員のひとりは、彼女の顔が痩せて、ひと回り小さくなってしまったように見えるのが、不憫《ふびん》でならなかった。

丹波が弔辞を読み上げた。

「いま、ここであなたの名前を高らかにお呼びすることをお許し願います。東島邦子さぁん！」

と大きな声で呼びかけて始まり、彼女の功績を称えたあと、

「いつの日か、必ずあなたに再会できることを楽しみに、この世の務めを果たしていくつもりです。ありがとうございました。東島邦子さぁん！」

とさらに大きな声で、再び呼びかけて終わった。邦子の父とふたりの姉は、うつむいて肩を震わせていた。

丹波は、読経をするはずの僧侶が、いつまで経っても現れないのに苛立っていた。予定よりかなり遅れて到着した僧侶に怒りの目を向け、

「ますます坊主が嫌いになった。だから『くそ坊主』って言うんだ」

と毒づいた。

出棺の時間となり、すすり泣きの声がいっそう高まった。邦子のふたりの姉は号泣している。長姉の左枝《さえ》は〝ゴジラ映画〟の特技編集技師として、また次女の祐子は『Gメン'75』のレギュラー役などで活躍しており、丹波の周囲では「美人三姉妹」で有名だった。ふたりは妹を「ポー」ではなく「邦ちゃん」と呼んできた。

三姉妹の母は、末っ子の邦子が生まれてから重いリューマチに苦しめられ、関節痛のせいで幼い邦子を膝の上にも乗せてやれなかった。その話を聞いた丹波は、貞子と共通する足の不自

由さに、いたく同情していた。左枝と祐子には、丹波から愛娘のようにかわいがられた実感がある。

邦子の闘病中、むごいことに母も末期ガンに冒され、同じ東京医科大学病院に入院していた。左枝と祐子は、同時に妹と母の介護に追われたが、入院中の当のふたりは感染症への恐れゆえ、お互い会うこともできない。妹は屋上に近い十八階で、母は六階下の十二階で、離れ離れのベッドに病身を横たえている。

十八階で妹が真夜中に亡くなったあと、遺体を乗せたストレッチャーと共にエレベーターで下に降りて行き、母のいる十二階を通過するのが、ふたりにはつらくてならなかった。十二階の病床で休んでいるはずの母に、心の中で泣きながら、

「おかあさん、邦ちゃん、亡くなったのよ」

と報告した。母もその四ヵ月後に、末娘の死を告げられぬまま七十歳で他界した。

丹波は葬儀での出棺のおり、

「ポーは、まちがいなく天界のかなり高いところへ行ったんだから、みんな笑顔で送り出そう！」

と強がったが、火葬場の列に並び、箸で挟もうとした遺骨が、サクサクと崩れ落ちるまで脆くなってしまっているのに気づき、悲しみが押し寄せてきた。後日、丹波邸を訪ねた里見浩太朗の前では、邦子の思い出話をしているうちに、涙が止まらなくなった。

邦子の死の翌年、若山富三郎も、身内と麻雀を始めようとした矢先に、実弟・勝新太郎の目の前でくずおれ、心不全により六十二歳で急逝する。丹波が「盟友」と呼んだ五社英雄も、以前、自殺未遂を二度も起こして丹波を心配させたものだが、再婚相手との新居を構えた京都で、六十三歳にしてガンに斃《たお》れた。

丹波の周りから、心を許した人たちが、ひとり、またひとりと消えていった。

ポーに捧げる舞台

邦子の夭折は、丹波の晩年を決定づけた。自伝で、彼女の死は、

「津波のように私を霊界研究にはしらせた」

「私の生きる証《あかし》は、完全に霊界の宣伝一色になっていった」（『破格の人生　僕は霊界の宣伝使』、振り仮名は原文のまま）

と記している。

しかし、『大霊界』三部作の最終作に名乗りを上げる映画会社は、もうどこにもなかった。丹波は第一作のヒット後、三作目には『００７』で共演したショーン・コネリーや、スピリチュアルな自伝が世界的なベストセラーになった女優のシャーリー・マクレーンにも出てもらうと、〝国際スター〟の人脈を誇示したが、そんな大言壮語がもはや冗談にもならないほど、映画化への空気は冷え切っていた。それでも丹波は意気消沈するどころか逆に奮い立ったよう

で、一九九四年半ば、三度《みたび》自己資金で『丹波哲郎の大霊界3《スリー》　死んだら生まれ変わる』（以下『大霊界3』と略）を完成させる。

チーフ・プロデューサーは、名目上「丹波貞子」とした。貞子の名前が画面に出てすぐ、何の前触れもなしに、天使のような白衣に身を包んだ邦子が、長い黒髪を風になびかせながらほほえんでいる大きな肖像写真が現れる。終幕前には、邦子が書き残した詩も引用された。

私は風にそよぐ葦です
いつも気ままに風にふかれて生きています
でも時には悩んだり苦しんだりもします
悲しくて死んでしまいたい時もありました
だけど今まで生きて来ました
大自然の中でもまれながら
いつまでも風にそよぐ葦でありたいと

晩年のインタビュー映像で、自分の「霊界映画」は精神的には邦子に、金銭的には貞子に、それぞれ支えられなければ決して成立しえなかったと丹波は回想している。

「いろいろ両《りょう》両《りょう》相《あい》俟《ま》って助けられてるんですね。それも決められたことのように思いますね」

運命論者のような口ぶりで語ったかと思えば、自分が座っている自宅の椅子の背後に掲げられた、貞子の笑顔の写真をさりげなく指差して言う。

「なんでこれ（貞子）が三十三歳の若さでもって、足が立たなくなったのか。それで（どうして）東島邦子が、そのような若さでもって、リンパ肉腫なんていうガンの親玉で死んでいかねばならなかったのか……。うん、そこんところがね、私にとっては最大の疑問ですけれども、うん……」（『丹波哲郎の大霊界霊界　通信ＢＯＸ』、二〇〇二年六月十三日収録のインタビュー、括弧内は筆者）

丹波は自問自答したあと言葉を詰まらせ、これまで他人に見せたことがないような「悲愴」とも「厳粛」ともいえる苦渋の色を老顔《ろうがん》に浮かべている。

『大霊界３』の内容は、江戸時代末期に前世を記憶する少年の実話として、国学者の平田篤胤《あつたね》や「小泉八雲《やくも》」ことラフカディオ・ハーンの手で国内外に周知された、いわゆる〝勝五郎《かつごろう》再生譚《たん》〟をドラマ化したものだ。丹波が映画化を熱望してやまなかったテーマだが、予算の制約上、一時間足らずの短編にするのがやっとだった。一般公開は無理なので、丹波が相変わらず全国で開いていた講演の前に上映し、霊界への理解を促す一助とする形をとらざるをえなくなった。

かくして『大霊界』三部作は尻すぼみに終わるのだが、丹波の求めに応じて全作に出演した野際陽子の義理堅さが、ひときわ目を引いた。野際は、邦子の四十九日の法要にも、わざわざ

大霊界
死んだらどうなる
'94.11/23㈬〜12/4㈰：東京芸術劇場(中ホール)
〈全席指定〉S席/6,000円・A席/4,000円(税込)
丹波哲郎の舞台公演
お申し込み
チケットセゾン 03(5990)9999
CNプレイガイド 03(5802)9999
チケットぴあ 03(5237)9999
丸井チケットぴあ 03(5385)9999
JCBチケットセンター 03(3295)9999
邦エンタープライズ 03(3377)3291
親子3代共演
舞台「大霊界」に大天使長として登場する丹波哲郎氏の孫、丹波大士君（5歳）は子供の国の王子様として初舞台を踏む事になった。大士君の妹、丹波ゆうちゃん（1歳半）もその日の調子によって出演。どこで舞台を踏むかはお楽しみに。
天使の舞台衣装は有名な桂由美さんのデザインによるもので、あのローマ法王の衣装も手掛けたという。法王に唯一認められた桂由美さんによる天使の衣装は、舞台に大きく華を添えることになるだろう。
丹波ゆう
丹波大士
丹波義隆
そして丹波氏の息子、すなわち大士君の父親である丹波義隆氏もスケジュールの合間を縫って親子3代の初共演が実現した。
義隆氏は主人公坂ノ上法子が生前愛した「一男」の役所としてクライマックスに登場する。
舞台上での親子3人の血のつながりは無いが、見る者にしてみれば楽しみの一つでもある。
その血統を重んじる歌舞伎の世界でも親子3代の共演はたいへんめずらしいことで、幕が上がるのが楽しみだ。
丹波哲郎
舞台「大霊界」　東京芸術劇場 中ホール
舞台『大霊界』の告知

喪服で駆けつけている。

『大霊界3』から間を置かず、丹波は『丹波哲郎の大霊界　死んだらどうなる』の舞台化を、またぞろ赤字覚悟で手がける。

プロデュースを託された来世研究会事務局の小林正希《まさき》によると、丹波から「正希、舞台つくれ」と現金五千万円をあずけられた。小林は経費の節約に努め、総費用を三千万円弱に抑える。一九九四年十一月末から十二月初めまでの十二日間の昼夜興行で、チケットと物品販売の売り上げを合わせて一千万円強の収益をあげても、やはり黒字には程遠く、約二千万円の赤字を計上した。

演出を依頼された映画監督の瀬川昌治《まさはる》は、丹波と同じ新東宝の出身で、往時の裏話をよく聞かされた。丹波が『大霊界』の話を滔々と語る際には、瞳の奥に、未知の世界への好奇心で輝いている光が見えるような気がした。それが大衆の好奇心と一致したとき、『大霊界』第一作のヒットが生まれたのだろうと思った。

そんな瀬川ですら、丹波が持ち込んできた舞台『大霊界』の脚本を一読して嘆息したくなった。いまは亡き邦子をひたすら追悼するためだけに書かれたのが、見え見えだったからである。主人公の名前は「法子《のりこ》」で、丹波の女性マネージャーと同名だが、「法」を音読みすると「ポー」になる。実際に、丹波は舞台で邦子の葬式を出したいとまで言い張った。

松竹映画の〝喜劇・旅行〟シリーズで名を成した瀬川は、新東宝での現場の違いこそあれ、丹波を「同期生」とみなしていた。テレビの仕事でも、古くは『キイハンター』や『Gメン'75』から近年の『HOTEL』まで、持ち回りの監督業務で丹波と組み、邦子への溺愛ぶりも間近で見てきた。だからこそ正面切って、

「そんなのダメだよ。観る人は、誰もポーちゃんのこと知らないんだから」

と猛反対した。仏頂面の丹波をどうにか説き伏せ、瀬川みずから丹波の脚本に手を入れた。若く美しい主人公が、ガンとの闘病の末に亡くなるものの、天界にのぼって天使となり、義隆が演じる最愛の男性との再会も果たして、至上の幸福感に満たされるというストーリーに書き換えた。

死後、まばゆい光に包まれた主人公が、

「このすばらしさは、どうやっても説明できない。『私は幸せだ』と大声で叫びたい！」

と全身で喜びを表し、ふと頭に手をやって、

「私の髪の毛がある！　うれしい！　神様、ありがとうございます！」

と感激する。この世で別れを告げられなかった母親ともようやく会え、手を取り合って喜ぶ。

邦子と親しかった人が観れば、丹波の切ない願いが込められているのは明らかだった。

大槻教授と宜保愛子

舞台を演出する瀬川は、丹波がセリフを覚えてこないのも見越していた。そこで丹波にはもっぱら幕間《まくあい》にひとりで舞台に立ち、霊界のさまざまな事象を説明する「霊界の長」という役どころを任せた。

〝霊界の宣伝マン〟ならお手の物のはずなのに、丹波は毎回セリフをつっかえたり間違えたりする。客席には丹波の旧知も詰めかけていたから、とちるたびにどっと笑い声があがる。それに呼応した丹波がアドリブで、

「霊界の長でも、間違えることがあるんだぁ！」

などと開き直ると、さらなる爆笑が起こる。本来壮麗なはずのドラマが、ひと幕を終えて丹波が出てくると、途端に喜劇めいてしまう。

「たしかにこの演劇の舞台は美しいものだった。（中略）感動的とも言える。さすがだと思っ

た」（『噂の眞相』一九九六年十一月号）

意外な人物から讃嘆の声があがった。早稲田大学理工学部教授（現・名誉教授）の大槻義彦は当時、反オカルト派の急先鋒として知られ、テレビで超能力や怪異現象などをめぐり宜保《ぎぼ》愛子や織田無道らとさかんにやりあっていた。その〝大槻教授〟がなぜか丹波とは気が合い、客席の前列に招待されていた。

客席には、貞子の姿もあった。今回の舞台には、夫と息子ばかりでなく、孫のふたりも天使の役で出演している。映画版の『大霊界』には、

「これ作るのに、あんなに（お金が）かかったの」

と呆れ返っていた貞子も、出向かないわけにはいかない。舞台の幕があく池袋の東京芸術劇場の入り口には、タモリや野際陽子、渡瀬恒彦らから贈られた大きな花輪が並んでいた。

終幕後、不機嫌そうな彼女の元へ、来世研究会員たちがおずおずと近寄る。受付や物販などの係の割り当てを担当した稲川りよ子が、貞子に会員の分担表を見せながら話しかける。

「奥様、ご迷惑をおかけして、本当に申し訳ございません。いろいろとご立腹の点もおありかと思います。ただ、これだけの数の会員たちが、丹波先生を応援しているんです」

すると、車椅子から稲川を見上げていた貞子の顔が、思いがけず大きくほころんだ。そのとき、丹波哲郎の最大のファンは貞子夫人にほかならないのだと、稲川は確信した。

プロデューサー初体験の小林も、笑顔の貞子に、

「無事終わってよかったわね。いいものができたじゃないの」

とねぎらわれ、胸を撫でおろした。

さすがの丹波もこれで気が済んだかと思いきや、幕あけ二日目に開いた記者会見で、なんと映画『大霊界』の第四部を作ると言い出した。脚本は、東映の社長子女との共同執筆で、とっくに書き上げてある。監督の実名も公表した。おまけに、撮影を国内ではなくインドで敢行するという。

丹波と同様の白衣の霊人姿で会見に臨んだ義隆には、寝耳に水の話である。

「聞いてないよ」

と口をとがらせたが、丹波は、

「インドの乾季にあたる来年十一月から再来年二月中旬までのあいだ、とにかく雨季に入るまでにインド・ロケをやるよ。映画は早ければ、二年後の暮れに公開できるかな」

と大まかな日程まで明らかにした。

結論から先に言うと、『大霊界』第四部は企画倒れに終わった。今度ばかりは貞子が強硬に反対した。丹波の体調面での不安も生じていた。

連続テレビ時代劇『雲霧仁左衛門《くもきりにざえもん》』の撮影中、丹波は大盗賊の兄の役で、がんじがらめに縛られた囚人姿のまま、裸馬に乗せられ処刑場へと向かう場面で、急に馬が暴れ、弾き飛ばされるように落馬してしまう。現場のスタッフたちがはっと息を呑むような落ち方だったが、丹波はとっさの受け身でしのいだ。それでも背骨の一部を骨折し、「全治三ヵ月」と診断された。コルセットを外せない日々が続いては、過酷なインド・ロケなど望むべくもない。

一九九五年初め、阪神・淡路大震災が起きてまもなくの事故だった。「地下鉄サリン事件」をはじめとする一連のオウム真理教事件が、世を騒然とさせていた。逮捕された教祖の麻原彰晃がインドで瞑想したり、インドのダラムサラに亡命中のダライ・ラマ十四世と面会したりしている姿がしきりに報じられたのも、インド・ロケの実現に悪影響を及ぼしたにちがいない。

丹波は、すでに七十三歳になっていた。

オレが来たから、もう大丈夫

『大霊界』シリーズが一区切りついてからも、丹波のテレビでの露出度はいささかも減らなかった。俳優よりも、そのおおらかにして大雑把な、昭和の大スターの香りを漂わせるタレント性が珍重されたようだ。

オウム真理教事件によってテレビの〝オカルトもの〟や〝心霊ネタ〟が壊滅状態に追いやられても、丹波の霊界話は排除されなかった。レギュラー番組のほかにゲスト出演のオファーも相次ぎ、スケジュールはどんどん埋まっていった。マスコミの取材も頻繁に受けていた。

来世研究会の小林正希には、丹波から運転手を頼まれ、テレビ局や撮影スタジオなどへの送り迎えをしていた時期が長い。

丹波は当日の仕事で、表情がころころ変わった。ある日の午前、売り出し中のダウンタウンが司会する番組のスタジオに向かう際には、クルマの中で早くも気分を高揚させ、

「正希、正希、この仕事は本当にいい仕事だな！　おもしろおかしくカメラの前でしゃべっていれば、仕事になるんだからな！」

と舞い上がっている。それが、ダウンタウンのふたりと派手に渡り合ったあと、クルマに戻ってきて後部座席にどかりと座るなり、迫力のある目付きで、

「おい、小林ぃ！」

とスゴむ。その日は午後から、ヤクザ映画の豪胆な親分役を演じる撮影が入っており、丹波はすでに役柄になりきっていたのだった。

芸能界のもはや〝伝説〟となっていた遅刻は、わざとする場合がしばしばあった。目的地に早めに着いていても、あえて刻限が過ぎるまで、時計にちらちら目をやりながら車内で待つ。頃合いを見計らって、堂々と遅れて現場に入り、

「やぁ〜、やぁ〜、やぁ〜、やぁ〜。オレが来たからには、もう大丈夫だぁ！」

と決めゼリフを言うのを楽しみにしていた。

大物スターの中には、定刻の三十分以上も前に現場入りする者がおり、共演者たちは、さらに早い時間に集合して、彼らを出迎えなければならない。余分な緊張も強いられる。

「オレが遅れて行けば、みんな笑って、リラックスして仕事できるだろう？」

というのが丹波なりの理屈だった。

仕事はおおむね夕方五時前には切り上げ、そそくさと家路につく。自宅のリビングに入ると、もうそこには貞子が電話で招集をかけた麻雀のメンツがそろっているから、さっそく雀卓を囲む。

小林のほうは、自室でたいていベッドに横たわっている貞子に、無事に帰宅した旨を告げに行く。貞子は常時、夫の体調や人間関係を気遣っていた。血栓のある丹波は、血液をさらさらにする薬も飲んでいる。

「きょう、どんな様子だった？」

「水分、もっと摂るように言ってね」

「あの人の噂、聞いてる？　あの人には気をつけなさいよ」

ほかの夫婦と同じく、夫への不満もしばしば口にした。丹波が毎朝、合計数万円もの栄養剤を服用する習慣にふれて、

「まったく、ふだん『死ぬのは怖くない』なんて言ってるのに、栄養剤とかはバカバカ飲んで」

と愚痴をこぼした。しかし、ほかの誰かがちょっとでも丹波をけなそうものなら、語気を強めて言い返した。

見えないものが見える

テレビでは、丹波好みの企画がすんなり通るようになっていた。『丹波哲郎の不思議世界』や『丹波哲郎の好きにやらせろ！』といった番組で毎週、霊魂や死後の世界を話題の中心に据えた。

一九九六年に放映された『丹波哲郎の不思議世界』では、〝宇宙船地球号〟のキャプテンのおもむきで、豪華客船の船長の制服を近未来風に仕立てたような、白地に襟と肩の部分が濃紺の服を着て、毎回のゲストを迎えた。副船長役のテレビ東京（現フリー）のアナウンサー・大平雅美は、自身の霊体験を語る美輪明宏、生島ヒロシ、藤子不二雄Ⓐらの有名人や、名うての霊能者たちが入れ替わり立ち替わり登場するのに目を丸くしていた。

歌手で俳優の仁支川（旧芸名・西川）峰子も、そのひとりだった。大平は、周囲には伏せていたが、放送の回を重ねるごとに、原因不明の左手の鈍痛に悩まされるようになっていた。収録の直前、スタジオ入りした仁支川の控え室へ挨拶に出向くと、こちらから何も言わないうちに、

「なんか不思議なこと、起こってます？」

と訊かれた。大平が左手の異変を打ち明けると、仁支川はただちに合点が行ったらしく、右手で何かをつまんで払う仕草をした。

「すぐには治らないかもしれないけれど、もう大丈夫だから」

太鼓判を押され、何が何やらさっぱりわからないような気分でいたところ、左手の重苦しく続いた痛みは、一日か二日できれいになくなった。

仁支川は大平に、謎解きをした。そもそもこのスタジオ自体、霊が集中している場所にあるうえ、番組でも毎回、霊にまつわる不可思議な事例を話題にしてきた。あなたは純粋な人だから半信半疑で聞いているうちに、いろいろな霊に狙われて、実際に取り憑かれてしまったというのである。仁支川の説明を聞いて、大平の訝《いぶか》しさは驚愕に変わった。

「この世には、私たちの目には見えない世界が本当にあって、仁支川さんのような人にはそれを見る力があるんだ」

あとで丹波に話すと、驚きの色も見せず、

「峰子は上手いから」

と事も無げに言った。

大平のこの話を、仁支川本人は覚えていない。似たような体験を無数にしてきたから印象に残っていないだけで、たぶん大平の前で自然に除霊の仕草をしたのだろうと思う。仁支川は〝手かざし〟で、それまで足が痛くてひざまずけなかった高齢の女性を、その場でひざまずけるようにしたり、立ち上がることができなかった知人の友達の幼児を立ち上がれるようにした経験もあった。

霊感の強さは、母親譲りらしい。物心ついたときには、魂の存在を当たり前と感じていた。十五歳で芸能界に入ってからも、楽屋やホテルの部屋に足を一歩踏み入れただけで、不吉な何かがいるのがわかる。そこで部屋を替えてもらわず、無理にいつづけると、夜、寝ついてから金縛りに遭ったり霊が目の前に出てきてしまったりする。たとえば交通事故で血だらけになったような人の霊は見たくないので、浮遊する霊が入ってくる回路を閉ざす方法をいつしか身につけた。

丹波には最初から相通ずるものがあった。

「わかるよなぁ、峰子？」

と不意に同意を求められても、ためらいなく、

「はい、わかります」

と即答できる。ふたりの間では通じ合えるのだが、周りはきょとんとしている場合が、打ち合わせでも本番中にも何度かあった。

丹波の〝霊界の宣伝マン〟ぶりは、見ていてすがすがしかった。自分に課せられたメッセンジャーとしての役割を誠実に果たそうとしている姿勢に、嘘偽りはなかった。我が身を捨てる覚悟で、数々の辛苦をあえて背負い込んでいるようにも見えた。

「死ぬのは怖いことじゃない」

「この世に、克服できない苦しみはない。試練は、それを乗り越えられる人だけに与えられ

る」

「この世は修行の場で、人は人に尽くしたり世の中に貢献したりするために生きている」

丹波が最も伝えたいメッセージが、仁支川には手に取るようにわかった。

「見えない世界」を語るとき、丹波は童心に返った表情になる。それを見るのが丹波と共演する喜びで、芸能界では唯一無二の存在に思えた。

仁支川と同じ回にゲストで出演した秋山眞人《まこと》も、丹波の隣のアシスタント席にいた大平を仰天させた。少年時代から「超能力者」と呼ばれてきた秋山は、初めて会った大平の左肩のあたりに、薄紫色の和服を着て、蘭の花をかかえた、年配の上品な女性の姿が見えると言う。

大平は雷に打たれたような気がした。亡くなった祖母が、まさに薄紫色の着物が好みで、しかも蘭の鉢植えを大切に育てていたからだ。「大平さんは社交的に見えるけれど、本当はひとりでいるほうが好きでしょう」と、これもまたズバリと言い当てられた。

秋山は〝スプーン曲げ〟で評判になっていた少年時代に、丹波と出会った。ほかの大人たちとは異なり、丹波には濁ったところが少しも感じられない。秋山を子ども扱いせず、真剣な表情で話に耳を傾けてくれる。顔を合わせるたびに、

「秋山君、霊的世界はいまどうなってるんだろうねぇ。今後、何を計画してるんだろう？　どういう方向に行くんだい？」

と質問攻めにあった。

丹波の前世を透視すると、イギリス風の容姿の紳士や、さらに遡《さかのぼ》れば、奈良時代の〝怪僧〟道鏡の流れを汲む僧形が浮かんできた。丹波は何人もの霊能者から同様の指摘を受けており、秋山の言葉にあらためてうなずいた。

秋山のような「本物」とみなす霊能者には信を置く反面、「『霊能者』を名乗る人間の十人中九人はニセモノ」という醒めた認識も丹波にはあった。

オーラの泉

著名なスピリチュアリストの江原啓之は当初、丹波の活動を迷惑げにながめていた。丹波が自分自身を卑下するかのようにふるまい、現実にしばしば笑いものになっているのが、スピリチュアリズムの普及のうえで、むしろマイナスに作用するのではないかと危ぶんでいた。映画『大霊界』はおもしろく観たが、テレビのバラエティー番組でふざけている丹波の様子は理解に苦しんだ。

来世研究会の小林が、たまたま江原の旧知だった。小林によれば、江原は世間ではまだ無名でも、真の霊能力者として知る人ぞ知る存在になっていた。じきにテレビでも取り上げられるようになったので、丹波も注目しはじめ、小林の友人と知ると、自宅で収録するテレビの座談会に江原を招いた。一九九九年の秋、江原三十四歳、丹波七十七歳のときだ。

江原は丹波と語り合って、それまでの誤解がたちまち解けた。芸能界の「大御所」とも言うべき超有名人なのに、自分のような〝若造〟にもまったく偉ぶらず対等に接し、威圧的なところもまるでない。

丹波は万事承知のうえでやっているのだと、江原は思った。もし生真面目な顔で霊魂や死後の世界を肯定し、嘲りや猜疑《さいぎ》の声に対してもいちいち真っ向から反論していたら、世間のつまはじきにあう。最悪の場合、存在を抹殺されかねない。

〝村社会〟の日本で村八分にされずに持論を貫くには、笑顔でいよう。潰されたくなければ、おどけてしゃべろう。丹波は筋金入りの信念に基づいた戦略を立て、世の中に向けて発信しているのだと気づいた。

丹波本人はその戦術を、

「面白おかしく、懸命に」

と短い標語にしている。

江原は美輪明宏とも、そのとき丹波邸で初めて会った。丹波から美輪を紹介されたことが、のちのち大ヒット番組となる『オーラの泉』につながろうとは思ってもみなかった。『オーラの泉』のような番組を自分も作りたかったと、丹波は漏らしたことがある。

すぐにテレビの売れっ子となった江原が、最近バッシングに遭っていると聞き、丹波は小林の運転するクルマで、そのころ原宿にあった江原の事務所に直行する。いくら会いたくても、当人にいきなり会いに行く丹波ではなかったから、小林も意外な思いで、クリーム色の大型高級車セルシオのハンドルを握っていた。

マスコミやネットでの誹謗中傷にうんざりしていた江原が、テレビへの出演をやめるつもりと言うが早いか、丹波は色をなして反対した。

「なんでやめなきゃいけないいんだ」「とにかくやりなさい」「何を言われても気にするな」「誰がなんと言おうと、真実を話せばいいいんだ」「何か問題が起きたら、テレビの世界では一番古株のオレが言ってやる」「スポンサーがいなくなったら、オレが連れてくる」「オレが後ろ盾になってやる」「オレがついているから頑張りなさい」

とめどなくあふれ出る激励の言葉が、江原にはありがたく心強かった。丹波をいっそう「大恩人」と尊敬するようになった。

食事にもたびたび誘われた。丹波邸近くの蕎麦の名店に入ると、判で押したように、大きな海老天が二本のった「天重」と、二段重ねの「御膳蕎麦」を注文する。おいしく味わうにはこの順番で食べなければならないとの鉄則が丹波にはあるらしく、江原にも「はい、まず天丼いって」「はい、次は蕎麦だ」とあれこれ指示を出す。寿司屋で鉄火丼を頼んだときも、「シャリが熱いうちに食べなさい」とせきたてる。そのこだわりぶりが江原にはおかしくてたまらず、笑いを噛み殺していた。

丹波の原点を、江原は戦争体験に見出している。戦友たちのほとんどが激戦地にやられ生還できなかったのに、丹波は重度の吃音者ゆえ内地での勤務に回され、戦闘には一度も狩り出されなかった。運良く丹波は生き残り、戦前・戦中には想像すらしなかった役者での成功を収める。丹波は江原に、感慨深げに話した。

「自分がいま生きていることの意味や歩んできた道を振り返ると、戦争が非常に大きかったと思うよ」

「自分の人生は自分のもののようであって、自分のものじゃない。すべてがいまに至るように導かれていたんだな」

「自分はそうやって生かされてきたとしか思えないんだ」

江原は丹波に頼まれて、いまは天界にいるという邦子と一度だけ交信したことがある。「家族にも丹波さんにも皆さんにもとても愛されて、本当に幸せでした」と、感謝の言葉ばかりが返ってきた。

江原の口をついて出る一言《ひとこと》一言を、丹波は涙ぐみながら聞いていた。

第14章
天国の駅

新聞社のインタビューを受ける80歳の丹波（2002年、毎日新聞社提供）

正月のハワイ旅行

丹波家の恒例行事は、二十年も続いたハワイ旅行だった。

年末から一月半ばにかけての二、三週間を、おもにオアフ島のホテルで過ごす。丹波邸に長年いる家政婦を伴い、日本から炊飯器や白米、おせち料理用のカズノコなども持ち込んで、五つ星ホテルの部屋に付いたキッチンで調理する。

旅行を開始した一九七〇年代半ばには、すでにハワイは空港でも街なかでも車椅子優先で、ホテル内にもスロープが付けられていた。車椅子への視線も優しかった。

貞子は、伸び伸びとくつろいでいるように見えた。日本人観光客の目につかないところで、夫に車椅子を押してもらえるのを喜んだ。たまに負ぶわれると、照れながらもうれしそうにしていた。体調がよければ、夫の手を借りて、リハビリも兼ねた海水浴を楽しんだ。

ゴルフ場のカートにふたりで乗り、コースを廻《まわ》るのについていったが、カーブを曲がる瞬間、踏ん張りがきかず真横に転落してしまい、丹波がカートから飛び降りて抱き起こすハプニングもあった。

ハワイに同行したのは菊池俊輔一家や、仕事仲間の録音技師・監督の岩田廣一《こういち》とその一家、丹波夫妻共通の知り合いとそれぞれの家族、そして義隆と結婚後はその一家であった。総勢二十名を超える場合も珍しくなかった。多忙な菊池は、往復の機内でも『ドラえもん』の映画音楽などの作曲に没頭していた。

丹波には、同行者を募る際の原則が、ひとつだけあった。以前、熱海へ花火見物に出かけたおり、貞子が旅館の部屋から隣の部屋へと花火がよく見えるように這って移動しているのを目にし、同行した家族の子どもが指をさして、

「犬みたい！」

と言ったのだ。悪気のないひとことだったが、丹波は妻が傷ついたのがわかった。以来、婉曲な言い回しながら、旅行への幼児の同伴は断るようにしてきた。

貞子は同行者の誰かしらと、ハワイのショッピング・センターなどへ、しょっちゅう買い物に出かけた。知り合いや業界関係者への土産物があまりにも大量で、出入り業者の浅沼好三が二トン・トラックを運転して、成田空港まで受け取りに行ったほどだ。

丹波は通常、三、四日遅れて合流する。もうひとつの家族である江畑絢子・正樹と三人で、クリスマス前後に国内旅行へ出かけたあと、ひとりで成田発・ホノルル行きのファーストクラスに乗るのを常としていた。絢子は、テレビのワイドショーで、ハワイの丹波一家の様子が映し出されているのを見かけ、しかたないこととは思いつつ、やるせないような寂しさにとらわれた。

ハワイ滞在中の丹波は、毎晩の麻雀や時おりのゴルフ以外の時間を、たいていホテルの自室での読書に費やした。スピリチュアル関連の和洋書を、多いときには十冊以上もスーツケース

に詰め込んできていた。

やがて近くのホテルに一室をとり、サンダル履きで往復して、朝から晩まで本を読みふけるようになる。静かで日当たりのよい、バルコニーから日の出や日没も一望できる、読書に打ってつけの部屋を選んだ。

丹波は貞子とふたりきりでいると、なんとなく間が持てないようなところがあった。共通の旧知が、夫妻のあいだを取り持つ場合も少なくなかった。ハワイで人の輪は、もっぱら丹波ではなく貞子の周りにできていた。

丹波の俳優仲間や映画関係者が、先輩と同僚はおろか後輩までも国から受勲していく中にあって、「霊界の宣伝マン」という自称があまりにも有名になってしまった夫の現状に、貞子は、

「パパは、もう勲章はもらえないわね」

とあきらめていた。丹波は冗談まじりに、貞子から軽蔑されていると言ったこともある。

年末、成田空港で待ち構えていた芸能レポーターに、

「丹波さん、なんだか浮かない顔してますね」

と図星を指され、ハワイ行きが億劫《おっくう》になっているのが表情に出ているのかと少し反省した。

一九九六年（平成八年）暮れの成田空港で、貞子は気分が悪くなり、少し吐いた。のちに妻の不調を知った丹波は、渡航をとりやめ、病院に連れていけばよかったと悔やんだ。

帰国後も、貞子の体調はすぐれなかった。もう十年余りものあいだ、貞子は突発性難聴や白

内障を皮切りに、胆石、糖尿病、大腸ガンなどの病に次々と見舞われてきた。それでも、丹波の前では「私は大丈夫よ」と言うのが口癖だった。丹波が『大霊界』の新作の話を持ち出すたびに、

「また、なに言ってんのよ。今度こそ私、命を落とすんじゃないの」

と豪快に笑うところも変わらなかった。

一九九七年三月半ばに、検査入院のつもりで東京女子医科大学病院に入ると、腎臓の具合が思いのほか悪くなっていることがわかった。一時退院し、自宅で点滴を続けたが、病状は改善しない。たまたま大学病院の主治医が練馬区で開業した時期と重なったため、その個人病院に移った。

ところが、まもなく容態が急変する。岩田の妻子が、入院中の貞子を見舞ったとき、以前はコーヒーを飲みながら談笑できたのに、今回はすでに前歯を削って、そこから気管挿管をされており、会話もできないありさまだった。主治医によれば、一時は呼吸困難に陥り、衰弱も目立つので、ほかの措置がとれなかったという。岩田の娘に気づくと、貞子はいつもの微笑を浮かべた。

四月に入り、喉にからんだ痰や出血を除去すべく、喉を切開して管を入れた。だが、今度は感染症に冒され、激痛のあまりベッドから跳ね起きた。その反動によって、いままで自力ではできなかった寝返りが打てたほどの痛みだった。

一連の治療をめぐって、丹波と義隆のあいだに亀裂が生じてしまう。丹波は息子が勝手に最初の手術を決めたと非難したが、義隆は父に相談したうえ、最終的な決断をゆだねられたと考えていた。父と子のすれ違いは、丹波が亡くなるまで続くことになる。

五十年目の別れ

丹波夫妻とやはり家族ぐるみで付き合ってきた歯科技工士の斉藤司《つかさ》は、貞子が大好きな桜の花を見せたくて、何軒もの花屋を探しまわったが見つからず、やむなく公園に咲いていた一輪を、枝ごと折って病室に飾った。斉藤が桜の木をノコギリで伐《き》っているところを見つかり逮捕されたと丹波が触れ回ったせいで、斉藤の株はむしろ上がった。

斉藤は、仕事が終わると毎日のように近くの丹波邸を訪ね、部屋に閉じこもりがちな貞子の話し相手になってきた。不自由な腰から下の血行をよくするためのマッサージも欠かさなかった。少年時代に両親を失くした斉藤は、貞子が母親代わりでもあった。

役者への憧れから、丹波との〝抱き合わせ〟でテレビドラマや映画にもちょいちょい顔を出し、しろうと芝居の失敗談で貞子を爆笑させた。小太りの斉藤が見せる剽軽《ひょうきん》な仕草や冗談に、貞子はよく涙を流して笑っていた。ハワイで貞子の車椅子を押す回数も、義隆に次いで多かった。

再入院が一週間後と決まった日、貞子が泣いているのを斉藤は初めて見た。わけを訊くと、

「あの人の世話がもうできないから……」

と貞子は言った。

斉藤は、丹波を「先生」と呼んで尊敬していたが、貞子を苦しめてきた女性関係に対しては胸にわだかまるものがあった。

ある日、丹波の依頼で病室にやって来た霊能者が、アイロンを貞子の体にあてて心霊療法をおこなっているのを見て、気が動転してしまう。貞子は、霊能者たちによる祈禱などの行為にも、

「この人のやりたいようにさせてやってよ」

と丹波をかばいつづけていたが、斉藤には我慢の限界だった。このとき七十四歳の丹波に小声で、

「先生、もうやめてください」

と頼んでも、一向に聞き入れてくれない。ふたりで病院の外に出るなり、丹波の胸ぐらを摑んで、

「てめぇ、なにやってんだぁ、こんなことして！」

と食ってかかった。

「斉藤、落ち着け、まあ落ち着け」

丹波は冷静な口調でなだめた。

「あのなぁ、貞子はオレの女房殿だぞ」

斉藤は何も言えなくなった。

浅沼好三と、彼の妻で丹波家の家政婦をしていたこともある富子も、病院の駐車場に停めたクルマに寝泊まりしながら、貞子の看病に努めた。丹波は感激し、斉藤や浅沼夫妻らを「女房殿の親衛隊」と名付けた。貞子も、浅沼夫妻の次男が結婚式を挙げると聞くと、ベッドの枕の下に忍ばせておいた祝儀袋を、浅沼の妻にそっと手渡したりした。

丹波は入院当初、貞子に、

「お前が元気になったら、ひとつどうだい、みんなに笑われてもいいから、（昔できなかった）結婚式のマネゴトしようか」（『週刊女性』一九九九年一月一日号、括弧内は筆者）

と軽口をたたいていたが、主治医の説明を受けて、妻の死期が迫っていると覚悟せざるをえなくなる。貞子には人工透析の処置も施され、全身に管が絡みついていた。

丹波は、ふたりだけの時間を作り、連日、病床の貞子に語りかけた。これまで半世紀ものあいだ夫婦で歩んできた道を、思い出すがまま口にした。女性関係も洗いざらい白状して、貞子の手をさすりながら、ひたすら詫びた。

「オレを許してくれるかい？　許してくれるなら、笑ってくれよ。貞子、笑ってくれる？」

耳元で呼びかけたら、それまで目を閉じていた貞子がうっすらと目を開き、口内に管が入っているのに、丹波には「きれい」としか形容できない笑みを返してきた。

丹波は胸を突かれ、どんな饒舌な言葉をも上回る、夫への別れの挨拶と受け取った。銀座のダンスホールで出会った、ふたりともまだ二十代のとき、丹波を惹きつけてやまなかった貞子の大輪の花のような笑顔が、丹波の目の前に広がっていた。

貞子は、病院の窓から見える桜の花が散りだした陽春の朝、静かに瞑目する。死因は腎不全であった。享年七十——。

妻が自分より先に逝くとは思ってもみなかった丹波は、貞子の最期の笑顔が瞼《まぶた》に焼きついて離れなくなった。

散骨の海

丹波邸での通夜から顔を出した俳優の山城新伍は、待機する報道陣に、

「いまオヤジ、麻雀してますよ」

と、しんみりした口調で報告した。丹波は、いつものメンツと「追悼麻雀」をしているという。山城に、

「女房殿がいなくなって、このうちにはオレとお手伝いさんだけなんだよ。ギル（義隆）は外（近くのマンション）に住んでるからね。このままだと、このうちは崩壊するんじゃないか」

と弱音を吐いた。

翌日の告別式で、喪服の丹波は誰の目にも明らかなほど憔悴《しょうすい》していた。林立する記者団の

マイクを前にしても、心ここにあらずといった体《てい》で、おもむろに口を開いた。

「しみじみと感じますのは、夫婦というものは、半世紀以上も一緒におりますと、ふたりがまさにひとりになってしまっているんです」

涙がこみあげてきたのか、声をやや詰まらせる。

「その〝半分〟が急に逝ってしまいますと、何か穴があいてしまうんですね。空洞ができてしまうんですね。これは子どもも孫も、なぁあんの役にも立ちません。私のあいてしまった穴埋めには、なんの役にも立ちません」

隣で聞いていた義隆は、内心むっとしたが、表情には出さなかった。

「ところが、みなさんのこういう温かいお出迎えを得て、何かほっとします。これから門を出て、妻・貞子を灰にしてまいります」

唇を震わせ、絞り出すように、

「カラ元気を出して行ってまいります。ありがとうございました」

と頭を下げた。

丹波は貞子の棺に、普段履きと外出用の靴を一足ずつ、さらに天国で思う存分ダンスが踊れるようにと、ダンスシューズも一足入れた。ハサミを手にし、遺体に話しかけた。

「おまえの、そのすばらしい毛をちょっと切らせてもらうよ。白髪《しらが》のところがいいかな、黒髪だけのところがいいかな。ちょっと白髪の入った黒髪のほうがいいかな……。とにかく大事にしてきたい、おまえそのものだから……。カッコ悪くなるかもしれないけれど、切るよ、いいね？」

貞子が後半生の伴奏歌にしてきた島倉千代子の『人生いろいろ』が、外の通りにも聞こえるくらいの大音量で響き渡っている。通夜と告別式には、合わせて千名を超える人々が参集した。絢子も弔問を望んだが断られ、代わりに姉が霊前で合掌した。

棺を閉じる直前、丹波は再び語りかけた。

「貞子、元気で（天国へ）行ってくれ。そして、おおいにすばらしいところで、今度こそ楽しんで、オレが来るのを待っててくれ。じゃあ……、なぁ……、閉めるよ」

1997年4月16日、妻・貞子の葬儀で喪主をつとめる（産経新聞社提供）

その八ヵ月後、貞子の納骨式が、東京郊外の多磨霊園で催された。十二月にしてはうららかな小春日和で、丹波家累代の墓をおよそ二十人の家族や親族、友人・知人らが取り巻いている。今回は、貞子がやはり好きだった童謡の『赤とんぼ』が、携帯用のカセットテープレコーダーから流されていた。

突如として、丹波は驚くべき挙に出る。墓石の下に広がる納骨室に潜り込んでいったのだ。撮影カメラを持った友人が、あとに続く。

「いよいよ納骨である。墓の中に初めて入ってみた。なんとも言えなかった」

急に画面が暗くなり、墓の中から丹波自身による、奇妙な〝実況中継〟が始まる。

「正面におじいさん、おばあさん、それに叔父、叔母、子どもで死んだ誰だかわからない小さな骨壺……」

小さな骨壺は、三歳で亡くなった妹・継子のものと思われるが、丹波は遠慮会釈もなく慨嘆した。

「まあ、なんと、こんなバカバカしい！　こんな陰惨な、こんな暗いところ、私はいやだなぁ！」

気を取り直すかのように続けた。

「でも、世の中のしきたりというものはしかたがない。私は（貞子の遺骨の入った骨壺を）一番すみのほうに置いた……。なんとなれば、どうせいつか私も、私の骨もここに納まる。そのときのスペース……、私は貞子のそばに置いてもらいたいから……」

遺骨の一部は、貞子が愛したハワイの海に、再度『赤とんぼ』の曲をかけながら散骨した。遺骨をつまんだ手の甲には、高齢に伴うシミが広がっている。丹波はいくぶん痩せて、薄くなった頭頂から地肌がのぞいていた。船のデッキにあぐらをかき、遺骨の行方をじっと目で追った。

細かい粉末状の遺骨は、海面に広く散開すると思ったが、意外にもひとかたまりとなり、澄んだ海の底へ、底へと、吸い込まれるように沈んでいく。あたかも意志あるもののごとく、地球の中心に向かってまっすぐ進んでいくように見え、丹波は死の不可思議さにまたも思い至った。柔和な笑みを浮かべて、

「貞子、いずれまた会えるんだから、本当に一時のお別れなんだから」

と言い、

「じゃあな、貞子、バイバイ、バイバイ」

と手を振った。

死は待ち遠しい

貞子を失い、夫婦だけのふたり暮らしでも広すぎた自宅が、丹波には途方もなく広漠に感じられるようになった。

親しい霊能者たちが確約してくれたとおり、貞子は天国へ昇り、自由に歩いたりダンスを踊ったり、現世では着られなかった和服を身にまとって喜んでいるにちがいないと丹波は信じた。

講演やインタビューでも、天国のすばらしさを喧伝《けんでん》してきたのに、妻のいない現実の虚しさときたら、どうにも耐えがたかった。頭では〝死〟を完全に理解しているはずの自分から、感

情だけが遊離して、勝手にひとり歩きをしだしているようにも思えた。

「玄関を開けると、うちの中に女房殿がまだいるような気がするんだよ」

たびたびそう訴えた。『丹波哲郎の不思議世界』でアシスタントを務めた大平雅美が訪問したおりには、

「このうちは、ボクが死んだら無くなっちゃうんだよ。大きいけど、なぁんにもないんだよ。誰のものでもないんだよ。死んで（遺族が）骨肉の争いなんて悲しいだろう？　だから、そういうことがないようにしたんだよ」

と、家屋敷がすべて借金の抵当に入っている事実をほのめかした。

貞子の一周忌には、

「あれから一年、あいた穴はなかなか埋まらないが、埋めようと一生懸命努力している」

と自分を鼓舞したが、喪失感は深まりこそすれ、やわらぎはしなかった。一階のリビングの中央に仏壇を置き、毎日、何度となく手を合わせた。

「おまえは人間界にいるときには、霊界についてオレの言うことをあまり熱心に聞いてくれなかったけれども、どうだい？」

微笑する貞子の大きな遺影に向かって、しみじみと問いかける。

「向こうへ行って、はっきりとわかっただろう？　霊界のすばらしい実存の姿を……。貞子、いずれもうちょっと待ってくれたら、オレもおまえのところに行ける。それがいま一番の楽し

みだ……」

丹波をひとりきりにしたら落ち込むばかりで、そのことは本人が一番よくわかっていた。自宅の二階にある自身の寝室を来世研究会の事務局に改造し、日中は小林正希らの若者たちが出入りしはじめて、丹波邸に少し活気が戻ってきた。

丹波は、貞子の寝室だった一階の部屋に移り、荻窪の大塚家具で購入したベッドを新たに入れ、寝起きするようになる。その部屋に入ると、生けてある花が風もないのに揺れたり、取り替えたばかりの電球が急に点滅したりすると言い、貞子の気配を感じているようだった。

来世研究会の事務局に通ってくる常勤者のひとりに、丹波道場出身の堀正彦がいた。午前十時から午後六時までのあいだ、会報誌『すなお』の編集や企画の立案に力を入れた。

仕事が入っていない日の丹波は、十一時ごろに起きてきて、シャワーを浴びたあと、全裸のまま歯を磨く。そこに大きなバスタオルを差し出すのも、いつのまにか堀の日課のようになっていた。

朝食兼昼食のあとは、地下の書斎にこもって読書と執筆にふける。新聞の折り込み広告のすき間や裏面に、よく下書きを書いていた。壁一面の本棚には内外のアダルト・ビデオも並べてあったが、マスコミが書斎の撮影に来る日は、事前に堀が目につかないところに隠した。

ひまを持て余しているときは、エアガンで遊ぶ。堀がズボンの尻の上にあてた座布団を目掛けて撃ちまくり、丹波道場出身者らしく大袈裟に悲鳴をあげて倒れると、無邪気に喜んでいた。

エアガンのもともとの出所は、「女房殿の親衛隊」のひとりだった斉藤司である。斉藤は、貞子の死から三年後、S状結腸ガンが肝臓に転移し、五十歳の若さでこの世を去っていた。

末期ガンを宣告された直後、斉藤は自暴自棄に陥って荒れに荒れ、自宅で壁に立てかけた段ボールに向かってエアガンを乱射した。段ボールを外れた模造弾が、何発も壁やタンスに食い込んだ痕があった。

ある日、江原啓之が丹波邸に招かれて貞子の霊を呼び寄せ、のちに新品も買い足したのだった。そのエアガンを丹波は譲り受け、江原に貞子が憑依した。そのとき斉藤は、江原の腰から足先までを泣きながらさすっていたという。

斉藤は勤務先の歯科医院の院長・増田進致に、

「先生、たった五十年しか生きられなかったけど、ボクの人生、間違ってなかったですよね」

とすがりつくような目を向けた。

貞子亡きあとも斉藤は丹波邸に通いつづけ、丹波から死の瞬間と死後の世界で順々に体験するはずの出来事をつぶさに聞き、少しずつ気持ちを落ち着かせていったようだ。彼には、まだ学校に通っている三人の子どもたちのことが何よりも気がかりだった。生前の、面《おも》やつれした斉藤が、心境を淡々と語る姿が映像に残されている。

「死を宣告されるってことは、とても怖いです。誰だって怖いでしょう。でも、そんな気持ちすら、とてもやわらいできたことは確かなんです」

「先生がいつもおっしゃっている『向こうの世界』っていうやつ、楽しみだなぁって思ってます。向こうでまた奥様に会えることも、ボクは信じてます。本当にそれ、いつわりのない心の気持ちです」

斉藤の葬儀で、丹波はしばし黙り込んで、目をつぶったままだった。低い、しゃがれた声で、

「人間は『逝くな』と言っても逝くんだ」

「われわれも死なきゃならない。どうしても死なきゃならない」

「斉藤、おまえには、この世への未練があったな……。オレにはない。だからオレは喜んで向こうへ行く」

と、七十八歳になった自分自身の決意を確かめるような弔辞を述べた。

「死ぬのが待ちどおしいんだ」

とよく口にするようになった。

夜の麻雀は依然として続けていた。雀卓は全自動式のものひとつだけになったが、里見浩太朗や菊池俊輔、岩田廣一らの常連が、丹波を力づけるつもりもあってか、足繁く通ってきた。

菊池は、生前の書面でのインタビューにこう答えている。

「丹波さんは、奥さんの死を大変哀《かな》しがられていました。以前に一度も見たことのない、とても傷心している丹波哲郎さんの姿が印象的でした」（振り仮名は筆者）

里見は、貞子の命日や丹波の誕生日などに、必ず金一封を貞子の仏壇に供え、丹波から深く感謝されていた。ときおり、義姉が経営する高円寺の中華料理店で調理したばかりの酢豚や回鍋肉《ホイコーロー》、青椒肉絲《チンジャオロース》などに加え、大量の肉まんを差し入れ、丹波邸の人々を喜ばせた。丹波は「肉まん」という単語を知らず、

「この支那まんじゅうはウマいな」

と頬張っていた。

来世研究会も、規模こそ縮小したものの、地道な活動を継続していた。年に一度の総会も、各地で挙行された。会員たちとの二泊三日ほどの正月旅行が、丹波にはハワイ旅行の代わりになった。

小俣《おまた》壱嵯於《いさお》・稼豆子《かずこ》夫妻は、毎月二回、丹波邸のリビングで開かれる来世研究会の勉強会に、山梨県富士吉田市から欠かさず通ってきた。丹波の勧めで毎回のように丹波邸に泊めてもらったが、緊張のあまりよく眠れない夜がほとんどだった。

正月旅行にも必ず参加したから、新年の三が日は家族とではなく丹波と過ごした。間近で接した丹波は、「大スター」というよりも、学者や研究者に見えた。

小俣夫妻は別々の仕事を経た末、五十代になってから共に治療院を営んできた。医療や死後の世界に関心を抱いたのも、またいまの名前に改名したのも、夫の、膵臓の一部が壊死する大病がきっかけだった。ふたりの治療院で実践してきた〝温熱刺激療法〟を、肩や背中の凝りが

ひどいという丹波にも施術した。

上半身裸になった下着姿の丹波は、気持ちよさそうにうとうとしていた。高齢者には見えない背中の広さと手足の長さが、若き日の均整のとれた逞《たくま》しい体を思い起こさせた。

丹波は、ふだんと同じ口調で、ぽつりぽつりとこんなことを言った。

「夜、ベッドに横になって瞑想していると、たまにだけど〝幽体離脱〟することがあるんだよ。空の上を飛びながら観る東京の夜景は、すごくきれいなんだ。これは夢なんかじゃないよ」

夫妻が、七十冊以上にものぼる著作の多さに感嘆すると、

「ほとんどはゴーストライターが書いたんだよ」

と正直に明かした。

「ただ、二、三冊は手が勝手に動いて、すらすらと書けたんだ。ひとごとみたいに『こういうこと書くんだなぁ』って、自分の手を見てたよ。〝自動書記〟って本当にあるんだな」

やはり丹波邸での勉強会に出席していた長嶺《ながみね》勝《まさる》は、会の最中に持病による心臓発作が起き、救急車で病院へと運ばれる車内で、「これがそうなのか」と思える体験をした。自分の体が救急車の天井を通り抜けて、高さ五十メートルほどの空中に浮かび上がり、温かい真綿にくるまれたような、えも言われぬ心地よさが広がった。

頭の片隅で、以前に読んだ丹波の本を思い出していた。これがもし〝幽体離脱〟なら、救急

車の天井のあたりから、横たわっている自分の姿を見下ろしているはずだ。とすると、幽体離脱ではないのかもしれない。意識が戻ってから、この貴重な実体験を勉強会への便りに認《したた》めた。丹波は後日、長嶺が病欠した会や『すなお』の誌上で、幽体離脱が身近で起きたと会員たちに報告した。

長嶺は、丹波になら何でも聞いてもらえる気がして、苦労をさんざんかけてきた妻に先立たれたつらさを手紙で書き送ったことがある。意外や意外、万年筆で四百字詰め原稿用紙に大きな文字で綴られた、丹波直筆の返信が届いた。

「お手紙拝見致しました。

私と同じ様に今は亡き妻の面影が心から仲々《ママ》離れません。

貴方の心境はわかり過ぎる程わかります。

でも我々はやがて亡き妻に会える事を確信している以上、この世で明るく、素直に、あたたかく暮すことこそ一番大切な事ではないでしょうか。

お互いにしっかり生きましょう」

冥土の土産に

七十代後半を迎えても、丹波には仕事のオファーが間断なくあった。来る仕事はめったに断らないのも、以前と変わらなかった。歴代のマネージャーには、

「仕事はまず断れ。でも、もう一度頼んできたら、それから考えよう」

と言ってきたが、たいていは引き受けることになった。その結果、

「オレが演ってない役は、ほとんどない」

というのが丹波の自慢だった。

『殺人容疑者』の殺人容疑者役でデビューしてから、七十六歳での『クレヨンしんちゃん 爆発！温泉わくわく大決戦』の声優までを含め、約三百七十本もの映画に出演してきた。テレビのシリーズものを含めれば、優に千本は超えるだろう。

「人が一つの人生しか経験できないのに、何百と経験できるから、人が五十年、六十年生きるよりも、五千年、六千年も生きられるじゃないか」（和田勉著『和田勉のおしゃべりスタジオ』）

と、丹波は誇らしげに言った。

映画監督の三池崇史《たかし》は、セリフを覚えてこないのは承知のうえで、老境に入った丹波をしばしば起用してきたが、当の丹波は現場入りしてからセリフを頭に入れるのに、ことのほか苦労しているようだった。収録に白紙のまま臨んでも楽々と演技をこなせた、往年の自信を失いつつあり、それが焦りとなって現れているようにも見えた。

しかし、映画『カタクリ家の幸福』で、主演の沢田研二と手をつないでミュージカル風のダンスを披露するシーンなどでは、その場で振り付けを覚え、気ままに踊りまくって抜群の存在感を見せつけた。その天衣無縫さを、三池は、

「丹波さんは化け物だよ。でも、神のような存在だよね」

と評した。丹波は、中堅監督の中では三池を別格扱いしていた。

ビートたけしの映画監督としての才能を早くから賞賛していたのも、丹波である。たけしも丹波にはかなり気を許したらしく、丹波邸を舞台にした単発もののバラエティー番組で、泥酔した笑福亭鶴瓶をほったらかして、断りもなしにふだん丹波が入っている風呂に飛び込んだりした。丹波は知人から、たけしに相当な霊能力があることも聞かされており、自著やシナリオを渡して〝霊界映画〟の監督を依頼してきたが、実現には至らなかった。

一九九〇年代後半に、たけしがナビゲーター役を務める『奇跡体験！アンビリバボー』というテレビ番組が始まった。ところが、その放映開始のしばらく前に、丹波は、ある番組制作会社から企画の相談を受け、『丹波哲郎のアンビリーバブル！』と題する番組を提案していたのである。

たけしの新番組のタイトルを知って、丹波は少なからぬショックを受ける。

「たけしとオレとの力の差が出た。いまのオレに力がないんだな。だからパクられたんだ。でも、おまえはいっさい何も言うな」

来世研究会の小林正希に沈んだ声で言い、無念さを滲ませた。

山田洋次監督の『十五才 学校Ⅳ』への出演依頼には、珍しく躊躇した。

丹波に提示されたのは、九州の屋久島で暮らす通称「バイカルの鉄」という独居老人の役である。戦争直後シベリアの捕虜収容所での抑留生活を耐え抜いた気力と体力をよすがに生きてきたが、もはや老いの現実は隠しようもない。早朝、布団に失禁してしまっているのを息子らに見つかって、ひどく恥じ入り、我が身の衰えを嘆き悲しむ。

丹波は、いくら演技でも、さすがに寝小便と紙おむつはごめんこうむりたいと断るつもりで、東京女子医科大学病院に入院していた斉藤司を見舞った帰途、山田が脚本執筆の定宿にしている神楽坂の旅館へ出向いた。

その界隈を歩いていると、三十五年ほど前に『智恵子抄』の撮影で岩下志麻とふたりで散策したあたりであることに、ふと気づいた。さらに山田と語り合ううちに、二十五年余り前の『砂の器』のシナリオを、山田が橋本忍との共作で完成させた事実を知る。

「『袖すりあうも他生の縁』っていうのは、他の生との縁ということなんだよ。縁があるから出会っているわけで、この世に偶然の出会いなんてないんだ」

来世研究会事務局の青年たちに繰り返し説いてきた言葉を、地で行くかのような巡り合わせだった。ましてやきょうは、いまにも命の灯が燃え尽きようとしている斉藤に面会して、励ましの言葉をかけてきたばかりである。

山田の今回の脚本も、最初はぴんとこなかったが、再読すると一字一句に躍動するものを感じた。山田の人柄も好きになり、

「これは冥土の手土産にしましょう」（『大俳優　丹波哲郎』）

と、内心われながらキザなセリフと自嘲しつつ、出演依頼を快諾した。山田に、

「丹波さんのような昔の俳優にはオーラがありますよ」

と言われて、すっかり上機嫌になり、脚本に出てくるロシア民謡の『カチューシャ』を朗々と歌った。

『十五才 学校Ⅳ』での丹波は、老いに伴う苦痛にさいなまれながらも、それまでの人生で体得した知恵と、同じように身に沁みた悔恨とを、武骨に若い世代へ伝えようとする元〝復員兵〟を見事に演じ切った。

同じく山田が監督し、八十歳の丹波も短い出番ながら顔を見せた『たそがれ清兵衛』が話題になっていたころ、深作欣二がガンとの長い闘病の末に他界した。深作は、痛み止めのモルヒネで朦朧としつつ、突然、

「さっきな、丹波ちゃんに会って来た！」（『文藝別冊　深作欣二』）

と言い出して、看護する家族を当惑させていた。

丹波は仕事で北海道におり、葬儀には出られなかった。訃報を聞いて、

「逝っちゃったか、深作も……。あいつ、地獄に落ちてなきゃいいんだけどなぁ」

とつぶやいた。

深作の一周忌では、壇上のマイクを前に、

「深作欣二、ばんざ〜い！」

と叫んで会場をどよめかせている。あの世で精力的に自分の世界を表現しているはずの深作を寿《ことほ》いだものだといった理由を、のちのインタビューで述べた。

深作より一歳年下の山田との雑談では、丹波の本質をずばりと言い当てられた。

「丹波さん、今度は『ドン・キホーテ』っていう映画を作ったらおもしろいんじゃないですか」

丹波は顔をほころばせて、

「いいですね、そりゃあいいですよ」

と答えたが、案外、丹波の人生の集大成になったかもしれない日本版『ドン・キホーテ』の映画化は、その後の丹波の病と死によって、ついに着手されずに終わった。

最後の芝居

長年「死は凱旋門」と言いつづけてきた丹波が、いよいよその門前にひとりで立つときが近づいていた。

二〇〇五年二月、丹波は悪性のインフルエンザに罹り、高熱と息苦しさに喘《あえ》いだ。救急車が呼ばれ、東京・三鷹市の杏林《きょうりん》大学医学部付属病院（以下「杏林病院」と略）に運び込まれた。そこは偶然にも、かつて三船敏郎が認知症で入院していた場所でもあった。

「ご高齢ですから、命が危うくなるかもしれません」

担当医は、マネージャーの坂井法子や来世研究会の堀正彦らに念を押した。

丹波は、まもなく昏睡状態に陥る。肺炎を併発し、以前、薬で散らした盲腸の具合まで悪化した。およそ三週間も、集中治療室で管につながれていた。

さいわい寛解したため個室に移されたが、今度は眠れない夜が続く。睡眠導入剤が処方されると、効きすぎたせいか日中も意識がぼんやりして、話す言葉が判然としない場合も多かった。

丹波は眠りから覚めると、夜中でも、

「これから家に帰る。どうしても帰る」

と言って聞かない。病室から出ていこうとする丹波を、堀が制止しようとしたら、

「なんでオレの命令が聞けないんだ！」

と怒鳴った。不意に、堀を初めて見るような顔になって、

「おまえ、誰だ？」

と誰何《すいか》した。

「いま昭和何年だ？」

と尋ねたりもした。混迷した意識の中で恐怖に駆られたのか、堀を叩いたり、爪で引っ掛いたりした。暴れ出すと、大の男がふたりがかりでもなかなか抑えられない。女性看護師に平手打ちを食わせたこともある。意識が鮮明に戻ったあと、同じ看護師を抱きしめて謝り、「いか

にもオレらしいだろう」と笑った。

こんな容態になってもなお、丹波は俳優の仕事に執念を燃やした。NHKの大河ドラマ『義経』で、平家に謀反を起こして討伐される源氏の長老・源頼政《みなもとのよりまさ》の役を任されていた。坂井はNHKの担当プロデューサーに、丹波の体調が撮影に耐えられるまで待ってもらえまいかと、何度も頭を下げた。

とうとう丹波がぶっつけ本番で出演する日がやって来た。

病室でパジャマから外出着に着替えるときも、丹波はふらついていた。舞台『大霊界』で東島邦子とそっくりの主人公を演じた藤田むつみは、痩せこけた丹波の身じたくを手伝いながら、本当に演技ができるのかと気が気でなかった。

スタジオ入りして、武将のカツラと鎧兜《よろいかぶと》をつけてもらっても、目は虚ろなままだ。見るからに病身で、セリフを覚えるどころではない。息子役の光石研と討ち死にする場面に至っても、丹波は立っているのが精一杯だった。

敵軍の放った矢が丹波の胸に命中する。ところが、丹波にはその矢を握る力すらない。丹波を背後で支えていた堀が、光石に、

「研さん、すいません。ボスの矢に手をそえて押してもらえますか」

と頼むと、光石は泣きそうな顔になり、早口で、

「そんなこと、できるわけないじゃないか」

と囁いた。

丹波のセリフは、藤田がひとことずつ口伝えした。丹波はオウム返しをするばかりで、セリフに感情がこもらない。意識がだいぶ薄れているようにも見えた。

敵将役の阿部寛が、大声で呼びかける。

「頼政殿、頼政殿！　降伏なさい！　さもなければ討たねばなりませぬ！」

その直後のことだ。突然、丹波の目に光が戻った。顔つきが、がらりと変わる。

「本望にござる！　かかれぇ！」

きっと見得を切る表情になった。

「さらばじゃぁ！」

うめくように断末魔の声を発した。俳優・丹波哲郎の最後のセリフであった。それは、昭和の名優からの永別の辞ともなった。

カメラに映り込まないように這いつくばって丹波を見上げていた藤田は、全身に震えが走った。丹波の、最後の閃光のような輝きを、至近距離から見届けた。

あの世を見てきた

ＮＨＫでの撮影を終えた翌日、丹波は再び杏林病院に入院した。

盲腸をこじらせて、腹膜炎を起こしていた。すぐにでも手術をしなければならないが、丹波には持病の心臓弁膜症がある。血栓を防ぐために「ワーファリン」という薬を服用してきたので、開腹すると血が止まらなくなる恐れがあった。

まる一日をかけて薬を抜き、手術室に入った。摘出された腸の一部は、長さ二、三センチ程度の巻き貝状のもので、石のように硬かった。かなりの痛みをもたらしていたにちがいなかった。

麻酔からさめた丹波は、幻覚のせいか、病室の時計が人の顔に見えると訴えた。

麻酔で昏々と眠っているあいだに、生涯で二度目の臨死体験をしたと丹波は告白している。腐ったまんじゅうを食べて食中毒になり、妹の継子を亡くした少年期の痛恨事から、七十五年以上もの歳月を経ての追体験ともいえた。

里見浩太朗は、丹波から直接こう言われた。

「オレはいつのまにか病室を抜け出して、看護婦と薄暗いエレベーターの中にいるんだな。そしたらいきなり目の前がブワッと明るくなって、花がパァーッときれいに咲いている花園が見えたんだよ。そっちに行こうとしたら、看護婦が『ダメ、ダメ、丹波さん、行っちゃダメ』って言う。あのまま行ってたら、オレ、死んでたわ」

丹波本人は、自著で次のように語っている。

「なぜだか体は水平になり、壁も通り越して、自在に進むことができるんだ。時には、知らない男性の声が聞こえてくる。

『丹波さん、丹波さん、外を見てごらんなさい』

言われたとおり、窓から外を見ると、海だよ。

どうやら私は、巨大な船で航海しているらしい。

船がどこへ向かうか、姿が見えない声の主に尋ねると、知らない場所の名前を言うんだ。

はて、私はどこへ行こうとしているのか……」（『オーラの運命』）

いつの間にか目覚めていた。「助かった」という安堵感は皆無だった。丹波がまぎれこんだ別世界は、どこまでも軽やかで心地良く、ずっとそのままでいたかった。

手術後の回復ぶりは、八十三歳にしては順調だった。

病室で、堀とよく将棋を指した。丹波は、十六世名人の中原誠に飛車角を落とした〝二枚落ち〟で勝つほどの棋力の持ち主だが、あるとき禁じ手の〝二歩〟を打った。丹波は、自身が演じた「バイカルの鉄」のように、おのれの衰えを嘆き悲しんだ。

その一方で、堀たちに、かつての出演作のビデオを何本も持ってこさせ、個室で一緒に鑑賞するのを楽しみにしていた。『人間革命』『砂の器』『二百三高地』といった代表作や、テレビの『鬼平犯科帳』を、

「うん、これはいいな」

「ああ、これは全然ダメだ」

「こいつ（自らが演じた役柄）は悲しいやつなんだよ」

などと言いながら、懐かしそうに観ていた。

だが、今村昌平監督の『豚と軍艦』だけは、

「あまり好きじゃないんだ」

とはっきり言った。劇中、小犬の死骸が四、五匹、波打ち際に浮かぶシーンがあるのだが、生きている小犬を映画のためだけに注射で殺した演出が、犬好きの丹波には許せなかった。

「死んでいるところだけなら、おもちゃの小犬を水に浸けたって、たいして変わらない。気が狂っているんじゃないかと思う」（『和田勉のおしゃべりスタジオ』）

憤る丹波を、作家の塩野七生《ななみ》は、

「ここには、頭の悪い男たちの考える類の芸術至上主義に対する、健全な常識人の側からの見事な平手打ちがある。

頭の良い男、丹波哲郎に乾杯！」（塩野七生著『男たちへ』）

と激賞した。

穏やかな旅立ち

丹波から「女房殿の親衛隊」と呼ばれていた浅沼好三夫妻は、丹波の見舞いには最後まで行かなかった。

貞子の兄嫁が病室を訪ねたおり、丹波はトイレに入ったきり出てこなかったと聞かされたか

らだ。淺沼は、丹波の気持ちが痛いほどわかった。衰弱した姿を、全盛期の自分を知る、親族や知人に見せたくなかったのである。

丹波は、プロローグに登場した西田敏行が入っていた杏林病院の個室に半年近くもいた。入室直後、坂井が、

「この部屋、西田さんがいた部屋ですよ」

と知らせると、

「おお、そうかぁ」

と感慨深げだった。

部屋には、丹波のベッドが置かれた六畳ほどの病室と、隣に同じ広さの客室がある。女性陣は坂井と藤田が、また男性陣は来世研究会の堀と小林が、総勢四人で代わる代わる客室に泊まり込み、付き添いに当たったった。

七月十七日が丹波の誕生日である。病院に程近い吉祥寺のホテルで、丹波の誕生会と快気祝いを兼ねた大掛かりなパーティーが開催された。

付き添いの面々の手で、舞台裏に酸素ボンベが二本、持ち込まれていた。開会のぎりぎりまで、丹波は酸素マスクを口にあてていたが、いざパーティーが始まるや、『Gメン'75』のテーマ曲に乗って、にこやかにステージへと出て行った。

ところが、入院後の丹波を初めて間近で見た人々は、惜しみない拍手を送りながらも、その

痩せこけた姿と覚束ない足取りに、動揺を隠せなかった。丹波は、貞子夫人の愛唱歌だった『赤とんぼ』を、持ち前のよく通る低音で歌いはじめたが、すぐに声がかすれ、途中からメロディーが『夕焼け小焼け』に変わってしまった。「快気祝い」とはいえ、パーティーが終わるとすぐまた病院に引き返すあわただしさだった。

代表作と自認する『砂の器』がデジタル・リマスター化されたおりには、かつて刑事と容疑者の役で向き合った加藤剛と、舞台挨拶で久々に再会した。だが、丹波のあまりにも窶《やつ》れた容貌は、聴衆が息を呑むほどで、週刊誌にも写真が大きく掲載され、健康不安説が報じられた。若いころから手鏡をつねに持ち歩き、ひまさえあれば自分を映して見てきたものだが、長年の習慣もいつしかやめてしまった。

丹波は入退院を繰り返した。最初の入院から一年半が経過しても、病状は一進一退だった。付き添いの顔ぶれは変わらず、各自に疲労がのしかかっていた。四人のあいだで感情のもつれが生じ、言い合いになることもあった。

小林の妻は、夫が丹波の介護に追われ、家にもなかなか帰れないありさまに不満を募らせた。小林は、以前所属した芸能事務所に復帰し、

「役者として、もう一度チャレンジしたいんです。どうしてもやりたいんです」

と丹波を説得しようと試みた。思いもよらない答えが返ってきた。

「沈む船には乗らないもんな……」

丹波はぼそりと、そう言ったのだ。自分が落ち目だから離れていくのだと受け取ったようなのである。

丹波はつねづね、

「仕事のできる人間よりも、一緒にいて楽しい人間がいいんだよ。一緒にいてくれさえしたらいいんだ。それ以上は望まないよ」

と言っていた。しかし、三十代に入ったばかりの小林は、「仕事のできる人間」にもなりたかった。それが丹波には、実の息子のごとく信頼してきた小林が、自分のもとから去っていくように感じられたらしい。

丹波が亡くなる十日ほど前に病室を訪ねた小林は、丹波からまたもや耳を疑うばかりの言葉を投げつけられる。小林の顔を見るなり、丹波は、

「小林、この裏切り者!」

と罵倒した。以前のように、親しみをこめて「正希」とも呼ばなかった。

「恨んでやる!」

とまでののしった。平生「恨みは絶対にいかん」と口を酸っぱくして周囲に何度も言っていたにもかかわらず、である。

丹波は、譫妄《せんもう》が起きている様子だった。一連の出来事を知った坂井は、丹波の深い寂しさと小林への愛情が、裏返しになって表現されたものと解釈した。

丹波は、自分が大好きな人々と離れ離れになり、二度と会えないことを、何よりも悲しんだ。その最大の原因こそ死であったから、死を究めたいと考えた。死そのものを恐れていたわけではない。

自らの死は、超然と受け入れていた。ただ、死に様で死後の行方が決まると確信していたから、きれいに生き、きれいに死のうと心がけた。丹波の最晩年の十年間を一番身近で過ごした坂井は、こうした見方に至っていた。

丹波の容態を聞きつけて、ふたつの家族も相次いで見舞いに訪れた。

義隆は、多忙な仕事の合間を縫って病室に出入りし、父親の着替えを手伝ったりした。義隆夫人の久美が、徹夜で看病した際など、丹波は久美の手を握ってうれしそうにしていた。

絢子は、丹波の好物の赤飯を持参した。丹波は、彼女の府中の自宅からすっかり足が遠のいていたが、久々に会った正樹の両手を摑んで離そうとしなかった。

そこで正樹は父親から、激戦地で死んでいった戦友たちへの思いを聞かされる。

丹波は、正樹が初めて聞く戦友の名をあげて、

「〇〇が会いに来た」

とうわごとのように言い、

「最前線で一緒に戦えなくて、本当にすまん」

といった内容の話を、もつれた舌でしゃべりつづけた。

自分自身の臨終に関しては、映画『大霊界』封切り後のインタビューで、コラムニストの中野翠にこう語っている。

「私が死ぬ時になってジタバタしたんでは、すべてが壊れてしまう。そうでしょう。私は自分で自分に、そういうような責任を作ってしまったんだ。だから、私が死ぬときはまるでごく自然に、従容《しょうよう》として、喜んでといってもいいぐらいに死ななければ、私のやったことが全部ムダになってしまう。私の場合はいかなることがあろうとも、命乞いをしてはならないということなんですね。もし万が一、私がまったくそれに徹することができなくても、お芝居してでも、従容として死んでゆかなければならない。最後の責任だからね」（『文藝春秋』一九八九年五月号、振り仮名は原文のまま、読点を一部で追加）

杏林病院に再度入院した丹波は、病室で転倒してしまい、集中治療室に運び入れられた。混濁した意識と覚醒とのあいだを揺らめくような日々の果てに、言葉を失い、目で合図を送るだけとなった。やがてそんな反応も消失したが、頭を撫でられると皮膚がかすかに痙攣するかのごとく震えた。

二〇〇六年九月二十四日は日曜日で、丹波は、斉藤司の妻からプレゼントされたばかりの黒地のパジャマを着せられ、女性看護師に髪の毛を洗ってもらい、気持ちよさそうにしていた。

夜八時すぎ、集中治療室にいた坂井と藤田は、丹波の手の人差し指に装置を挟んである、パルス・オキシメーターが鳴り出したのに気づく。動脈を流れる血液の酸素飽和度と脈拍数を測るこの機械が、異常音を発することはしばしばあったので、べつだん気にせずにいたら、医師と看護師が一団となって、せわしなく入ってきた。

丹波の心臓の動きが停止したという。緊急の心臓マッサージが始まった。

藤田は急いで義隆に電話をかけたが、なかなか通じない。九時すぎに義隆夫妻が現れると、目の前で心臓マッサージが再開された。けれども、それは儀式のようなもので、正式に心停止が確認され、臨終が告げられた。

その瞬間、坂井は思わず腰が抜け、へなへなとしゃがみ込んでしまった。しばらくして我に返り、改めて遺体と対面した。

丹波は、端整な顔に、心底ほっとした表情を浮かべていた。時が経つにつれ、死に顔はますます明るく穏やかになっていき、通夜にいち早く駆けつけた後輩の原田大二郎には、美青年だったころに回帰しているかのように見えた。

丹波哲郎の八十四年の生涯は、こうして幕を閉じた。

エピローグ

アニメ映画『猫の恩返し』完成披露会見に臨む（2002年、産経新聞社提供）

草刈正雄から堺雅人へ

東京・杉並の一等地に七百平米もの敷地を有した丹波邸は、主亡《ぬし》き後に解体され、もはや跡形もない。

だが、丹波の没後十八年近くが経過したいまも、丹波と接した人々に、その記憶は色褪せない。

草刈正雄は、俳優になってから折々に丹波とふれあう機会があった。

二十代初めに、子息の義隆と親しくなった。岡本喜八監督の『青葉繁れる』で高校の友人役を演じた義隆に招かれ、杉並の丹波邸にも何度か遊びに行った。丹波はたいてい麻雀の最中で、挨拶に顔を出すと、

「おぉ～、また来たかぁ！」

と笑顔で迎え入れた。

『青葉繁れる』の十年あまり後、草刈は丹波とNHKのドラマ『真田太平記』で、まる一年共演する。丹波は、織田信長、豊臣秀吉、徳川家康の〝三英傑〟を向こうに回して、したたかに戦い抜く真田昌幸に扮した。草刈は、昌幸の次男・幸村役を務めた。

撮影中の丹波は、〝霊界話〟をまったくしなかった。遅刻も、セリフを覚えてこないことも皆無だった。そばで見ていて、昌幸役を楽しみ、融通無碍《むげ》に演じているのがよくわかった。

そのほぼ三十年後に、草刈はNHK大河ドラマの『真田丸』で、丹波と同じ昌幸役に指名される。しかも、丹波と同年の六十三歳で大役を任されたことに、浅からぬ縁を感じた。

草刈も、俳優になって初めて、役を心から楽しみながら演じ切った。芝居は苦しいものだと自らに言い聞かせてきたのに、なぜかあの役だけは、膨大な量のセリフも苦にならず、すんなりと頭に入った。それまでに経験していない演技の境地に至った気さえした。

草刈は、スタジオでの撮影初日から、丹波の気配を身近に感じていた。待ち時間などに、セットの上のほうから丹波が降りてきて、

「おい、オレの役、ちゃんと演ってくれよ。オレが本当に愛した役だからね」

と語りかけてくる声が、耳の奥底に幾度となく響いた。米軍兵士だった実父と幼年期に生き別れになった草刈には、父親に見守られているような心地がした。自分自身の演技にも、丹波が入り込んでいる実感があった。

振り返れば、『真田太平記』のクランクインの直前、丹波は草刈と長男役の渡瀬恒彦のふたりに、日本刀の大小ひとそろいと、刀を掛ける刀架《とうか》を贈り、

「これから一年間、よろしく頼むよ」

と挨拶した。模造刀の柄《つか》には、驚くべきことに草刈家の家紋が入っている。いったいどうやって調べたのだろうか。丹波の細やかな気遣いに感動した草刈は、その日本刀一式を、いまも家宝として自室に飾っている。

現場で丹波と同じ空間にいるのは、ただただ心地よかった。不思議な安心感に包まれた。『真田太平記』の現場ルポによると、丹波は周囲から「お父さん」と呼ばれ、スタッフやキャストの懇親会では、

「飲めぬ丹波が照明マンや大道具のお兄さんに一生懸命、酒をついでまわっていた」（『西日本新聞』一九八五年六月二十二日付）

という。

草刈は、『真田丸』の撮影中も、丹波を同じ真田家の「目に見えない家族」とみなしていた。スタジオで、かつて自分が受け持った幸村役を引き継いだ堺雅人と、いまは亡き渡瀬の役を継承した大泉洋に、おのおの模造刀の大小ひとそろいと刀架を手渡した。太刀の鞘には、真田家の六文銭の家紋をあしらった。

「息子たち、頼むよ、これから一年間」

そう声をかけたあと、草刈は遠い将来の話をした。

「また三十年後に、もしどちらかが昌幸を演ることになったら、その息子たちにも刀をプレゼントしてよ。丹波さんから引き継いだものを、しっかり繫いでね」

堺と大泉は、笑顔でうなずいたという。

食わず嫌いをしない人

第二章にも登場したスタジオジブリ代表取締役議長の鈴木敏夫は、小学校時代から丹波の熱烈なファンだった。

小学四年生のとき、一九五八年（昭和三十三年）から翌年にかけて丹波が主演したテレビ時代劇『丹下左膳』の決めゼリフを暗記して、本物に似せようとひとりで登下校時に練習していた。

学校から帰るとすぐ、古着のゆかたに袖を通す。右目に絆創膏を斜めに貼り、右腕をゆかたの袖に隠せば、隻眼隻腕の剣の達人・丹下左膳ができあがる。

左膳の〝妖刀〟も自作した。実家が経営する縫製工場で、反物の芯に使った木の棒が、チャンバラごっこに打ってつけだった。これに、タバコの「ＨＯＰＥ」の銀紙を丁寧に巻きつける。刀の鍔や鞘もこしらえ、下緒《さげお》までつけた。

憧れのヒーローになりきって近所の公園に駆けつけると、丹波仕込みの決めゼリフで、友達に大見得を切った。

「やいやいやい、死にてえヤツは前に出ろ！」

丹波の名が目に留まれば、テレビでも映画でも欠かさずに観た。とりわけ、視線を横にキッと向けたときの丹波の眼光が、お気に入りだった。

それから二十余年が過ぎ、三十代初めの鈴木は、丹波と意外な形で遭遇する。生涯の盟友・宮﨑駿と出会ってまもないころだ。

鈴木は、大学を出ると徳間書店の編集者になり、月刊『アニメージュ』などの取材で、練馬区大泉学園にある東映撮影所に足繁く通っていた。帰りがけ、夜はどうやらスナックに様変わりするらしい店でランチをとっていたら、どやどやと客が入ってきた。

突然、聞き覚えのある声がした。

「おやじ、味噌汁はないか?」

声のしたほうに目をやると、時代劇の浪人姿をした本物の丹波哲郎がいた。

その第一声の印象がよかった。えもいわれぬ温かみがこもっていた。丹波と店主とのやりとりに耳を傾けていても、大スターの気取りなどさらさらない、誰とでも分け隔てなく接する人柄が伝わってきた。

なによりも、丹波が全身から放っている明るさに惹きつけられた。「この人には、やっぱり光がある」と納得した。

丹波に、一度でもいいからスタジオジブリの作品に出てもらいたい。

鈴木の念願はなかなかかなわなかったが、二〇〇二年(平成十四年)春に、ようやくチャンスが訪れる。森田宏幸監督の『猫の恩返し』に、主人公の女子高生が迷い込む猫王国の「猫王」の役で、声優を依頼した。

「丹波さんは食わず嫌いをしない人だろう」

という鈴木の予感は当たった。

東京郊外の東小金井にあるジブリのスタジオに現れた七十九歳の丹波は、相変わらず明朗闊達だった。老いは少しも感じさせない。昭和の名優の色気が滲み出ている。

だが、鈴木は二十年ほど前に、東映撮影所近くのランチの店で丹波と出会っていた事実は告げなかった。自分が子どものころから、どれほど丹波に憧れていたのかも打ち明けなかった。

鈴木には、初老に達した丹波が、死と死後の世界を説くようになった理由も、心情的には理解できる気がしていた。鈴木と同じく個人で仕事をしてきたからこそ、自分が拠って立つところが欲しくなったのかもしれない。いままでとは違う仕事を成し遂げ、「自分はこれだけはやった」というものを残したくなったのではないか。

『猫の恩返し』の収録は滞りなく終わった。猫王の、わがまま放題の暴君なのにどこか憎めないキャラクターが、丹波にぴたりとハマった。

収録前、鈴木は丹波を案内して、スタジオの中を並んで歩いた。声の収録をする地下の試写室から、アニメーターや美術スタッフが地道な作業をつづける各部屋まで、丹波の歩調に合わせてゆっくりと廻った。

鈴木は、菅原文太の言葉を思い出していた。『千と千尋の神隠し』で「釜爺《かまじい》」の声を担当した菅原は、

「丹波さんはねぇ、業界の中で信頼できる人なんですよ」

と、あの渋い声で言ったものだ。

スタジオを一周し終えたとき、丹波の口をついて出た言葉が、鈴木には忘れられない。

丹波は、アニメ制作の現場で黙々と働くスタッフ全員の耳に届かんばかりの声量で、感に堪えないように言った。

「ここはいいところだなぁ！　気に入った！　毎日来たい！」

「いずれわかるよ」

タレントの山瀬まみは、六十代後半から七十代にかけての丹波と最も多く共演した芸能人である。

『大霊界２』で丹波を天国に案内する天使のひとりを演じたが、そのときよりもずっと長い時間を、テレビのバラエティー番組やコマーシャルの制作で丹波と共有した。『丹波・山瀬のパニックＴＶ』という冠番組も持っていた。

山瀬がまだ二十歳前後の、怖いもの知らずの時期だった。芸能界の大先輩にあたる丹波の前で、のちに思い返すと冷や汗が出るようなふるまいを平気でしていた。

丹波が霊界話を始めると、「ほんとかなぁ？」と口をはさむ。たびたび持ち出されると、「また、それかぁ」「もうやめて」と露骨にうんざりした顔をする。

「まみも、いずれわかるよ」

と言われても、ぴんとこなかった。

ふだんから平気で「丹波ぁ！」と呼び捨てにし、「丹波リン、なぁにやってんの⁉」と叱っていた。

丹波は決して怒らない。むしろ大喜びで、番組の収録中、ディレクターから渡されたらしいタンバリンを叩きながら、

「タン、タン、丹波リン！」

と浮かれている。

「まみは、前世でオレの母親だったんだよ」

とよく言われた。

「それがウサンくさい。だって、そんな近い人に生まれ変わるわけないじゃない？　あまりにも（あの世を）細かく知っているのも、ウサンくさい」

山瀬が疑り深い目を向けても、ニコニコしている。丹波はつねに上機嫌で、七十代になっても老いを感じさせなかった。

現場で山瀬を見かけると、

「お〜、まみぃ〜、まみぃ〜！」

と両手を広げてハグしてくる。つねによい香りを漂わせていたが、それは丹波が愛用してい

たダンヒルの芳香ではなく、「丹波臭」としか表現できないものだ。匂いに敏感な山瀬は、丹波がいまその場にいなくても、少し前まで丹波がそこにいたことがすぐにわかった。

ハグされながら、数えきれないくらい頰にキスされた。しかし、なぜかいやらしさがない。けたはずれのオーラと大物の風格があるから、山瀬はつねに緊張感も覚えていた。

スタジオで、ふと気配を感じて振り向くと、丹波がうれしそうに立っている。

「また来ちゃったよ。しょうがないよ、前世の母親だから離れられないんだ。離れようと思ったけど、離れられないよ」

丹波には明かさなかったが、山瀬には幼いころから人とは違う感覚があった。

突然、脳裏に「地震が来る」とか「この人、あした死んじゃうんだな」とひらめく。親にだけ話すと、言ったとおりのことが起こった。「あの電車に乗っちゃダメ」と言えば、その電車は人身事故か何かで必ず途中停車した。

道路を歩いていたら、急に足を地面のほうに引っ張られ、あとで確かめると足に人の手形がついていたこともある。こんな変事に見舞われた中学時代は本当に苦しかったが、大人になるにつれ特異な体験は減っていった。

それと入れ換わるように、別の感覚が頭をもたげてきた。二十歳前後のころ丹波に言われた死と死後の世界の話が、じわりじわりと身に染みてきたのだ。さまざまな人の死に直面した際、つらい気持ちを慰めてくれるようになった。

特に四十代半ばで、山瀬を目に入れても痛くないほどかわいがってくれた祖母を病気で失ったとき、自分の中にある丹波の存在の大きさに気づいた。丹波はたびたび、

「人間は死んだら、みんな二十歳くらいの一番きれいな姿に戻って、すごくきれいな場所で、ずうっと幸せに暮らせるんだ」

と説いていた。以前は半信半疑で聞いていたが、祖母の死で悲嘆に暮れているさなかや、久しぶりに実家に戻って、そこにいるはずの祖母がもういないことを思い知らされたおり、丹波の言葉が耳に蘇った。

丹波への見方も一変した。わけのわからない変なことばかりを言う「丹波リン」は、愛する人を亡くした人たちの悲しみを少しでもやわらげようとして、笑われながらも、バカにされながらも、あんなに一生懸命がんばっていたのではないか。

「まみも、いずれわかるよ」と言われたのは、このことだった。

二〇二一年（令和三年）に百二歳で死去した丹波の実兄・泰弘は、丹波の死後、こう語っている。

「弟は大したもんだ。医者にはなれなくても、心を癒やす人として、自分にしかできないことを精一杯やったんだから。丹波家代々で一番世のため人のためになったのは、結局あいつだったのかもしれないな」

丹波が存命なら、二〇二四年、兄と同じ百二歳になる。

ジキルとハイド

こうした〝光〟の一方で、丹波には、本書でも取り上げてきた〝影〟の面があった。丹波の光は、濃密な影によって、いっそうまばゆく放射されていたと言ってもよい。

テレビドラマの『キイハンター』が大ヒットしていたころ、脚本家の長坂秀佳《しゅうけい》は、所属する東宝テレビ部の上司から、

「丹波哲郎が『ジキル博士とハイド氏』をテレビでやりたがっているんだけど、ホンをお願いできないかな」

と頼まれる。当時フジテレビにいた五社英雄が、プロデューサーおよび監督をつとめるとは知らなかった。長坂の書いた企画書に五社は満足したようで、脚本の執筆を正式に依頼してきた。

言うまでもなく、原作となったロバート・ルイス・スティーヴンソンの小説は、戦前から映画や舞台などで何度も上演されてきた。自己の内にある善悪のうち、悪が独立して良心の呵《か》責《しゃく》からすっかり解き放たれたら、人間はどうなるのか。長坂は、

「丹波が演りたいのは、悪の部分だろう」

と直感した。のちに『特捜最前線』や『人造人間キカイダー』のシナリオを担当し、推理小説で江戸川乱歩賞を受賞する長坂にも、興味のあるテーマだった。悪の哲学を前衛的に打ち出すことにした。欲望を実体化していく主人公がきちんと描ければ、おもしろいドラマになると

考えた。

丹波とは一度も会わなかった。内容の打ち合わせは、五社を通じてやりとりした。ほかの脚本家も参加しているが、初回から最終回まで実質的にシナリオを仕切ったのは長坂である。

丹波主演の『ジキルとハイド』は、一九六九年度内に全十三本分を撮り終え、編集も完了させた。このとき四十七歳の丹波は、『007は二度死ぬ』と『キイハンター』で、まさに飛ぶ鳥を落とす勢いがあった。

ところが、ドラマの放映スケジュールが決まらない。五社が監督した第一回の「けものの薬」の試写を観て、フジテレビの幹部やスポンサーが顔色を失ったと、長坂は仄聞《そくぶん》した。

丹波が演じる精神科医の「慈木留《じきる》君彦」は、歴史ある都内の総合病院の副院長で、白髪の穏やかな老紳士だが、ひそかに同僚ナースの胸元やスカートからのぞく太ももに欲情し、彼女を無理やりに犯したいと妄想している。人格者の慈木留の姿に、包丁を振り回す狂女、実験動物のモルモットや子猿、群れ飛ぶカラスなどのモンタージュ映像が、サイケデリックに差しはさまれる。

実体のない不安に苦しめられる慈木留は、我が身を激変させるはずの薬物をすでに開発していた。ある日、意を決して、深緑色をしたその液体を飲み干す。すると短時間の苦悶ののち、慈木留の白髪は黒々と変わり、目に凶暴な光をたたえた、屈強きわまりない「背奴《はいど》」に変身していた。

背奴は、欲望と猜疑心の塊のような人物で、公序良俗から完全に逸脱している。公衆の面前でも平気で人を殺す。それも大半が、超人的な力を爆発させた殴殺や絞殺である。さらに石で殴り殺し、蹴り殺し、ガソリンをかけて生きたまま焼き殺す。

レイプもやりたい放題だ。現在ならまちがいなく問題になるのは、レイプされている女性たちが快感にもだえたり、背奴に強姦された体験で自分は解放されたといった内容を、うっとりした表情で語ったりする場面だろう。

背奴を追う刑事の役は、まもなく『太陽にほえろ!』で石原裕次郎の部下役となる露口茂である。その刑事までがこんなことを口走る。

「俺はな、あの暴行殺人鬼にときどきふっと妙な魅力を感じるんだ」

「それは、やつがあまりにも非人間的で、やりたいことをズバズバやってのけることへの驚嘆であるし羨望なんだ」

慈木留はやがて、着物姿がしとやかな妻の松尾嘉代にも薬液を飲ませ、

「一緒に悪魔になろう。悪魔の饗宴だ。地獄の歌を歌ってやるのだ」

とうそぶく。

「何が道徳だ。何が秩序だ。偽善者ぶりやがって。ああ、快楽だ、快楽だ。ああ、俺はやりたいことをやるんだ、やりたいことを、やりたいことを……」

「(深緑色の薬液を)飲んだあとの、あの数時間の、あの薔薇のような時間。とどまるところを

知らぬ、あの幻覚の中の、あのすばらしい充実感。私自身の楽しみのためというよりも、この強烈な精神賦活《ふかつ》剤を公表して、悩み多い人を救うためにも、私はもっと実験を続けなくてはいけない、私自身の体による人体実験を」（括弧内は筆者）

男盛りの丹波の演技は、ノリにノっている。ことに激しいアクションシーンの出来は、丹波自身も気に入っていた。

だが、長坂は五社から、ラストシーンをなんとか書き直してもらえないかと懇願される。シナリオでは、背奴に人格をすべて乗っ取られる寸前の慈木留が、最後の良心をふりしぼって、ビルの屋上から身を投げて死ぬ結末になっていた。

ところが、丹波は、

「冗談じゃない。こんなのダメだ。オレは死なないんだ」

と言い張って聞かないという。そこで、刑事たちに断崖絶壁まで追い詰められた背奴が突然消え失せ、見ると海面に背奴の上着だけがゆらゆらと漂っているエンディングに変えた。

「たしかに、あの人は死んではいません。どこかに生きてます」

という妻の言葉でドラマは終わる。

結局、『ジキルとハイド』は、完成後三年が過ぎた一九七三年に、深夜枠でようやく放映された。フジテレビでは再放送もされず、一部のファンのあいだで長らく「伝説のカルトドラマ」と呼ばれていたが、およそ三十年後にＣＳ放送で日の目を見、先ごろＤＶＤも発売された。

丹波も五社も、この作品に関しては、ほとんど何も言い残していない。

ドラマの第四回目にあたる「記憶の恐怖」の冒頭、ソファーに足を組んで座ったスーツ姿の丹波本人が、いきなり現れる。『007』の「タイガー・タナカ」役を想起させる、凛々しく精悍な風貌である。

丹波は視聴者に正面切って、まばたきひとつせずに呼びかける。

「みなさん、ちょっと目をつぶって、心の中を覗いてみましょう。どうです? 表に出てこない、いろいろな欲望や衝動がありませんか? このドラマは人間の二面性を描きます。それは私の中にも……」

身を乗り出して、人差し指をまっすぐこちらに向ける。笑みを浮かべ、あたかも視聴者の背後にいる幽霊を見つけてしまったかのような表情で、

「そして、あなたの中にもあります」

と言う。

あとがき

丹波哲郎は、昭和から平成にかけて、映画やテレビの押しも押されもせぬ大スターだった。ところが、それだけでは終わらなかった。ちょうど昭和天皇が崩御した直後に、映画『丹波哲郎の大霊界　死んだらどうなる』を発表し、百五十万人もの観客を動員して、世間をあっと言わせた。

そのしばらく前から、丹波の変貌ぶりは人々を戸惑わせていた。年齢でいうと六十代に入って以降、急に「霊界の宣伝マン」を自称しはじめ、バラエティー番組の人気者になっていったのである。

タモリやビートたけし、明石家さんまから笑福亭鶴瓶、ダウンタウン、爆笑問題まで、並みいるお笑いタレントにいくらイジられても、まるで動じない。逆に、彼らのエネルギーを吸い取ったかのように元気いっぱいで、豪快かつおおらかに、しばしば〝天然ボケ〟のごとくふるまって、視聴者の笑いを誘っていた。

昭和三十年代には『トップ屋』や『三匹の侍』で、四十年代と五十年代には『キイハンター』や『Gメン'75』で、さらに『007は二度死ぬ』『砂の器』『日本沈没』といった内外の大作映画によって、人々の目に焼きついていた丹波哲郎像を知る者には、いささか呆気にとられる光景だった。

先年若くして逝った評論家の坪内祐三は、福田和也慶應義塾大学教授（現・名誉教授）との対談で、

「（丹波哲郎は）もう、ある意味狂ってるんだけど。でもまともなの。まともで狂ってるから――最高ですよ、最高」（『SPA!』二〇〇六年十月十七日号、括弧内は筆者）

と述べている。

丹波哲郎に何が起きたのか。なぜ死と死後の世界に惹きつけられていったのか。

私は六、七年前まで、丹波にまったく関心がなかった。

そのころはノンフィクションの『出雲世界紀行』（新潮文庫）を書くために、時間さえあれば島根県出雲地方を歩いて人々に会い、出雲関連の資料を収集していた。そうした資料の中に、スピリチュアリストとして著名な江原啓之の『江原啓之神紀行2　四国・出雲・広島』（マガジンハウス）や『江原啓之 本音発言』（講談社）もあった。

後者は、予想外の展開を見せるインタビュー集だった。聞き手の四十代後半の記者が、「基本的に『あの世』や『霊』の存在は一切、信じていない」うえに、「江原啓之についても『インチキ臭い人物』と認識している」という立場から、辛辣《しんらつ》な質問を次々に浴びせる。それに江原が逐一答える過程で、記者が丹波の話題を持ち出す。江原が言う。

「丹波さんは、自分が（戦争中も）生かされたのは霊界の宣伝マンという役割を担っているからだと信じていたんです。そうでなかったら、役者として成功してから霊界の啓蒙などしませんよ。ヘンな人だというレッテルを貼られるのが目に見えているのに。いずれにしても、丹波さんの残した業績は大きい。丹波さんが『あの世』についての下地を作ってくださったからこそ、今の私もあるのだと感謝しています」（括弧内は筆者、以下同じ）

記者は驚いて、

「ちょっと待ってください」

と聞き返す。

「丹波さんの啓蒙によって、あの世の存在を信じるようになった日本人がいると江原さんは思っているんですか」

江原が、

「ええ」

と答えると、記者は、

「そんなの一人もいませんよ！」

と真っ向から否定する。その後もふたりの丹波評は嚙み合わないのだが、私はこの箇所を読むまで、丹波に対しては記者と同意見の持ち主だった。

ただ、江原の、

「少なくとも、あなた（記者）の知らないところで丹波さんの言葉を信じた人はいます」

「なにしろ大我な心の持ち主で、どんな人とも分け隔てなく接し、『自分にかかわる人は一人残らず幸せにしたい』が口癖でした」

という発言を読み、丹波への素朴な興味が湧いた。

ネットの古書店で丹波の著作を数冊取り寄せて通読してみたところ、私自身、「霊界の宣伝マン」などとおどけて言っているとしか思っていなかった丹波が、死と死後の世界を真剣に考察していることに驚かされた。しかも、自宅を抵当に入れ、億単位の借金まで抱えて映画『大霊界』シリーズの制作に当たった事実を知り、丹波への冷笑が口元から引いた。

七十冊を超える丹波の全著作に目を通して、直感は確信に変わった。この人物は、とてつもなくおもしろい。にもかかわらず、評伝は一冊も著されていない。

このままでは証言者が年々減っていくのは目に見えている。近年でも、俳優の野際陽子や映画監督の佐藤純彌といった丹波をよく知る人々が鬼籍に入っていた。丹波の取材を始めるなら、早ければ早いほどよい。

取材を思い立った理由は、ほかにもある。

私は、三十代初めから医療に関心を持ち、救命救急センターやアルツハイマー病などの取材を続けてきた。

救命救急センターでは、一週間の泊まり込み取材のあいだに、十数名の患者が私の目の前で亡くなっていった。また、精神科救急センターでは、自殺未遂の経験があったり、私が出会ったのちに自死を遂げた患者たちから話を聞いた。

精神科救急センターと同じく三年以上かよった重度認知症病棟では、老人たちがてんでんばらばらに間を置いて、顔に白布を掛けられていった。

ある老婦人は、自分の左右の親指をしゃぶりつづけたため、皮膚がふやけて血が滲んでしまい、両手に分厚いミトンをはめられていた。数年間ひとことも会話できなかった彼女が、亡くなる直前に、出身地の東北弁で、

「おれ、がんばったじぇ～！」

と叫んだと知ったとき、私は何とも形容しがたい感銘を受けた。彼女を含め、取材した老人たちは、この世にもう誰もいない。

さらに、両親ら家族や友人を病で失い、そのたびに死を否応なく意識させられてきた。年齢を重ねるごとに、死はますます無縁なものではなくなりつつある。

丹波が後半生を賭けて取り組んだ主要なテーマも、ひとことで言えば「死とは何か」であっ

た。丹波哲郎という、きわめて魅力的な人物を通して、死についても詳述したいと私は考えるようになっていった。

本書を一読し、疑問を持たれた方もおられるかもしれない。「大スター」と呼ばれた故人の言動が、これほど微細に再現できるものなのか、と。

丹波は自らの歩みを記録に残す志向が、あまたのスターの中でも抜きん出て強かった。七十冊を超える自著は、本人も認めるとおり、大半がゴーストライターによる口述筆記だが、かえってそのときどきの丹波の肉声が伝わってくる。

丹波はまた、八ミリフィルムの時代から、自分と周囲の状況を映像にも記録しようとしてきた。その意味では、俳優よりもむしろジャーナリストに近い、ドキュメンタリーを非常に重視する人物だったのである。

丹波のなまなましい言動が記載されている本書の箇所は、丹波の私家版の映像や手記、手紙によるものが多い。丹波に関しては、活字もしくは映像でのインタビューやコメント、人物ルポなども、膨大に残されている。むろん、私が丹波の旧知や関係者からインタビューで聞き出した発言も多数ある。本書に記された丹波の言動は、それらを再構成したものだ。

＊　＊　＊

最後に、私事で恐縮だが、亡父も丹波哲郎氏と同じ学徒兵だった。先の大戦で最多の戦死者を出した世代に属する。

東京外国語大学の学生だった父は、満州に送られ、ソ連軍の捕虜になった。シベリアの収容所での四年半におよぶ抑留中、なまじロシア語ができたばかりにスパイ容疑をかけられ、拷問を何度か受けたと、父の死後、母から聞いた。

母も、戦争で兄と弟をなくしている。父も母も、子どものころそれぞれの父親を病気で失い、父は長男、母は長女だったから、母子家庭を苦労して支えていた。両親が結婚したのは、お互いの生い立ちゆえでもあったろう。

父は復員したのち、知人の紹介で「ソヴィエト・ニュース社」という、いまは存在しない通信社に入った。特派員制度のなかった時代に、モスクワ放送を傍受して、ソ連のニュースを新聞社や通信社に配信する仕事をしていた。

一九五三年（昭和二十八年）三月、大ニュースが飛び込んでくる。最高指導者のスターリンが絶命したのである。

ロシア語の第一報を聴きとった父が、レシーバーをつけてモスクワ放送に耳を傾ける写真が、一九五三年三月五日付の『毎日新聞』夕刊に、大きく掲載されている。スターリン独裁下のシベリアで苦しんだ父の、生涯でたった一度のスクープだった。

元気なころの父は、過酷な戦争体験を私にはいっさい語らなかった。ただ、ふたりでいるときに、

「おとうさんは、敵に鉄砲を撃ったことも、部下を殴ったことも一度もない、珍しい兵隊さん

だったんだよ。いや、情けない兵隊さんかな」

と、子どもだった私に話して聞かせた。収容所で小説を書き、回し読みした仲間に褒められたとも言った。ロシア人には終生、好意をいだいていたらしく、

「あれで案外、ロシア人にはお人好しが多いんだよ」

と静かに笑っていた。

後年、独立してロシア語の翻訳家になった父の手元には、自作の、厚さがちょうど十センチもあるロシア語の手書きの辞書がつねにあった。「ニコライさん」や「ミネンコさん」という在日ロシア人が、技術系の翻訳の仕事を頼みにときどきやって来た。ミネンコさんからの注文が増えたころ、ニコライさんに日本語で、

「ノムラサン、浮気シナイデヨ」

と釘を刺されたと苦笑していた。

自室は本の山で、戦争関連の書籍や写真集もかなりあった。私は物心ついたころから、第二次世界大戦のドキュメンタリー写真をよく見ていた。漠然とだが、かつての父のようなジャーナリストに憧れていた。

仕事で徹夜明けの父が、焦げ茶色の毛布に頭までくるまり、海老のように体を丸めて寝ているのを見て、不意に胸を突かれたことがある。シベリア抑留中の父も、こうして寒さに耐えていたのではないかと思った。

山田洋次監督の『十五才 学校Ⅳ』に、七十七歳の丹波氏は、九州の屋久島に暮らす孤独な老人役で登場する。

島のフィリピンパブに、映画のタイトルにもなっている十五歳の家出少年を連れて、老人仲間と飲みに行く。司会者に「屋久島一のよか男、シベリア帰りの暴れもん、人呼んで『バイカルの鉄』が心をこめて歌います。さあ、張り切ってどうぞ！」とおだてられ、ステッキをついて、空虚な明るさが漂うステージに立つ。

瞑目し、沈んだ声で、

「こん歌は、はるかかなた、シベリアの荒野で果てた、亡き戦友たちに捧げます」

と切り出す。突如として、ステッキを儀礼刀に見立てて振り上げ、

「頭《かしら》ぁ〜、中ぁ〜!!」

と周囲の耳をつんざかんばかりに絶叫し、さっと振り下ろす。一転して、静かに目を見開き、慨嘆するかのような独白を始める。

「おいは、幸いにして故国・日本に帰ることができたが、それからの五十年の歳月は……」

腹に力をこめ、野太い声でうめく。

「いったい何じゃったのかぁ！　極寒の地シベリアで、飢えと寒さに斃れていった戦友たちの分まで幸せになる。いや、幸せにならねばならんッ！　深く決意をして故郷に帰ってきたこのおいは、いま息子たちに裏切られ、家内にはそむかれ、スズメの涙ほどの老人年金で細々と無

為な日を送っちょる。シベリアで果てた戦友たち、おいのこの歯ぎしりするような悔しさ！」

ステッキの、湾曲した形の柄《え》で二度、胸を叩く。

「わかってくれぇ……。やがて、おいはそちらにゆく。そしたら、また肩を組んで一緒に歌おう。シベリアの荒野で歌った、あん懐かしき歌を！」

ロシア民謡の『カチューシャ』を、カラオケに合わせて、なんとロシア語で歌う。ぎこちなく足踏みしながら、不器用に歌う。ステージから降り、フィリピーナたちと腕を組んで、楽しげに歌う。

フィリピンに留学した経験がある私は、フィリピーナにやさしい丹波氏の姿がうれしかった。そういえば幼いころ、父の口ずさむ『カチューシャ』を聞き違えて、「注射、いやだ」とベソをかいていたそうだ。

カラオケの翌朝、屋久島の廃屋のような自宅に泊めてやった家出少年に、バイカルの鉄はぼそりとつぶやく。

「おいはな、いったんシベリアで死んだんよ。いまの命というのはな、単なる付録でしかなか。そのうちに亡き戦友たちが、そろって迎えに来てくれる。それを楽しみに待っとるんよ。これはな、おいは本音で言ってるんよ」

思えば、丹波氏は高倉健と共演した深作欣二監督の『ジャコ萬と鉄』でも、荒削りながら繊細な、シベリア帰りの「ジャコ萬」になりきっていた。

プロローグで丹波氏への弔辞を捧げた西田敏行氏の育ての父も、シベリアからの帰還兵だった。プロローグの記述を別の角度から見れば、ひとりの元学徒兵（丹波氏）が、シベリア帰還兵の、重い病に伏せる子ども（西田氏）の見舞いに行き、やがてその子に見送られて天界へと旅立ったことになる。

父も、丹波氏と同じ一九二二年（大正十一年）の生まれである。丹波氏がバイカルの鉄に扮し、老練な演技を見せていたころ、七十七歳で死んだ。

末期ガンの病床で、父は私に、初めてシベリアの話を少しだけした。

……戦友たちが連日、病気や栄養失調で、衰弱の果てに亡くなっていく。彼らの凍《い》てついた遺体を、井桁《いげた》に組んで何回も荼毘《だび》に伏すのだが、そのたびになかなか燃えてくれない。自分は母親にひと目会いたくて、なんとか生き残って帰ってきたけれど、母はその少し前に病死していた……。

父は、「井桁」の意味がよくわからない私に、痩せて骨ばった両手の人差し指と中指を交差させて、井桁の形を作って見せた。

「おとうさんの人生は失敗だったよ」

ぽつりと言った。

私は傷ついた。私というひとり息子も、失敗した生涯の一部なのかと悲しんだ。

父の死後しばらくして、遺品を整理していたら、一冊の古びた手帳が出てきた。なにげなくページを繰っていて、鉛筆書きのスケッチが目に留まった。

全裸らしき痩せこけた男が、正座させられている。首のあたりにまで水が押し寄せている。表情は描かれていない。ボロボロのてるてる坊主に手足が生えたようなその男を、水はいまにも呑み込もうとしている。

これが、母から聞いていたソ連の「水拷問」なのか。

絵のわきには、消え入りそうな震える文字で、

「助けて下さい」

と書き込みがしてあった。

私は父の葬儀でも涙を流さなかったのに、ひとり声をあげて泣いた。

二〇二四年早春

野村　進

主要参考文献・資料

▽丹波哲郎著作（順不同）
『丹波哲郎の死者の書』（中央アート出版社）
『霊界旅行　続・丹波哲郎の死者の書』（中央アート出版社）
『丹波哲郎の霊界問答』（中央アート出版社）
『守護霊団　この世とあの世を結ぶもの』（廣済堂出版）
『霊人の証明　続々丹波哲郎の死者の書』（中央アート出版社）
『丹波哲郎の死ぬ瞬間の書』（廣済堂出版）
『丹波哲郎の地獄の書』（中央アート出版社）
『丹波哲郎の死後の世界の証明　霊界実存の書』（廣済堂出版）
『死んだらどうなる　あなたの死後を解明した書　この秘密を知れば死はもう恐くない』（経済界　リュウブックス）
『因果応報の法則　死後界へのパスポートは何か』（光文社　カッパ・ブックス）
『永遠なる霊の世界　あなたは死んだらこうなる』（徳間書店）
『丹波哲郎の天界の書』（中央アート出版社）
『稀代の霊能者三田光一　丹波哲郎の霊人の証明Ⅱ』（中央アート出版社）
『霊魂不滅の書　その証しと救い』（廣済堂出版）
『丹波哲郎の輪廻転生の旅』（中央アート出版社）
『丹波哲郎の人生指南道場　どう生きたらよいか　この世の懊悩はあの世と無関係ではない』（経済界　リュウブックス）
『死は輝く世界の扉　安らかな死は霊界への大いなる道』（かんき出版）
『丹波哲郎の「死にがい」の書　〝生きがい〟があれば〝死にがい〟もあっていい』（廣済堂出版）
『催眠術の世界　誰にもできる催眠術入門』（土曜美術社）
『これが霊の世界だ』（立風書房）

主要参考文献・資料

『丹波哲郎と四柱推命の世界　運命をあやつる五つの星の神秘』（かんき出版）
『丹波哲郎の霊界への招待』（学習研究社　ムー別冊）
『丹波哲郎の新・死者の書　死後の世界は確実に存在する！』（角川書店）
『丹波哲郎の人生指南道場Ⅱ　来世からの証言　あなたの悩み、苦しみをズバリ解く』（経済界　リュウブックス）
『丹波哲郎のツキをよぶ守護霊』（現代出版）
『丹波哲郎の死者の書』（廣済堂出版　廣済堂文庫）
『大霊界を翔ぶ』（廣済堂出版）
『霊界からの忠告　霊人はあなたの全てを見ている！』（角川書店）
『大霊界　死んだらどうなる　明るく素直にあたたかい』（学習研究社）
『守護霊問答　自分を高め幸せに導く』（廣済堂出版）
『来世はどうなる　天界行きの切符をあなたに』（来世研究会との共著、廣済堂出版）
『驚異の「大霊界」　宇宙に充満する霊魂の一人は、あなたです。』（土屋書店　ムックスペシャル版）
『霊運問答』（天山出版）
『霊界生活の実相　今の生き方で来世の幸福がつかめるか？』（土屋書店）
『霊言の書　霊界からの幸せメッセージ』（廣済堂出版）
『丹波哲郎の漫画大霊界　愛と真実への旅立ち』（画・かきざき和美、大洋図書）
『丹波哲郎の「霊」なんでも大百科』（廣済堂出版　豆たぬきの本）
『大霊界の真実　この真実を知れば、もう死は恐くない！』（角川書店）
『大霊界を見た　死後の世界の驚異』（絵・近藤薫、学習研究社）
『小説大霊界』（角川書店）
『大霊界　丹波哲郎の世界』（学習研究社ＧＡＫＫＥＮ　ＭＯＯＫ）
『丹波哲郎の大霊界２　死んだらおどろいた‼　まんが版』（画・岩村俊哉、小学館　メディアライフ・シリーズ）

『大霊界の深奥 転生は人類に進歩をもたらす』(角川書店)
『丹波哲郎の大霊界への招待』(日刊スポーツ出版社)
『大霊界へのパスポート』(角川書店)
『丹波哲郎の大霊界大百科』(監修、実業之日本社)
『死よ、こんにちは。この世とあの世は地続きだ』(青谷舎)
『死は凱旋門』(朝日メディアインターナショナル)
『死はこんなに気楽なものか』(中央アート出版社)
『守護霊と霊界の謎 初めてわかった死後の世界の全貌と守護霊の真相』(日本文芸社 Rakuda books)
『僕は霊界の宣伝使 破格の人生』(青谷舎)
『人が死ぬということ 大往生の極意』(二見書房 サラ・ブックス)
『本当にあった霊体験・臨死体験17人の証言 有名人が初めて明かす異次元体験ファイル』(テレビ東京編、日本文芸社)
『あの世で幸せになる話 仏界と霊界の往復書簡』(池口恵観との共著、青春出版社)
『幸せをつかむ7つの法則 目の前の小さなことにこだわるな』(日本文芸社)
『丹波哲郎の好きなヤツ嫌いなヤツ』(キネマ旬報社)
『エンサイクロペディア大霊界 月の巻 本当はもっともっと愉快な人生の延長線』(篇著、徳間書店)
『大俳優　丹波哲郎』(ダーティ工藤との共著、ワイズ出版)
『あなたの死後の運命』(文香社)
『オーラの運命 この世もあの世もバラ色にする黄金法則』(双葉社)
『霊界から見たあなたの人生』(文香社)
『霊界の書 天』(中央アート出版社)
『霊界の書 地』(中央アート出版社)
『貞子抄』(私家版)

▽丹波哲郎関連書
アポカリプス21研究会編著『丹波哲郎の「霊界地図」の研究』（シーエイチシー）
大川隆法著『丹波哲郎 大霊界からのメッセージ 映画「ファイナル・ジャッジメント」に物申す』（幸福の科学出版社）
出版文化社編集部編『妻を亡くしたとき読む本』（出版文化社）
ダーティ工藤著『丹波哲郎の最後の大霊界』（匠芸社）
宝島編集部編『人生いろいろ 大槻ケンヂ人生対談集』（JICC出版局）

▽丹波哲郎訳書および解説書
ジョー・フィッシャー著、山本真由美訳、丹波哲郎解説『ついにあばかれた転生の真実 霊世界のメカニズムを解明する新・転生論』（学習研究社）
ジョージ・ギャラップ・ジュニア著、丹波哲郎訳『死後の世界 私は霊界を生きてきた』（三笠書房）
ケネス・リング著、丹波哲郎訳『霊界探訪 人間は死んだらどうなるか「近死体験」で私はこう生まれ変わった！』（三笠書房）

▽映画関連（同一の作品や人物はまとめて掲載、以下同）
伊丹十三著『「大病人」日記』（文藝春秋）
島田裕巳著『「人間革命」の読み方』（KKベストセラーズ ベスト新書）
キネマ旬報編集部編『世界の映画作家 10 篠田正浩・吉田喜重』（キネマ旬報社）
瀬川昌治著『乾杯！ ごきげん映画人生』（清流出版）
瀬川昌治著、寺岡ユウジ編『素晴らしき哉 映画人生！』（清流出版）
橋本忍著、池田大作原作『シナリオ 人間革命』（潮出版社）
橋本忍著、池田大作原作『シナリオ 続・人間革命』（潮出版社）

報知グラフ編集部編『映画人間革命・特集 映画史実で描く戸田城聖』（報知新聞社、報知グラフ別冊）
報知グラフ編集部編『続人間革命 映画で甦る大河ロマン』（報知新聞社、報知グラフ別冊）
高村光太郎著『智恵子抄』（龍星閣）
高村光太郎著『智恵子抄その後』（龍星閣）
高村光太郎、高村智恵子著『光太郎智恵子』（龍星閣）
北川太一、高村規、津村節子、藤島宇内著『光太郎と智恵子』（新潮社　とんぼの本）
上杉省和著『智恵子抄の光と影』（大修館書店）
『太陽』（１９７５年５月号「特集　智恵子抄　高村光太郎の世界」平凡社）
『ユリイカ』（１９７２年７月号「復刊３周年記念大特集　高村光太郎」青土社）
ダーティ工藤編『新東宝１９４７‐１９６１　創造と冒険の15年間』（ワイズ出版）
野村芳太郎著、野村芳樹監修、小林淳、ワイズ出版編集部編『映画の匠 野村芳太郎』（ワイズ出版）
西松優著『映画監督野村芳太郎私論』（ブイツーソリューション）
松本清張著『砂の器』（上）（下）（新潮文庫）
日本シナリオ作家協会編『日本名作シナリオ選』（下巻所収『砂の器』日本シナリオ作家協会）
樋口尚文著『『砂の器』と『日本沈没』70年代日本の超大作映画』（筑摩書房）
砂書房編『松本清張研究』　創刊号１９９６年９月「[特集] 松本清張と森鷗外」（砂書房）
砂書房編『松本清張研究』　第５号１９９８年８月「[特集] 松本清張と九州」（砂書房）
山田洋次著『十五才』（角川文庫）

▽テレビ関連
季刊テレビジョンドラマ編集部『季刊テレビジョンドラマ　キイハンターからスーパーポリス』（１９８６年８月号、放送映画出版）
和田勉著『和田勉のおしゃべりスタジオ ズーム・アップで「舌戦」十番』（ＰＨＰ研究所）

主要参考文献・資料

▽人物関連
石井輝男、福間健二著『完本 石井輝男映画魂』（ワイズ出版）
石渡均編『ひまわりとキャメラ 撮影監督・岡崎宏三一代記』（三一書房）
岩下志麻著『鏡の向こう側に』（主婦と生活社）
岩下志麻、下村一喜著『美の奴隷として生きることに決めた』（ブックマン社）
春日太一著『美しく、狂おしく 岩下志麻の女優道』（文藝春秋）
立花珠樹著『岩下志麻という人生 いつまでも輝く、妥協はしない』（共同通信社）
岡田茂著『波瀾万丈の映画人生 岡田茂自伝』（角川書店）
岡田茂著『悔いなきわが映画人生 東映と、共に歩んだ50年』（財界研究所）
小笠原清、梶山弘子編『映画監督 小林正樹』（岩波書店）
春日太一著『役者は一日にしてならず』（小学館）
加藤千代著『わが父の愛と修羅』（主婦と生活社）
加藤雅子著『トランクいっぱいの恋文』（シネ・フロント社）
濱田研吾著『脇役本 増補文庫版』（ちくま文庫）
川邊一外著『シナリオ創作演習十二講』（映人社）
草刈正雄著『ありがとう！ 僕の役者人生を語ろう』（世界文化社）
草刈正雄著『人生に必要な知恵はすべてホンから学んだ』（朝日新聞出版 朝日新書）
幸田清著『活動屋人生こぼれ噺』（銀河出版）
幸田清著『人生ちょっといい話』（サンドケー出版局）
五社巴著『映画極道 五社英雄』（徳間書店）
五社巴著『さよならだけが人生さ 五社英雄という生き方』（講談社）

春日太一著『鬼才 五社英雄の生涯』（文春新書）
春日太一責任編集『五社英雄 極彩色のエンターテイナー』（河出書房新社 ＫＡＷＡＤＥ夢ムック・文藝別冊）
小林桂樹、草壁久四郎著『演技者 小林桂樹の全仕事』（ワイズ出版）
佐藤純彌著『映画監督 佐藤純彌 映画（シネマ）よ憤怒の河を渉れ』（ＤＵ ＢＯＯＫＳ）
里見浩太朗著『ゆっくりと一歩 駆けずの浩太朗半生の記』（日本テレビ放送網）
カーロン愛弓著『父・鶴田浩二』（新潮社）
鶴田さやか著『父・鶴田浩二の影法師 末娘が綴った銀幕スタアの真実』（マガジンハウス）
スクリーン編集部編『ショーン・コネリー来日記念号』（１９６６年11月号 スクリーン臨時増刊、近代映画社）
スクリーン編集部編『別冊スクリーン ショーン・コネリー 特大号』（１９６７年8月号 近代映画社）
スクリーン編集部編『スクリーンアーカイブズ ショーン・コネリー 復刻号』（近代映画社）
Lewis Gilbert『All My Flashbacks』（Reynolds & Hearn Ltd）
Graham Thomas『The Definitive Story of You Only Live Twice Fleming, Bond and Connery in Japan』（SAGUS）
Ronald Milione『Behind The Scenes of 'You Only Live Twice' From A Director's View』（Independently published（Amazon））
Martijn Mulder『On The Tracks of 007 You Only Live Twice 50th Anniversary Guide to Japan』（DMD Digital）
鈴木敏夫著、聞き手・渋谷陽一『風に吹かれて Ⅰスタジオジブリへの道』（中公文庫）
鈴木敏夫著、聞き手・渋谷陽一『風に吹かれて Ⅱスタジオジブリの現在』（中公文庫）
鈴木敏夫著『歳月』（岩波書店）
田中文雄著『神《ゴジラ》を放った男 映画製作者田中友幸とその時代』（キネマ旬報社）
千葉真一著『侍役者道 我が息子たちへ』（双葉社）
梨元勝著『絶筆梨元です、恐縮です。 ぼくの突撃レポーター人生録』（展望社）
仲代達矢著『演じることは、生きること 人生の舞台で紡いだ言葉』（ＰＨＰ研究所）
仲代達矢著『遺し書き 仲代達矢自伝』（中公文庫）

主要参考文献・資料

仲代達矢著『未完。』（ＫＡＤＯＫＡＷＡ）
仲代達矢著『役者なんかおやめなさい　84歳、日本を代表する名優が語る、60年余の舞台人生』（サンポスト）
仲代達矢著『役者　ＭＥＭＯ１９５５-１９８０』（小池書院　道草文庫）
仲代達矢著『老化も進化』（講談社＋α新書）
仲代達矢、柴本淑子著『からだひとつ　ここまで来たからもう一歩』（ハルメク）
春日太一著『仲代達矢が語る　日本映画黄金時代』（ＰＨＰ新書）
中原早苗著、田丘広編『女優魂中原早苗』（ワイズ出版）
西川峰子著『西川峰子のあ・ぶ・な・い・芸能界　しゃべりすぎてゴメンネ！』（日本文芸社　Ｒａｋｕｄａ　ｂｏｏｋｓ）
西田敏行著『役者人生、泣き笑い』（河出書房新社）
野末陳平著『あの世に持っていくにはもったいない　陳平　ここだけの話』（青春出版社）
野末陳平著『プレイボーイ東南アジアを行く』（読売新聞社　サラリーマン・ブックス）
橋本忍著『複眼の映像　私と黒澤明』（文春文庫）
春日太一著『鬼の筆　戦後最大の脚本家・橋本忍の栄光と挫折』（文藝春秋）
村井淳志著『脚本家・橋本忍の世界』（集英社新書）
浜美枝著『孤独って素敵なこと』（講談社）
原田君事著『映画「八甲田山」のふんどし男　75』（私家版）
深作欣二、山根貞男著『映画監督深作欣二』（ワイズ出版）
春日太一責任編集『深作欣二　現場を生きた、仁義なき映画人生』（河出書房新社、ＫＡＷＡＤＥムック　文藝別冊）
キネマ旬報編集部編『映画監督　深作欣二の軌跡』（２００３年5月12日号　キネマ旬報社、キネマ旬報臨時増刊）
Ｈｏｔｗａｘ責任編集『映画監督舛田利雄　アクション映画の巨星　舛田利雄のすべて』（シンコーミュージック）
真瀬樹里著『母、野際陽子　81年のシナリオ』（朝日新聞出版）
松方弘樹、伊藤彰彦著『無冠の男　松方弘樹伝』（講談社）

松田美智子著『サムライ　評伝三船敏郎』（文藝春秋）
森次晃嗣著『ダン　モロボシダンの名をかりて』（扶桑社）
山藤章二著『軟派にっぽんの100人』（集英社文庫）
若山騎一郎著『不器用に生きた男わが父若山富三郎』（ひらく）
山城新伍著『おこりんぼ　さびしんぼ　若山富三郎・勝新太郎　無頼控』（幻冬舎）

▽映像
DVD『丹波哲郎の大霊界　霊界通信BOX』（映画『丹波哲郎の大霊界　死んだらどうなる』『丹波哲郎の大霊界2　死んだらおどろいた‼』『丹波哲郎の大霊界3　死んだら生まれ変わる』、特典映像ほか）（エスピーオー）
VHS『素晴らしき死後の世界』（邦エンタープライズ）
VHS『催眠術の世界』（邦エンタープライズ）
VHS『講演　丹波哲郎の大霊界　死んでも生きられる』（邦エンタープライズ）
VHS『丹波哲郎の霊界通信　高級霊が明かす霊界の実相』（邦エンタープライズ）
VHS『丹波哲郎の大霊界のルーツ』（天声社）
VHS『丹波哲郎　心からのメッセージ　有名人と語る』（来世研究会ボランティア部　非売品）
DVD『貞子抄』『貞子抄　第二章』『司抄』『Misterボス　光あれ、丹波哲郎』（以上、私家版）

▽会報、映画パンフレット
来世研究会編『すなお』（1986年1月創刊号～）（来世研究会）
映画パンフレット『智恵子抄』『007は二度死ぬ』『人間革命』『続人間革命』『砂の器』『砂の小舟』『丹波哲郎の大霊界　死んだらどうなる』『丹波哲郎の大霊界2　死んだらおどろいた‼』『十五才　学校Ⅳ』など

▽その他
江原啓之著『江原啓之 本音発言』(講談社)
秋山眞人著『日本のオカルト150年史 日本人はどんな超常世界を目撃してきたか』(河出書房新社)
大石隆一著『日本の霊能力者 奇跡を起こす人々』(日本文芸社)
コナン・ドイル著、近藤千雄訳『コナン・ドイルの心霊学』(新潮選書)
塩野七生著『男たちへ フツウの男をフツウでない男にするための54章』(文春文庫)
中矢伸一著『日本霊能者伝』(廣済堂文庫)
藤巻一保著『真言立川流 謎の邪教と鬼神ダキニ崇拝』(学習研究社 Esotelica selection)
三浦清宏著『イギリスの霧の中へ 心霊体験紀行』(中公文庫)
三浦清宏著『近代スピリチュアリズムの歴史 心霊研究から超心理学へ』(講談社)
森鷗外著『鷗外全集』第三十五巻『航西日記』(岩波書店)
ロバート・L・スティーヴンソン著、田内志文訳『新訳 ジキル博士とハイド氏』(角川文庫)

※本書に引用している文献には今日の人権に対する意識から不適切と思われる表現が含まれていますが、当時の事実を伝える資料的価値を重視して原文のままとしました。

本書は『週刊現代』２０２１年11月27日号～２０２２年３月26日号に連載した「丹波哲郎は二度死ぬ」を全面的に改稿したものです。

野村 進（のむら・すすむ）
1956年東京生まれ。ノンフィクションライター。拓殖大学国際学部教授。在日コリアンの世界を描いた『コリアン世界の旅』で大宅壮一ノンフィクション賞と講談社ノンフィクション賞をダブル受賞。『アジア　新しい物語』でアジア・太平洋賞受賞。ほかに日本の老舗企業を取材した『千年、働いてきました』や、重度認知症の世界をルポした『解放老人』、『救急精神病棟』、『出雲世界紀行――生きているアジア、神々の祝祭』など著書多数。

丹波哲郎《たんばてつろう》　見事《みごと》な生涯《しょうがい》
二〇二四年四月二三日　第一刷発行

著者　野村《のむら》　進《すすむ》

発行者　森田浩章
発行所　株式会社 講談社
東京都文京区音羽二丁目一二-二一　郵便番号一一二-八〇〇一
電話　編集〇三-五三九五-三五二二
販売〇三-五三九五-四四一五
業務〇三-五三九五-三六一五
印刷所　株式会社新藤慶昌堂
製本所　大口製本印刷株式会社
JASRAC　出　2401345-401
定価はカバーに表示してあります。

ISBN978-4-06-535337-0

KODANSHA